中国盐文化 第12辑

Zhongguo Yan Wenhua

曾凡英 ◎ 主 编

西南交通大学出版社
·成都·

图书在版编目（CIP）数据

中国盐文化. 第 12 辑 / 曾凡英主编. —成都：西南交通大学出版社，2019.12
ISBN 978-7-5643-7339-9

Ⅰ. ①中… Ⅱ. ①曾… Ⅲ. ①盐业史 – 研究 – 中国 Ⅳ. ①F426.82

中国版本图书馆 CIP 数据核字（2020）第 011733 号

Zhongguo Yan Wenhua

中国盐文化（第 12 辑）

曾凡英　主编

责任编辑	吴　迪
助理编辑	罗俊亮
封面设计	曹天擎

出版发行	西南交通大学出版社 （四川省成都市金牛区二环路北一段 111 号 　西南交通大学创新大厦 21 楼）
邮政编码	610031
发行部电话	028-87600564　028-87600533
官网	http://www.xnjdcbs.com
印刷	四川煤田地质制图印刷厂

成品尺寸	185 mm×260 mm
印张	13.75
字数	303 千
版次	2019 年 12 月第 1 版
印次	2019 年 12 月第 1 次
定价	58.00 元
书号	ISBN 978-7-5643-7339-9

图书如有印装质量问题　本社负责退换
版权所有　盗版必究　举报电话：028-87600562

《中国盐文化》（第 12 辑）编委会

编委会（以姓氏笔画为序）

江太新　中国社会科学院研究员
李　玉　南京大学教授
李俊甲　韩国仁荷大学教授
杨天宏　四川大学教授
林文勋　云南大学教授
赵世瑜　北京大学教授
黄国信　中山大学教授
傅汉思　德国图宾根大学教授
喻学才　东南大学教授
曾凡英　四川轻化工大学教授

编辑部：

主　编　曾凡英
副主编　代晓冬　程龙刚
编　辑　潘玉虹　邓　军　张　倩

目 录

盐政·盐务·盐法

南京国民政府初期盐业改革 …………………………………… 毕昱文（2）
山东日照涛雒盐场的变迁 ………………………………… 李法杰 于云洪（16）
浅析小海场袁氏垣商集团的崛起与嬗变 ………………………… 邹迎曦（27）
夏宋盐业朝贡关系研究 …………………………………………… 任长幸（34）
盐厘局的职能
　　——以清代南部县为例 …………………………………………… 袁　慧（39）
两汉魏晋时期莱州湾沿岸的盐业生产与技术变革 ……………… 赵瑞军（46）

盐业文献

云南盐业档案整理的现状、特色及价值 ……………… 赵小平　刘丽凤（56）
中国清末民初契约书法艺术初探
　　——以自贡盐业历史档案契约中的书法艺术为例 …………… 曹　念（67）
约与权变：民国自贡盐笕契约与纠纷 …………………………… 吴志浩（77）

盐与文学艺术

现代四川小说中的井盐文化初探 ………………………………… 秦洪平（86）
改革开放以来盐业与戏曲艺术研究综述 ………………………… 李　爽（94）
中国古代诗歌中有关盐业女性的形象描述 …………………… 张银河（109）

盐业遗迹与地方文化

论浙江海盐产地变迁 …………………………………………… 吉成名（122）
商业发展对盐神信仰的影响阐论
　　——以罗泉盐神庙为例 ………………………………………… 王启春（147）
大宁河输卤栈道始建年代推证 ………………………………… 佘　平（153）
盐源盐旅游资源与地域文化的整合思路 ……………………… 陶　箭（166）

基于网络点评的自贡工业遗产旅游形象感知研究
　　——以"老盐场1957"为例 ………………………… 黄斯靖　蔡　军（179）
河东盐的发展与运城筑城 ……………………………………… 张　欣（188）
空间生产及地方性隐喻：以清代"永岸"为例 ………………… 张　瑞（197）

盐业人物

从档案史料看清末民初江西盐商刘居吾的商业沉浮 …………… 吴海波（208）

盐政·盐务·盐法

南京国民政府初期盐业改革

毕昱文[①]

摘　要：国民政府初期，政治统一，经济有所发展，盐业生产技术、运销方式都进行了变革，这都为盐业改革奠定了良好的基础。但是，当时日本已经深陷经济危机之中。日本为了摆脱经济危机，开始侵略我国东北地区，掠夺中国盐款、控制中国盐政。为了摆脱日本侵华的困境及解决浩繁的财政需求，国民政府对盐业进行了改革：调整与恢复盐务管理机构、制订并颁布了《盐法》、对盐业产、运、销、税、缉等环节进行了整顿与管理。改革取得了一定的成效，但基于国内外复杂情况，改革的效果并不彰显。

关键词：国民政府；盐业；改革

正如费正清所言："20世纪20年代的国民革命是一场既要消除国内的军阀统治，又要废除外国人的特权的双重斗争。用马克思列宁主义的话说，国内的封建主义和外来的帝国主义是两个孪生的祸根。日本和北京腐败的当权者沆瀣一气，表现了这些祸根的互相作恶。建立一个强有力的现代中央政府是压倒一切的先决条件。"[②]在这样的社会背景下，南京国民政府成立了。

依据国民政府时期盐业发展的阶段性，我们把国民政府统治时期划分为三个阶段：第一阶段为国民政府前期，即从1927年南京国民政府建立到1937年日本全面侵华前；第二阶段为南京国民政府中期，即1937年日本全面侵华到1945年日本侵略者投降；第三阶段为南京国民政府后期，即从1946年解放战争开始到1949年国民党败逃台湾前。

一、国民政府初期社会概况

（一）政治趋于统一，经济得以发展

政治上，南京国民政府刚建立时，中国政局仍然极为混乱。一是新旧军阀的对立，

[①] 毕昱文（1972—），女，河南科技学院马克思主义教育学院副院长，教授，博士，主要从事思想政治教育、中国近现代政治史以及盐业史研究。
[②] [美]费正清：《伟大的中国革命（1800—1985）》，刘尊棋译，世界知识出版社，2015：247。

奉系军阀仍然把持北京政府，形成南北对峙之势。一是国民党内部分裂为众多派系，各派为争夺领导权剑拔弩张。还有就是在南京国民政府内部派系斗争也非常激烈。蒋介石大力整肃政局，在军事上，通过第二次北伐推翻北洋军阀统治，张学良"东北易帜"后归顺南京政府；通过蒋冯战争、蒋桂战争、蒋冯阎中原大战使这些军事实力派服从南京国民政府的领导（至少是在表面上）；在政治上，蒋介石亦通过分化等多种手段，瓦解了胡汉民系，逼其出走广东，拉拢汪精卫派赴南京组阁，拆散了广州反蒋同盟。军事、政治权力的相对集中，使得南京国民政府，比起北洋政府，其统治更加统一、稳定，这就有利于各项改革事业的进行与推进。

经济上出现了快速发展的"黄金十年"。国民政府前期，由于遭受天灾、国内战争、世界经济危机及日本发动"九一八事变"的影响，经济上异常困顿。为解决财政经济危机，国民政府从1928年起，做了以下整顿：① 整顿税务，对外发表关税自由宣言，由协定关税变为国定关税。加强了对盐税、统税的控制，并废除了厘金制度，又整理印花税、烟酒税等，废除了苛捐杂税的税源。开征了所得税税源。② 整顿内外债务，加强公债发行管理，对外债分批分期偿还，这都为了巩固国债信用。③ 整顿了地方财政，由地方向中央报送地方预算。并规定田赋为地方税收，但限制了田赋附加税的征收，有利于减轻农民负担。④ 实施币制改革，废两改元，统一国家货币，限制白银外流。⑤ 开展"国民经济建设运动"。通过上述措施，至1936年全国工业总产值比1927年增加了80%。轻工业、交通运输业都得到快速发展，重工业和农业也有所发展，被称为"经济发展的黄金十年"。逐渐发展的经济，为国民政府推行盐业改革等改革事项奠定了良好的经济基础。

（二）盐业生产技术、运销方式得以改进

张謇在推动盐务改革的时候，就认识到，要真正触及引岸专商制的根本，必须改良盐业生产技术。他创办同仁泰盐业公司，采用日本制盐法，试制改良盐，取得了初步的成功。后来，盐务署顾问景学钤为了不断推动改革，在范旭东的邀请下，出任久大精盐公司的董事长。被人称为"中国化学工业之父"的范旭东亲自担任技师，经过一再的方法改良，至1934年，"每日运进之盐，即导其经过本厂特设装置，加工精制，利用纯碱溶液，去其不纯物质，同时收回副产制之盐。导入沸卤锅内，用化学方法，去其少量之有机物，再导入烤盐机内，十分烘烤之。如此所制之精盐，其色洁白，颗粒均匀，氯化钠可保证在九十五分以上，水分不到二分，比旧法所制者，有过之无不及，实开中国盐业界之新纪元"[①]。久大生产简装精盐，以抵制洋货，广受大众欢迎，宣告了中国人以色黄质杂的粗盐为食的时代行将结束。20世纪20—30年代全国又出现了多家精盐公司，久大精盐有了六个分厂。1923年中国政府从日本人手中收回山东主权，所有青岛盐业及盐田，由久大公司投资474 700元，与山东盐商合股组织永裕盐业

---

① "照抄久大精盐公司原呈"，载赵津主编《"永久黄"团体档案汇编（久大精盐公司专辑）》，天津人民出版社，2010：98。

公司。九一八事变之后，看到日本侵略者窥伺华北地区，久大公司于1937年初春，在连云港附近的大浦设立分厂，同时公司改组为久大盐业股份有限公司。七七事变后，久大公司受命到四川自贡建设模范盐厂进行生产。制盐技术改进的另一个重要表现为四川井盐采用机车汲卤，代替牛力汲卤和人力汲卤，极大地提高了生产效率。中国盐业生产技术开始走向现代化。生产效率的提高与引岸专商制下产盐有定量、销盐有定额的制度规定就形成了矛盾。并且，精盐的广受欢迎及销售范围的日益扩大，直接冲击了引商引盐的销售及引岸的垄断利益，这不能不引起二者尖锐的冲突与斗争。

盐业发展的进步，还体现在运输方式的变化上。运盐路程有水运、陆运及水陆兼有等方式。传统的水运主要依靠帆船，陆运主要靠大牲畜或者人力。但至20世纪20—30年代，轮运、火车运输发展很快，运输方式呈现出过渡状态。比如1928年时，从十二圩到湘、鄂、皖、赣四省有十二圩运盐木船水手工会、湘乡帮盐船水手工会运盐工人达数万人。财政部设立四岸食盐济运局，"得随交通状况，采用帆运或轮运，期于便捷"[①]。"轮运到岸较速，又无长江淹消之虞，专办轮盐，亦自为各商所乐为，但十余万船户劳工生计，如何维持，能否不激出事端，流为盗匪，似亦应行考虑者"[②]。可见当时轮运与帆运同时并存。轮运的发展，不仅使运盐效率提高，运盐成本降低，且可以避免运商及船户、役吏等在运输途中掺泥和水，最重要的是，轮运可以到达更远的销售地，有助于精盐等新式盐业的发展，这对引岸制是一种冲击。帆运、畜力、人力运输是引岸专商制下最核心的环境，也关系着运道及榷运局、掣验局等机构的设立，是引岸专商制赖以保留的物质基础。所以，引商是反对采用新式运输方式的。但新的运输工具，比如轮船、火车的出现，以其方便快捷及效率高成本低的特点，必然广为人们所接受。这形成了引岸专商制走向末路的物质基础。

南京政府时期盐业生产技艺及运输方式的革新，使引岸专商制存续的物质生态基础逐渐瓦解。

（三）日本侵略者对东北的侵占及对盐业的掠夺

日本蓄谋侵华已久。南京国民政府建立前，日本即通过甲午战争侵占了我国的台湾；还攫取了"南满"利益。1929年经济危机爆发，日本被深卷其中，国内经济危机日益严重，社会矛盾激化；国际上，欧美各列强均陷入经济危机不能自拔，国力衰退，无暇东顾；中国国内，国民党正全力"围剿"红军，国内矛盾尖锐。日本于1931年九一八事变后侵占了我国东北，1932年3月在东北成立伪满洲国。占领了东北后，日本即开始经济掠夺。控制盐业是日本侵占东北经济的重要内容。日本对东北盐业的控制，

---

① "1928年3月16日财政部四岸济运总局呈财政部驻沪办事处，为核议十二圩运盐各职工维持生计由"，载南开大学经济研究所经济史研究室编《中国近代盐务史资料选辑》（第二卷），南开大学出版社，1991：152。

② "1931年7月20日湘岸淮盐运输业同业公会呈财政部，为截纲办法窒碍诸多，恳请缓行以资宁息由"，载南开大学经济研究所经济史研究室编《中国近代盐务史资料选辑》（第二卷），南开大学出版社，1991：155。

第一步是通过盐款的抢夺。9月18日晚上，日军的武装士兵闯入了盐务稽核牛庄分所，掠夺走了分所的全部账簿，并占领了中国代收盐税款的中国银行。紧接着，牛庄日军即通知该行，盐税存款余额非得日军总司令之许可不得移动，并不准中国银行兑付吉黑专卖公司偿付记税盐斤的108万元税款；并监视国民政府盐税机关，稽核分所一再请求日本军撤销对分所存款的封锁，均遭到拒绝，直至此项款项累积至巨大数额以后，被日军以武力没收。到10月30日，日军官岩濑俊一等强行从营口中国银行劫掠去盐款共计672 709.56元。① 11月6日，长春中国银行与交通银行盐款被日本侵略军强迫悉数存于东三省日本的官银号。11月13日营口中国银行被劫走盐款233 698.88元。② 23日辽宁财政厅山田茂二、陆军二等主计官森武夫等人从营口中国银行劫走盐正附税大洋94 487.52元。③ 12月3日，日本又第四次从营口中国银行劫走1 739 420元。④ 短短20多天时间里，日军单从营口中国银行四次劫掠盐款就达2 740 315.96元。而日本关东军司令本庄繁竟然对外界宣称，盐款一事系属中国、日本官方的事情，日军从未加以干涉等。因为涉及盐款还要偿还英美等五国的外债，日本也担心引起纠纷，遂决定除了摊还外债款额外，"此一问题解决以后，日军即可随心所欲，劫取留存中行之绝大部分盐余。……彼（辽宁分所协理船津文雄—作者注）迄认为日军当局为张学良政权之继承者，有权将盐余收入随意予以处置"⑤。日本侵略者找各种借口侵占中国东北盐税。

比直接掠款更为严重的，是日本强行控制中国盐政。日本山田茂二代表日本政府要求辽宁稽核分所必须把吉黑盐税存放于日本控制机构；要求辽宁稽核分所撤销，由榷运局专门管理今后全部盐税，一部分利益今后将拨归日控吉林政府，并不全部归于日控辽宁政府。放盐准单不用稽核所发放，而由日本控制的榷运局长与盐运使自行采取行动。更有甚者，日本从国外比如符拉迪沃斯托克等处运输私盐到东北倾销，这对中国盐政破坏极大。东北盐税被日本劫掠，使国民政府盐税收入减少，也成为触发其进行盐务改革、从而提高盐税收入的重要因素。

东三省的盐税被日本控制的伪满洲国及军方劫掠而去，使国民政府盐税每年急减"吾国盐税每年骤短之3 000万元，故急设法整顿弥补"⑥。面对当时日本加强经济侵略的情况及浩繁的财政需求，国民政府开始了盐政改革。

---

① "1931年10月31日营口中国银行致辽宁稽核分所报告日人强提盐款情形"，载南开大学经济研究所经济史研究室编《中国近代盐务史资料选辑》（第二卷），南开大学出版社，1991：280。
② "1931年11月16日辽宁稽核分所致稽核总所，报告中国银行盐款第二次被劫"，载南开大学经济研究所经济史研究室编《中国近代盐务史资料选辑》（第二卷），南开大学出版社，1991：286。
③ "1931年11月25日辽宁稽核分所致稽核总所，报告营口中国银行盐款第三次被劫"，载南开大学经济研究所经济史研究室编《中国近代盐务史资料选辑》（第二卷），南开大学出版社，1991：286。
④ "1931年12月4日稽核总所致财政部、外交部，报告吉黑盐款被劫"，载南开大学经济研究所经济史研究室编《中国近代盐务史资料选辑》（第二卷），南开大学出版社，1991：287。
⑤ "贝尔逊对辽宁分所日协理船津文雄协助日军劫夺东北盐款之叙述"，载南开大学经济研究所经济史研究室编《中国近代盐务史资料选辑》（第二卷），南开大学出版社，1991：288。
⑥ "大公报关于各地运署并入稽核机关的报导"，载南开大学经济研究所经济史研究室编《中国近代盐务史资料选辑》（第二卷），南开大学出版社，1991：73。

二、国民政府初期盐政改革

（一）对盐务管理机构的调整与恢复

1. 盐务稽核机关的撤销

北洋政府时期，盐务稽核总所是中国最高盐务管理机构，各盐区的分所、支所也是各盐区最有权力与地位的管理机构。但是，1926年以后，国民大革命运动的目标是收回中国主权及打倒军阀。所以，收回中国盐务主权的目标被提上了议程。1926年7月后，随着国民革命军北伐的胜利推进，湖南、湖北、福建、安徽、江西等地，都撤销了盐务稽核分支机构。一年后，由国民党中央执委会政治会议决定，令各盐务稽核机构一律停止其职权，暂时由盐运司与榷运局兼理税收等事宜。但当时南京政府还不能控制北京及西南地区，所以，也就是东南地区一些省份的盐务稽核所停止办公。

2. 恢复重建盐务稽核机构

当时，南京政府面临巨大财政危机。盐务稽核所撤销之后，由于各地盐运司等机构效率低下，贪腐盛行，官盐销售不畅，税收大绌。1928年，宋子文继孙科后任财政部长，命令上海、江浙、安徽等各省恢复盐务稽核所，但只恢复了其部分职权，盐税征收等仍由运司或者榷运局管理。

北京政府倒台后，1928年底，南京政府决定全面恢复稽核所的机构及职权。1929年1月，宋子文命令北平稽核总所南迁改组，直接隶属于财政部，原在盐务署所设立的稽核处也同时裁撤。4月开始收回税收职权。7月，财政部饬令各运使、运副、榷运局长将收税职权于8月1日前移交各该区稽核机关。长芦、扬州、松江各分所及宜昌稽核处均在8月前后恢复行使管理税收职权。其他各地稽核机关陆续在1930年前后开始行使税收职权。

1929年1月颁布了"财政部盐务稽核总所章程"。在该章程中，明确规定其职责范围是"征收盐税，发给放盐准单，汇编盐税报告、表册及清偿盐务外债等"，负责盐务税收、稽核等事务。新成立的盐务稽核总所地址在上海，直属于财政部。与北洋政府时期相比的变化是，一是其总办不再兼任财政部长，而是专任。7月份，调派会计朱庭祺为盐务稽核总所总办；会办仍由洋人担任，但不再是原来的五国银行团委任，而是由中国政府聘任；其他岗位也继续聘用洋人。二是其职责也发生了变化，其不再负责外债偿还及保管盐款事务，盐款除用于还债外，存于中国的银行内；三是稽核所开始负责私盐查缉管理。1931年财政部将盐警缉私队的管理权限交付稽核所，在稽核所内设立税警科。原来的缉私营、场警、巡河、巡海舰队均一律改称"税警"。通过这样的变化，显示了中国盐务主权收回的史实，也显示了南京政府对稽核所的倚重。稽核所成为财政部的一个下属机构。恢复盐务稽核所后，重要岗位都还是聘用了原来的人员，他们办事效率高，恪尽职守，所以使得政府的税收大增，"除广东外，截至民国十八年底,仅五月之短时期,全国盐税,共收四千八百六十余万元,其成绩殊属可观"①。

3. 盐务稽核机构职权扩大

1930年,财政部长宋子文看到下关掣验局(原隶属盐务署,专司查验十二圩船运四岸及江宁食岸盐斤)积弊太深,决定对盐政进行整顿。为了革除北洋政府时期行政、稽核两个系统分立、职责不明、且行政系统贪污腐化等严重情形,宋子文决定扩大稽核系统的职权,整顿盐务系统及制度。从1930年4月令饬下关掣验局改归稽核所管辖,这是行政机关改隶稽核所管理的开始。至1932年,"此次改组已见诸实行者,计有淮北、淮南、两浙、松江、扬子四岸及河南、山东、福建诸区,截至本年8月底,均已次第接收完竣,呈报就职"②。稽核所总办兼任盐务署署长,淮、浙、苏、鲁、闽、豫及扬子四岸等盐区的盐务行政系统的重要领导人员如运使、运副、榷运局长等均由各分所稽核系统人员兼任。行政机关移交稽核所,本着这样的原则:"①原有盐务行政机关,应即移设各该稽核机关之内,旧有行政人员加以考核,分别去留,并得加派得力人员。惟每月经费不得超过1 500元。②原有行政方面之各附属机关,应一律取消,所遗事务,除有特别情形外,均由稽核人员兼办。③所有放盐收税及管理仓坨各项事务,统改由稽核人员办理,并将手续改善,对于令饬商人或布告之件,可用署所或局处名义会衔行之,以期简捷。"③改革减少了冗员,同时经费大为减少,"此后该局经费每月不得超过1 500元,以视从前不过十与一之比例"④。这一年节省办公经费达215万元以上,⑤收放盐及仓托事务也都简化手续。改革取得了显著成效。

到孔祥熙任财政部长时,仍然继续推行稽核所兼管行政事务制度。1933年11月,孔祥熙命令长芦盐运使及缉私机关改归长芦稽核分所兼办。1935年,又将陕西、四川等地盐务行政、缉私机关一律改归稽核机关接管。除了云南、两广、山西外,稽核机关接管了各地的盐务行政与缉私机关及其事务。管辖范围及权力范畴越来越大了,实现了职权统一,减少了机构重叠、人浮于事、贪污腐化的情况。

除了行政机关,盐务机关的重要组成部分——缉私机关因弊病尤多,从1931年1月起,改归稽核所管理,在稽核总所内设立缉私经理科。4月,宋子文命令将淮、浙、苏、鲁、闽、豫及扬子四岸等11区缉私机关都归属各该区稽核机构管辖。并由稽核机关彻底整顿,将北洋政府时期的缉私营整编为税警,平日里严加训练、实行军需独立、点名发饷,大大减少了缉私营时期的腐败发生率。在稽核所的主持下,开始了对全国盐务的整顿工作。

---

① 曾仰丰:《中国盐政史》,上海三联书店,2014:274。
② "1932年盐务机关的合并",载南开大学经济研究所经济史研究室编《中国近代盐务史资料选辑》(第二卷),南开大学出版社,1991:71。
③ "1932年盐务机关的合并",载南开大学经济研究所经济史研究室编《中国近代盐务史资料选辑》(第二卷),南开大学出版社,1991:71。
④ "大公报关于各地运署并入稽核机关的报导",载南开大学经济研究所经济史研究室编《中国近代盐务史资料选辑》(第二卷),南开大学出版社,1991:73。
⑤ 左澍珍:《民国盐务改革史略》,载曾仰丰《中国盐政史》"附录二",上海三联书店,2014:275。

国民政府时期，盐务稽核所作为盐务管理机构，从权限上看，它拥有盐政场产、运销、缉私等行政管理、税收、稽核、偿还外债等权限。比起北洋政府时期，不再是行政、税收权限分立，此时的盐务稽核机关集行政、税收等权限为一身，权力范畴更为广泛，责权统一，有利于其盐政管理工作的开展。从性质上看，盐务稽核所是掌管盐政全面管理权力及负责"善后大借款"五国银行团外债偿还的机构，这就决定了该机构为了外债的足额偿还及增加国民政府的财政税收，其必须推行能使盐税增收的政策与制度，推行以自由贸易为目标的改革。从运行上看，盐务稽核所的管理方式也不同于往昔的盐业官僚体系，盐务稽核所有自己独立的管理、运行系统。与中国传统盐政不同，稽核所形成了"稽核总所——稽核分所——稽核支所"的独立直属管理体系。稽核系统与国民政府地方行政机关、官员没有隶属关系，不会受到地方官吏和传统体制掣肘与干预，可保证其西方经济思想及管理理念得以顺利推行。同时，稽核所仍然主要聘用外国人，他们与引商没有利益关联，并有一套高效、严格、制度化的人事管理制度，保证了职员能勤勉、严格、廉洁地工作。从其工作内容上看，其成立后整理场产与运销、整理税率、整顿缉私。这使得稽核所都使其成为与引岸专商相抗衡的力量，其双重身份决定了其是不同于引岸专商制下盐业利益链上的利益集团，这就打破了晚清已降的盐业利益格局，为引岸专商制的废除确立了制衡利益方。当然这并不表明南京国民政府成为民主政府，稽核所这一利益集团的出现不是自由贸易市场效率的正向激励，不过是旧有盐业利益模式的不断式微而形成的反向激励结果。这也预示了国民政府在废除了引岸专商制后，依据自己利益运行的模式，还会产生新的利益集团。

（二）《盐法》的制订及颁布

北洋政府时期，通过国内改革派及洋员改革派的不懈坚持，许多地方的引岸专商制被废除，实行自由贸易等盐制。但是，引岸专商制仍然是主要盐业运销制度，在许多名义上为自由贸易的区域，也依然变相地实行引岸专商制。它严重地阻碍着盐业的发展。所以，国内呼吁对盐业引岸专商制进行改革的声音依旧高涨。中国运销制度分布情况如下表所示：

中国各种盐运销制度消长变化比较表（1931—1937年）[①]

	全国销盐县数	自由贸易制县数	票商、专商包商制县数	官运民销和官销制县数
1931年	1 972	971	907	94
1937年	1 968	1 179	694	95

资料来源：1931年数系据《民国20年盐务稽核所年报》，1937年数系据中国社会科学院南京史料整理处三字四二一九号。

---

① 丁长清、唐仁粤主编：《中国盐业史》（近代当代编），人民出版社，1997：138。

南京国民政府成立后，再次提起盐务改革的是浙江庄崧甫、马寅初二委员。庄崧甫当时是浙江省委员，马寅初为著名经济学家。二人的盐务改革议案在浙江省得以通过，于是就以省政府名义向中央提议改革。财政部召集全国财政会议时，庄崧甫以浙江省政府委员列席。在全国财会未开之前，在上海经济会议上，参与人员有金融界人员、实业家及淮浙盐商代表。当时，政府委员卫挺生提出《改革盐税案》，由于旧盐商的阻遏，议案未被通过。会后，庄崧甫以个人名义提出一提案，与陕西省政府代表过之翰的改革案合成一个议案，主旨为"就场征税，买卖自由"。"不料大会提出时，政府委员以整理场产、划一税率为第一步，而以就场征税、买卖自由为第二步，庄崧甫深以财政当局不敢出断然之主张，认为缺憾。决计在第五次中执大会努力奋斗，以为北伐告成，训政开始，关系内政外交国计民生之政治，更无大于盐务者。若此弊制不能去，则所谓民生主义者，乃变为民死矣。"①但庄崧甫的提案就没有得到审核。年过七旬的他表示，将再接再厉，非达到革命目的不可！当时，盐业的生产、运输方式均发生了巨大变化，这倒逼盐业运销制度必须进行改革。在改革派的不断推动下，南京政府进行运销制度的系列改革。

1. 新《盐法》颁布的过程

在 1929 年中国国民党中央执行委员会五届二次会议上，庄崧甫又向蒋介石呈明改革盐制利害。蒋介石遂命令财政部制定盐法。经历许多曲折与持不同意见的改革各派的沟通，1931 年，景本白抵达南京。他极力主张实行就场征税、自由贸易，与各派意见初步达成一致，遂成立第二届盐法起草委员会，却在准备草拟盐法之际，被《新闻报》刊文泄露信息，顿时引起引盐商极大恐慌。浙商周庆云、王绶珊等召集两浙、两淮、长芦、山东等地盐商，在上海集中商量对策。他们在全国各大报纸上发表抵制改革的宣言，并雇人撰写反对文章以造成声势；并筹集巨款到财政部游说，希望财政部打消改革案。面对此情，景本白等只能秘密开会商议草案，也不将草案油印，唯恐泄漏。

正值草案制订之际，胡适辞去立法院长一职，草案制订几乎不了了之。景本白闻听此说，与林振翰（时任盐务稽核总所驻京主任）同访庄崧甫，商议继续推动盐法的制订。景、林二人连续三昼夜工作，秘密详细讨论所拟草案各条利弊，最后由立法委员陈长蘅制成条文，向起草委员会提出成文。此次草案修订，即使连其他起草员其他成员也是直到开会才见到条文，且未付油印，用原文传观。1930 年 3 月 18 日，立法院顺利通过了全部《盐法》。草案通过后，景本白在当日返回北平时，又叮嘱庄崧甫督促政府早日公布盐法。当时也知 5 月 5 日要召开国民会议，而庄崧甫被浙省公推为浙江参加国会的代表。当时，庄因有事打算不参加会议。景本白坚决主张其必须参加会议："《盐法》虽通过，尚未公布，不可不留一退步。如盐商以金钱报效政府，阻止盐法公布，您尚可在国民会议提议，督促政府实行。"

3 月 20 日，立法院通过新《盐法》，即日送政府公布。两浙盐商周湘舲得知后万分

---

① 景本白：《盐务革命史》，京华印书馆，1929：31。

恐慌，当即游说稽核总所洋员，向财政部长宋子文提出了增加盐税至每公斤8元（原来5元）等说辞，希望政府不要取消引票。宋子文遂向蒋介石提出要修改《盐法》。蒋即召集法院全体起草委员来商议。委员们与宋子文经过长时间的辩论，最后坚持不能修改，蒋介石遂采纳了大家的意见，未交复议，但也不再提要公布盐法。消息传出后，南京、上海、天津、北平各家报纸，纷纷登载谴责盐商的文章，均望政府能早日公布盐法。

1931年5月5日，筹备了半年的国民会议在南京开幕。景本白于当日到达南京，散发宣传材料，希望代表们支持盐政改革。5月8日的第三次会议上讨论盐法提案，得到一致通过。面对此景，有浙商、淮商等代表在南京进行各种游说活动，并造谣说新《盐法》是景本白为了久大精盐公司的精盐发展，报纸上发表的支持盐务改革的文章，都是景本白花费巨资雇人撰写的。

但是，盐务改革是顺应历史潮流和盐业发展状况的必然之举，国民政府也顺应民意，于1931年5月31日公布《盐法》。时人认为，此盐法是"上率历代成法，下准目前我国时地之宜"，为"破天荒之巨制"。景本白40年来为盐务改革奔走呼号、历尽艰辛的愿望终于实现了。各省改革派纷纷来电道贺，景本白不禁感慨万端："余对于盐政革命已三十年。正式发表政见亦二十年。至今日始有一部《盐法》出现，实行虽尚无期，而法案业已公布，可告一段落矣。"盐政改革，清末以来历经张謇、景本白等改革派前后70多年的不懈追求与斗争，才迎来了一本体现改革派先进改革思想的盐法的颁布。历史每前进一小步，需要人们付出巨大的努力乃至牺牲。张謇、景本白等坚持不懈地为国付出、为民呼号的精神与盐同在。

但是，由于旧盐商的阻挠、世界经济危机的影响、当时国民政府财政困窘及中国地方广大、情况各异等等复杂的主客观原因，一直到全面抗战爆发前，新盐法都没有能够实施。

2. 新《盐法》的内容及意义

《盐法》共分为七章三十九条，其内容规定了场产、盐斤储存、盐价、盐税征收、盐务机关等。其总则为"就场征税，任人民自由买卖，无论何人不得垄断"。这首先体现了近代以来的自由贸易思想，也是顺应世界潮流及中国社会及盐业发展状况的思想的集中体现，更是盐务改革派多年以来一直不懈的追求。场产的规定，体现了国家要实施盐业宏观调控、有计划生产的思想，并对盐场实行分类管理，有利于集中财力物力人力来有效生产的思想。对于盐业的存储，吸收了丁恩建坨存盐的方法，有利于盐斤的卫生、运输及有效防控走私，还充分注意了改革派一直以来反复抨击的盐质不良的问题，有利于盐质的改良，有利于人民身体健康。最能体现改革派反对引岸专商制的核心是，由仓坨出售的盐价，由场长、制盐人按照盐质民主商议决定。这就完全颠覆了引岸专商制下的"销盐有定价"的政府定价行为，实质上是在盐业里遵循价值规律，注重市场对盐价的调节行为的集中体现。

另一个重点就是征税。《盐法》规定，不同类型盐斤实施出场时一次性征税，这真是张謇、景本白、丁恩等人一直主张的"就场征税、自由贸易"思想的体现，经过改革派几十年的努力，终于以法律的形式实现了改革派的主张。另外，不得有加耗等名目的规定，避免了引岸专商制下官商勾结、舞弊腐败的漏洞，有利于盐政的革新。附则里规定了引商包商官运官销及其他类似制度应当废止。这就用法律的形式明确了引岸专商制的废除。通过北洋政府时期及国民政府时期的各项改革措施的推进，使专商的引地逐渐缩小，"向来人民不慊于运商者，为其有垄断把持之行政。假如甲地与乙地相近，食乙地之盐运费省而价廉，而国家必令强迫食甲地之盐。如食乙地之盐虽有税亦视为私盐。又如，甲乙同为产盐地，甲之盐税轻而乙之盐税重，丙为销盐地，介于甲乙之间。自必喜食甲盐而国家必强迫食乙盐，此即所谓引地也"①。如此扭曲、严重违背市场规律的制度必然遭到历史的抛弃。运行了上千年的引岸专商制在《盐法》颁布后，成了非法的制度，终于走向了其制度性的末路。

（三）盐业各环节的整顿与管理

盐务稽核所的职权及机构设置逐渐完善后，就由其主持全国盐也产、运、销、税、缉等各个环节的工作。

整理场产是整顿税收的前提性工作。其主要措施是模仿长芦盐场和四川富荣盐场建立盐坨及官仓办法，在淮北、山东、扬子四岸、两浙、松江、福建、广东等地建立仓坨，并且同时整顿各区缉私工作，使得淮北等盐场私盐减少、税收激增。

运输是关系盐斤销售效率及成本的关键环节。引岸专商制下，运盐销盐均不能自由进行。稽核所成了后，主张废除专商，任由人们自由贩运。推行方针为渐进为主，于 1932 年 8 月将浙东温等地包商取消，实现自由贸易，五个月内增加税收 159 000 余元。②后来逐渐推广到山东、扬子四岸、湘西皖三岸等地。

整理缉私。1928 年，财政部设立缉私处，派温应星为处长。将原来隶属于盐务署的缉私处独立设置，并在各区设立缉私局，场警仍由运使运副管理。1931 年财政部将各省缉私队及场警均改归稽核所管辖。在盐务稽核总所内设立税警科，将各区缉私局也行裁撤，分别改组为税警局或税警科，归稽核分所或稽核处指挥。对缉私队伍，严加筛选，同时划定其职责范围。对薪饷的发放，也由稽核所派人到队伍中逐一发放。并改良士警待遇及职位保障制，并设立税警官佐教习所及税警训练所实行轮训。减少了腐化和私盐的发生。

整理税率，清末民初，税率紊杂，名目繁多。稽核所以划一税率、减轻盐税为宗旨，逐渐实行新税法的推行。但是，此项措施并没有落到实处。"但统一各省附税之后，业经有两年之久，所谓逐渐减轻人民负担，至今毫不见有所推行。"③

---

① 张謇改革全国盐政计划书，载景本白：《盐务革命史》，京华印书馆，1929：43。
② 曾仰丰：《中国盐政史》，上海三联书店，2014：277。
③ 《监察院质问食盐加税案原文》，《民生报》1934 年 2 月 23 日。

革除陋规。1932年，财政部长宋子文令淮鲁等十一区盐务行政机关改归盐务稽核所管辖。稽核所接办以后，首先开始革除陋规。它严令各区将各种陋规一律删除，不准再收取。这成为盐务改革的一个大手笔。

盐务稽核所对盐务的整顿，直接动摇了引岸专商制存在的制度生态基础。

三、国民政府初期盐改绩效及原因

国民政府时期盐业改革的最大特点是，盐业经济基础的变动倒逼盐业生产关系发生调整。在调整过程中，因为内外交困的客观原因，及统治者的统治利益取向，使改革呈现出立新与保旧、近代化与封建性并行的过渡性特点。

（一）国民政府盐业改革绩效

首先，收回盐政主权。南京政府成立后，继续秉承国民革命军北伐斗争宗旨，收回主权，打倒军阀。早在1922年，孙中山在讨伐陈炯明叛乱时就曾废除广东盐务稽核分所。1923年孙中山在广东重建大元帅府时，就曾致力于夺回广东的盐政主权，在中央设立盐务署，当时按照原来税率的八折征收盐税，并派员征收盐税及填发准单等等。虽然遭到盐务稽核总所及分所的一再反对，但广东政府"态度甚为坚决，要将该省盐务稽核所全部霸占，并驱逐北京盐务署根据借款合同条款所聘任的全体华洋人员"。[①]到1925年，广东政府收回了汕头、北海、广州稽核分所的管理权。南京国民政府成立后，虽然恢复了稽核所机构、洋员及职责，但最关键的是，洋员的聘任方式使他们不过是南京政府的雇员，不再有政治身份。这是南京政府建立后做得有重要价值和意义的事项。其次，颁布了新《盐法》，虽然没有实行，但自由贸易的思想以法律的形式明确规定，被广为宣传与为人们所接受，这就吹响了引岸专商制走向覆灭的号角。最后，对盐业生产运输等各个环节都进行了整顿与改革，使盐税收入增加，1927年盐税收入是59 753 300元，1936年是205 433 000元，[②]十年间几乎增加了3倍多。对盐务机构进行了统一，使盐务行政与稽核逐渐归于一统，避免了盐务部门间的统系不一、职责不明、推诿争论等现象，有利于盐务管理效率的提高。

但是，必须看到，南京政府的诸多改革都不彻底。比如新《盐法》虽然颁布了，但到抗战前一直没有推动实施。在盐斤生产上，精盐的出现代表了新的生产方式，但国民政府顾忌旧盐商的利益，并不敢让其充分扩大销售范围，直到1935年销售范围仅限于湘鄂西皖四岸及苏五属等地，销售限额为119.1万担，并为精盐的销售制订了许多限制条件，比如不能行销内地、定额运足放盐机构立即停运、并提前缴足税费、又无

---

① "1925年12月18日盐务会办韦礼敦致银行团各代表函"，载南开大学经济研究所经济史研究室编《中国近代盐务史资料选辑》（第一卷），南开大学出版社，1991：423-424。
② 冯子明：《从征收食盐建设专项说到盐税近况》，《商业月报》，1937年，第17卷5号。

卤耗等，使精盐企业发展成为困难，企业难以发展壮大。在盐斤运输上，帆运弊端重重，"殊不知帆盐因需由场运圩，然后由圩掣配，手续纡迟繁复，所有装卸费用、堆屯耗损，在均使商增高，比较由场直接轮运这相差甚巨。轮运由场到岸，至多不过十日，而帆运则由圩到岸往往经月始到，帆盐色质亦不如轮盐之可保洁净、易受食户欢迎，至轮运安全便捷，犹其余事"。①但到南京政府成立的 8 年后，轮运的范围是鄂岸、皖岸，至于湘西等岸，自 1935 年 1 月 1 日起，每轮运一票（和市秤 5 080 担），均令搭配帆运一票，至 1941 年帆运才能裁减完成②。在盐税征收上，表面上看到的是盐税总数增加了，但不能完全看作是销售扩大，而很大程度上是税率增重了。在整顿盐务管理机构的过程中，又出现了新的机构重叠、冗员增多、办事效率低下等问题。

正是由于这些改革的不彻底，才导致了引岸专商制不仅没有被完全废除，而且盐商还通过验票等方式获得了在国民政府时期继续存在的制度性条件。虽然专商的势力在这一时期有所衰落，但毕竟没有退出历史舞台，在很大程度上还阻遏着盐业新的生产方式的发展。

（二）国民政府时期盐改低效的原因

首先，是运行几百年的引岸专商制树大根深、利益链盘根错节，改革阻力巨大。从《盐法》的出台过程，及国民政府整顿盐业时，盐官盐吏、旧盐商甚至灶户劳工等又处处抗衡、处处掣肘。比如在改革轮运一事上，盐商及鄂岸淮盐公所、湘岸淮盐运输业同业工会、两淮盐运使等个人和组织多次呈文财政部、盐务署，以十二圩船户、劳工等的名义及盐斤销售、盐税等种种借口，以及造谣污蔑轮运者垄断运输、抢夺利润等等理由，来申诉不能实行轮运的原因。但是，经过财政部派人调查发现，"叠经本部指派专员前往场圩实地考察，据复所得真相，此项保留帆运请愿风潮率有一般恃盐为利者之操纵，帮董工头为保持其不劳而获之大利从而鼓动"③。扬州四岸盐业事务所每年从淮盐引捐一项收费项目中收入不下 80 万元，而一切用途从无账目公布。为了一己私利，引岸专商制利益链条上的各个利益主体对任何改革不惜采用金钱收买、虚造声势、造谣污蔑等等手段来展开殊死搏斗。面对盘根错节的引岸专商制利益链条，仅仅采用改良的手段，恐怕难以收获彻除之效。

其次，外忧内患的国家形势使改革难以奏效。20 到 30 年代，国内，国民政府进行了多场消灭新旧军阀的战争，以及要"围剿"红军；国际上，1929 年爆发的经济危机使国际银价下跌，使中国遭受了巨大打击；同时，日本的入侵对国民政府又造成了巨大的打击，正如费正清所言："自从 1931 年日本攫取了满洲以后，南京的重要财源即

---

① "1935 年 1 月 15 日财政部拟定之十二圩递减帆运及救济陆地劳工办法大纲"，载南开大学经济研究所经济史研究室编：《中国近代盐务史资料选辑》（第二卷），南开大学出版社，1991：166。
② "1935 年 1 月 15 日财政部拟定之十二圩递减帆运及救济陆地劳工办法大纲"，载南开大学经济研究所经济史研究室编：《中国近代盐务史资料选辑》（第二卷），南开大学出版社，1991：167。
③ "1935 年 1 月 15 日财政部拟定之十二圩递减帆运及救济陆地劳工办法大纲"，载南开大学经济研究所经济史研究室编：《中国近代盐务史资料选辑》（第二卷），南开大学出版社，1991：166。

被切断,中国政府只得通过它自己的军国主义来寻求解脱。一个拥有很多具有现代头脑的公民的政府,却不得不把它的收入投到蒋介石主管的军事扩张中去。日本的入侵在 1937 年以后对于一个从一开始就没有支架好的政权来说,破坏实在太大了。"①另外,国民政府还延续了北洋政府时期对外国债务与赔款的继续偿还。多重因素叠加,造成了财政的异常困窘。正如江苏兼上海财政委员会主席陈辉德所说:"自本会成立后,各项税收不满百万,库券款余额收壹佰肆拾万圆,而历次支付军费,已达壹仟壹百余万之巨,全系各处挪借。现在军饷仍急如星火,来源枯竭,无可腾挪。"②为了得到盐税这一项稳定而数额庞大的财税来源,南京国民政府不得不承认旧的盐制及盐商们的政治经济地位,并为了解决财政困难而接受旧盐商们的"报效"及 1933 年起开始的查验引票的 13 322 080 元的巨额验票费。另一方面,由于资金不足使盐务改革难以切实推进。在如此形势下进行改革,改革成本高于维持旧制的成本。所以,国民政府财政的捉襟见肘窘况遇到能提供巨额资金支持的旧盐商,其革除旧制的革命理想逐渐被搁置,而代之以各取所需的改良主义。引岸专商制就是利用自己强大的吸金能力而暂时保全了自身命运,也正是这样的杀鸡取卵、涸泽而渔似的攫取,也注定了这个制度必将走向自己的末路。

再次,国民政府的政府控制力及效率低下也影响到盐务改革的推行。国民政府用武力统一了全国,实现了形式上的统一,但是,国民政府的实际控制力有限。1931 年九一八事变后东北三省被日本侵占;在华北,应日本"华北特殊化"的要求,1935 年在北平设立冀察政务委员会,名义上隶属于国民政府,实质上是半独立性的政权机构;在东南和南方地区,当时中共控制着许多区域,其建立起了中央革命根据地、湘鄂赣革命根据地、闽浙赣革命根据地、鄂豫皖革命根据地、湘鄂西革命根据地、左右江革命根据地、海陆丰革命根据地等,1931 年,中国共产党在江西瑞金成立了中华苏维埃共和国。直至 1937 年,国民政府也只控制着大约在全国 25%的土地,对 66%的人口建立起了有效统治。有限的统治使蒋介石政府执行力有限,对盐业改革的推动难以强劲有力进行。

在国民政府内部,派系林立、利益集团众多,互相推诿责任,做事效率低下。费正清曾说道:"总之,蒋是中国统治阶级传统的继承者。他的道德领导是用孔子的词语编制的,而他的行政作风表现出一切陈旧的无效率的弊病。蒋在 1932 年说过:'什么事情一到政府机关就衙门化了——任凭什么改革计划都是懒洋洋地、漫不经心地、毫无效率的处理的。'一个结果就是:农村工作的纸上计划很少落实,经济发展计划也是朝令夕改、有头无尾。"③同时,各地地方政府截留盐税,自征盐厘,财政各自为政,"据财政部呈称:窃查厘金一项,向为各省政府岁入之大宗,自明令规定实行裁厘,各省

---

① [美]费正清:《伟大的中国革命(1800—1985)》,刘尊棋译,世界知识出版社,2015:265。
② 中国第二历史档案馆编:《中华民国档案资料汇编》(第五辑)第一编"财政经济"(一),第 2-3 页。
③ [美]费正清:《伟大的中国革命(1800—1985)》,刘尊棋译,世界知识出版社,2015:267-268。

政府纷纷以维持现状，指定拨补位请，或主张以盐税附加拨归省府，或要求以特种税收划归财厅。似此分割破碎之办法，实足以障碍财政之统一"①。每年各省附加税的总额无从考证。"据1932年盐务稽核所估计，约在5 000~12 500万元之间，1932年约为8 500万元。该年中央政府征收的盐税为15 673.2万元，地方盐税约占中央和地方盐税总数的35%。"②直到1936年，才逐渐建立起统一的财政金融体系。所以，无论政治控制力还是经济统一性，都不足以使国民政府在前期推动彻底的盐政改革。

所以，引岸专商制在这一时期虽然走向衰落，但百足之虫死而不僵，它尚没有完全覆灭。

---

① "1930年12月11日行院训令各部会省市公署"，载南开大学经济研究所经济史研究室编《中国近代盐务史资料选辑》（第二卷），南开大学出版社，1991：233。
② 丁长清、刘佛丁：《民国盐务史稿》，人民出版社，1990：257。

山东日照涛雒盐场的变迁

李法杰　于云洪[①]

摘　要：山东涛雒盐场始建于西汉，延续至今，是山东东南沿海著名的盐场，在山东盐业发展史上占有重要地位。涛雒盐场的发展与变迁经历三个阶段，即汉唐宋元涛雒盐场的开辟与发展时期、明清涛雒盐场的兴盛发展时期、近现代涛雒盐场由传统到现代的变革时期。涛雒盐场的制盐技术经历了两个发展阶段，即从煮海为盐到煎卤制盐、从煎卤制盐到辟滩晒盐两个阶段。

关键词：涛雒盐场；制盐技术；盐政管理

自古以来山东就是中国主要的海盐产区之一，而日照涛雒盐场又是山东海盐重要的产地之一。涛雒，古称涛洛，历史悠久。自西汉时置海曲县，涛雒就有盐场，设有盐官。北宋初年，盐政始复归一，复设涛雒盐场。金代，涛雒始置镇，设盐司，属益都司管辖；元、明继之，终清之世无所变更。光绪《日照县志》记载，明清两朝均设有涛雒盐场大使，《中国古今地名大辞典》，民国初改称场知事。近代时期，涛雒盐场在生产和运销管理、盐税以及盐务缉私方面都有了很大发展，为今天涛雒盐业的发展奠定了基础。

一、涛雒盐场的发展与变迁

日照位于山东半岛东南部，东滨黄海，沿海一带滩涂广阔，具有盐业生产的得天独厚的优势，盐业开发历史悠久，若从汉代海曲盐场算起，至今已有两千余年的盐业发展史。盐业发展两千年绵延不绝，在中国盐业发展史上占有重要地位。

（一）汉代时期的涛雒盐场

涛雒在山东日照市东南，距日照市19千米。东临黄海，胶新公路贯穿南北，涛坪公路自此而西。涛雒建村始于汉代，以与南店相对，曾名北店，后改称涛洛，清代改

[①] 李发杰（1963—），男，山东寿光人，潍坊学院马克思主义学院副教授。
　于云洪（1964—），女，山东栖霞人，山东省潍坊学院历史文化与旅游学院副教授。主要以中国古代史、山东海盐史、黄河水患与下游城市发展变迁为主要研究方向。

为涛雒。涛,大波也,波是水的起伏现象;雒,与洛通,洛洛是水流下貌。涛雒濒海,潮涨时波涛汹涌,潮水环绕,潮退则流水洛洛。涛雒之名即源出于此,"山东海滨广;日照为产盐之乡"。据《中国盐政史》记载,西汉武帝刘彻元狩二年(前121),国家实行盐铁官营专卖,其盐官分布于二十七郡,在这些郡国所产盐区共设立三十八处盐官。山东就有海曲等十一县。涛雒则是琅琊郡海曲县的盐产重地,这一点可在《汉书·地理志》中的盐官的记载得到印证。《汉志》载:西汉中叶后及王莽时期,所置盐官36处,他们分布于27个郡国中,其中山东的盐官见下表:

汉新时期郡国山东盐官设置表

郡名	县名	今省、县名	资料出处
千乘	高苑县	山东高青东北	《汉志》郡本注仅称郡置有盐官
北海	都昌	山东昌邑市	《汉志》都昌县本注
	寿光	山东寿光市	《汉志》寿光县本注
东莱	曲城	山东招远西北	《汉志》曲城县本注
	东牟	山东牟平	《汉志》东牟县本注
	㡉县	山东黄县西南	《汉志》㡉本注
	昌阳	山东文登南	《汉志》昌阳县本注
	当利	山东掖县西南	《汉志》当利本注
琅琊	海曲	山东日照东南	《汉志》海曲本注
	计斤	山东胶县	《汉志》计斤县本注
	长广	山东莱阳东	《汉志》长广本注

《汉书·地理志》载:"海曲,有盐官。"①民国版《中国古今地名大辞典》载:"涛雒镇,在山东日照县东南四十里……汉时有盐官。"清朝县人丁恺曾著《西海徵》上亦写道:"涛雒之名,不知始予何时,然自汉时即有盐官。"西汉时期,海盐在西汉时已成为食盐中的主要品种,而且今山东就有十二处盐官,占整个西汉盐官总数的三分之一。涛雒盐官即是其中之一。涛雒盐的制作工艺以煎煮为主,相当落后,难以形成规模。唐朝时期,日照因为有盐场和盐官,成为琅琊一带富庶繁华之地,涛雒镇也成为日照的一大盐埠和码头。

(二)宋元时期的涛雒盐场

《宋史·食货志》记载:"宋至道三年(996)京东东路密州初设涛洛(雒)场,年产盐3.2万石"。②又,《中国盐政史》记载:"北宋初年,盐政始复归一,设涛雒盐场。"③海

---

① 〔东汉〕班固撰,颜师古注:《汉书·地理志》,中华书局,1976:1585。
② 〔元〕脱脱:《宋史·食货志》,中华书局,1985:4227。
③ 曾仰丰:《中国盐政史》,商务印书馆,1937。

盐产量能满足密州及其沂、潍二州的需求。并通商销售于其他地区。由于山东沿海盐业生产有着较好的基础，宋王朝加大了沿海地区新盐场的开辟力度。据《宋史·食货志》记载，涛雒场的盐业生产规模是山东地区最大的。金代在山东地区设立了盐司，盐司之下设立盐场，涛雒场当时归莒盐司管辖，这时候的盐业发展有了突破性的进展。后来几经裁并，到元朝时期，复立涛雒场。《元史》载：山东"盐场一十九所，每场设司令一员，从七品；司丞一员，从八品；管勾一员，从八品。永利场，宁海场，官台场，丰国场，新镇场，丰民场，富国场，高家港场，永阜场，利国场，固堤场，王家冈场，信阳场，涛雒场，石河场，海沧场，行村场，登宁场，西由场"[①]。涛雒场设置盐司令，罢胶、莱、莒、密盐使司。涛雒场于日照海滨，地理位置十分优越，成为当时山东东南沿海地带最大的产盐基地之一。元代时山东沿海地区各盐场均达到了一定规模，这给明清时期的盐业生产和发展起到了良好的奠基作用。

（三）明清时期的涛雒盐场

明代山东盐场的设置基本沿袭了元代的旧制，盐场仍然保持19场的设置，明朝时官府在山东地区设立了都转运盐使司，此时山东所管辖的分司有滨乐分司和胶莱分司两个，而涛雒场属于胶莱分司。涛雒排在信阳场之后，位居第二。

据史料记载，清政府设立山东都转盐运使司来管理山东盐场，在康熙十五年（1676）之前，山东依旧保持19场的设置。而在清朝康熙到道光的150多年里，山东盐场被先后裁并、调整过四次。整改具体可分为两个阶段：第一个阶段是在康熙和雍正年间的三次调整，在这三次调整之后，山东盐场由十九场减到十场。将永利、永阜、富国、官台、王家岗这五个盐场划归滨乐分司管辖；将西由、信阳、石河、登宁、涛雒五场并入胶莱分司。第二个阶段是在道光十三年（1833）的盐场调整，将信阳场并入涛雒场，而登宁场并入西由场。经过这四次调整，山东盐场由清初的十九场缩减为十场。

涛雒制盐，有监盐和末盐之分。监盐是海水晒制而成，末盐是煎制得盐，即"煮海为盐"，就是把海水倒入锅类容器中，用柴草在下面烧，水蒸发后得盐，亦称熬盐、煎盐、煮盐。清代前，涛雒场产末盐，清初逐渐由熬改晒，但到清中期仍是煎晒兼用，"晴则听民滩晒，雨则以锅煎济之。"道光年间，涛雒场的盐才完全由滩池晒制而成。古时，熬盐之地为灶地，熬盐户称灶户，熬盐者称灶丁，负责管理的称灶长。这种"生产方式"，从涛雒北部沿海村的村名中即可略见一斑。在今厫头盐场和红旗盐场附近，有东、西灶子村和成、张、尹、高、村，该地百姓世代熬、煎、煮、晒盐。此东、西灶子村的"灶"字无须多言，这一连串的厫头村的"厫"字，即可能或因当时其紧邻屯积食盐的"仓厫"，或因曾立灶煮盐由"熬"字而来。

清顺治十八年时（1661），山东巡抚会同巡盐御使到涛雒场勘查盐田面积，对涛雒盐场的盐田面积进行了一次大规模的勘查。经丈量以后约有灶地 26 355 亩，草荡地约

[①]〔明〕宋濂等撰，阎崇东等校点：《元史》，岳麓书社，1998：1215。

231 760 亩[①]。康熙二年（1663），清政府从县内民地划出灶地 23 147 亩、草荡地 3 002 亩归属涛雒场；另从民地划出灶地 4 788 亩归属信阳场。雍正八年（1730），涛雒场有原灶地与新垦灶地 24 181.93 亩，自首灶地（不纳税的黑地）569.55 亩，共计已有灶地 24 751.48 亩。清嘉庆十三年（1808），涛雒盐场共有土淋滩 865 副（副为盐田面积计算单位，各时期无统一标准），分布在涛雒镇东、南、北 19 个村。清道光十八年（1838），涛雒盐场有大、小沟滩池 1 226 副，已形成较为完备的制盐规模[②]。明清时期的涛雒盐场得到了极大的发展，生产规模扩大，盐产量增加，盐业生产发展迅速。

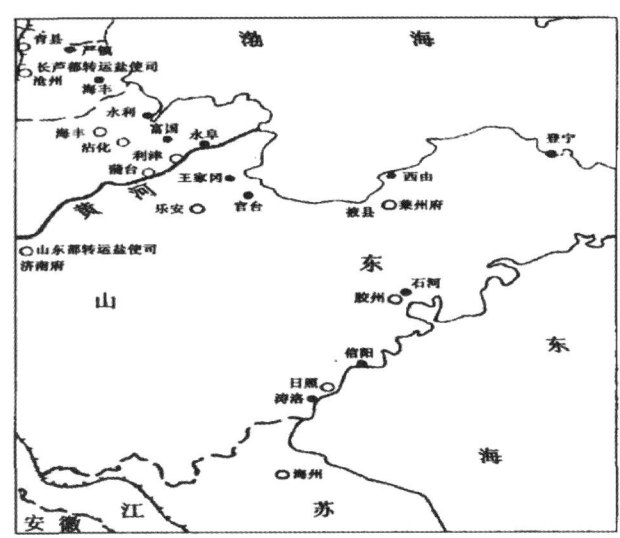

清代山东十盐场分布图[③]

（四）近现代的涛雒盐场

近现代的涛雒盐场经历了一个曲折的发展过程。由于社会环境和政府政策的影响，涛雒场不断进行一系列的调整、改造和扩建。

民国时期涛雒盐场的盐滩面积扩大，盐民人数增加。1912 年，涛雒盐场滩池共计有 759 副。1932 年，涛雒场开晒盐滩 177 副，滩户 1161 户。1933 年，涛雒场有盐滩 799.5 份，滩主 766 户，滩丁 1 599 人。抗日战争时期，盐场管理混乱，但因晒盐有利可图，涛雒盐场荒废之滩都相继恢复晒盐，涛雒盐场的盐业继续发展。

近代随着政府政策方针的调整，涛雒盐场的盐滩也发生变化。1949 年，山东盐务局考虑到盐业生产的大局，于是制定了"维持现状，改造土淋滩，对少数不便管理的土淋滩实行裁废"的生产方针。1949 年至 1950 年，先后裁撤了孙家村、夹仓、右所、小刘庄、东海峪、林家滩等 19 个村的全部和廒头、西灶子、涛雒、南店的部分土淋滩，

---

① 亩，中国市制土地面积单位，1 亩≈666.667 平方米。
② 日照市地方史志编纂委员会：《日照市志》，齐鲁书社，1994：194。
③ 纪丽真：《明清山东盐业研究》，齐鲁书社，2009：82。

还裁废了安东卫和小场场务所的部分海滩以及吴家村场务所的全部海滩。累计裁废盐田约 42 584 公亩[1]，转业盐民 1 050 人，生产能力下降约 20 万担。1951 年，转入维持现状阶段。是年，恢复了小场场务所部分盐田。年底，盐场管理处共有盐田 68 881 公亩。从 1953 年起，盐区重点对土淋滩进行改造和扩建。土淋滩的改造和扩建增加了盐田面积，促进了盐业生产的发展。1956 年，经山东省盐务局批准，日照对涛雒土淋滩重点改造和扩建，改建扩建盐田 20 558.42 公亩。1958 年，小场场务所改造扩建盐田 87.25 副、33 995 公亩；涛雒场务所改造扩建盐田 31.5 副、14 522 公亩。1974 年冬，在有关部门的扶持下，日照又建设了涛雒、丝山两处盐场。

1991 年，经市政府会议决定日照盐业发展的重点是改造乡镇村办盐场。涛雒曙光盐场改造盐田 8 430 公亩，该盐场盐田总面积达到 25 894 公亩。从 1999 年至 2002 年，由于生产结构内部调整，涛雒盐场逐步转为海产品养殖或冷藏加工，结束了它在日照制盐史上最早、也是为时最长的盐业生产活动。

二、涛雒盐场制盐技术的变革

涛雒场的制盐技术与山东其他盐场一样经历了一个不断革新的过程。从煮盐、煎盐到晒盐，经过不断的改进，逐步提高生产能力，使海盐生产技术趋向完善。

（一）从煮海为盐到煎卤制盐

早期制盐方法较为简单，人们采用煮盐的方式。唐代之前多采用煮盐的方法，宋元以后采用煎盐的方式，明清以来实行煎晒并兼的方法，民国时期全部改成海滩晒盐，一直沿袭至今。

日照早年的制盐方法为煎卤制盐。其制卤之法，系撒（刮）土淋卤。即先将滩内之土用木耙犁起，或撒土于滩场上（刮），泼洒海水，俟干再泼，以增加土内盐分。视土色变灰（白）或暗红（此时土内含盐量较高），用竹耙碾细，再用木板刮起，堆于牢墩（洒卤用，圆形，底铺秋秸，周围筑埂，墩下有卤井）之上，以海水浸灌，卤水即流入卤井。卤水浓度大小以黑黄豆测试，若黑黄豆浮于卤面，卤则成；否则，其卤水需要再制。

煎盐所用器具，汉时为牢盆，后称盘、也称锅，圆形，平底，有铜质、铁质两种，容量约 0.2 立方米。但这种盆也是盐的计量工具，《荀子·富国篇》注就有"以盆为量"[2]之说。牢则是像廪一样的仓储设施，也是盐的计量单位。汉代的"官给牢盆"，除了以盆煮盐之外，更重要的是以牢盆作为盐的生产计量工具。明清以来，计量盐的产量，

---

[1] 1 公亩=100 平方米。
[2] 〔战国〕荀况著，张觉译注：《荀子译注》，上海古籍出版社，1995：179。

还有坨的称谓，一坨盐为一个计量单位，一个盐场一年生产多少盐，往往就用"坨"来计算。这种名称后来还演化为盐场及其附近村落的名称。清雍正年间，涛雒场除贞子坨外，其余各坨均因煎盐成本太高，产量也少，一律改煎为晒。清代道光十二年，信阳场归涛雒场管理。信阳场有煎盐锅80面，煎盐受到限制。民国十三年，国民政府财政部批准废除信阳场20面煎盐锅，不许再煎盐，从此结束了这种传统的制盐方式，开始推行晒盐的新方法。

煎盐法之所以能够保留：一是自唐宋以来的煎盐法广为流传，传统的生产方法和生产工具一时间很难被废除，而且开滩晒盐还需要投入远高于煎盐的成本，并非所有的灶户都能承担晒盐的这种高成本的投入，所以在很长一段时间内维持着煎盐与晒盐并存的局面。二是晒盐易受天气变化的影响，因此为了保证产量，灶户只能采用煎盐。三是地理上的原因，那些离海滩较远的地区，仍旧煎盐。《山东盐法志》还记载了清代各盐场的制盐方法，"东运煎盐之场三：登宁、石河、信阳；晒盐之场三：永利、永阜、王家岗；煎晒兼者四：富国、西由、涛雒、官台"①。

（二）从煎卤制盐到辟滩晒盐

1. 淋卤晒盐

晒盐法与煎盐法相比是制盐技术上的重大进步，也是制盐史上的重要变革，对于盐业生产的发展，影响深远。晒盐法这种技术最早可以追溯到明朝，但在当时其主要集中在海盐产区。当时山东采用晒盐法的盐场仅有一小部分，而涛雒场则较为滞后，并未采用这种方法。明代的海盐生产技术有煎盐和晒盐两种，煎盐占主导地位，晒盐法发展较慢，直到明后期才得到发展。无论是煎盐还是晒盐都要经过四道工序：即晒灰取卤、淋卤、试卤、煎制成盐或晒制成盐。朱年志在《明代山东盐业的生产和运销探析》中记载："明代制盐技术的发展大体可以分为两个阶段，一是盐卤晒盐，二是直接引海水灌注卤地。"②

清代，晒盐法得到进一步推广，清人王守基在他的《山东盐务议略》一书中记述："明末清初山东有10处盐场，其中晒盐场有永利、永阜、王家冈3处；涛雒、富国、西繇、官台4处盐场煎晒并行。"③清雍正年间，山东绝大部分盐场都已改煎为晒。到民国十三年（1924），连唯一采用煎盐法的涛雒场贞子坨也取消了煎盐法。至此，煎盐法废止。

据《清盐法志》记载，清代时期山东各盐场主要采用"沟滩晒法"和"井滩晒法"，或二者兼用，只有涛雒场晒盐法单独采用"淋卤晒盐法"。淋卤晒盐的工艺是"海潮涨落之时，必开沟引潮贮于护塘，以刮起之土散布滩场，即用塘水喷洒，等土色变白，收聚成堆，另于高处叠土为牢墩，上布秋秸，旁穿小孔，以资下溜、上培，晒成之土，

---

① 莽鹄立：《山东盐法志·场灶上》卷七，台湾学生书局，1966。
② 朱年志：《明代山东盐业的生产和运销探析》，《盐业史研究》，2009（01）。
③ 王守基：《盐法议略·山东盐务议略》，中华书局，1991。

淋以潮水，由小孔溜于卤井，倾卤于池，晒而成盐"[①]。淋卤晒盐法和煎盐法的制卤方法一样，都是以盐土淋成卤，不同之处在于卤水的成盐方法，前者晒卤，后者煎卤。但是煎卤需要时间较长，不如淋卤晒盐快。另外，淋卤晒盐一方面是对传统煎盐法的继承，一方面是提取的海水中盐的浓度大，晒出来盐的质量也好，这是最重要的。

民国十八年（1929）山东《盐务年鉴》记载涛雒场采用淋卤晒盐的方法。历经200多年的发展，这种制盐技术已经有了很大的改进。晒池的砖瓦池底改造为泥池底，不仅降低了制盐成本，还提高了原盐产量。但是随着制盐业的发展，其生产工艺与海滩晒盐相比较还是产量低、成本高、质量差、劳动强度大。鉴于淋卤晒盐的不足，至1966年，一律实行海滩晒盐。

2. 海盐晒盐

民国三十年（1941）春，国民党军队何志斌部在王家滩北门外开辟盐田3 300余公亩，实行滩晒，成为日照现代海滩晒盐之始。其具体工艺流程为"纳潮制卤结晶扒盐堆坨"五大环节。海滩晒盐的主要设施为：储水池、蒸发池（含调节池）、结晶池、卤库、沟道及坨台等。主要生产工具有：戽斗、大扒、二扒、小扒、木锨、手推车等。主要机械设备是：提水设备、压池机、皮带输送机、管道扒盐机与运输机械等。

（1）纳潮：滩内池沟、水库存水浓度低于海水时放出，换纳新海水；高于海水时，根据下部用水情况下放储存，倒出空位待涨潮时纳存海水。春季蒸发量大时纳潮头，雨季或雨后纳潮尾，以避开淡水。

（2）修滩：以常年保养为主，春秋两次全面修滩为重点，保持滩池平整、坚硬、无烂泥、青苔，减少渗漏，提高蒸发面积利用率。

（3）制卤：春秋旺季一天一头卤，一步一卡，咸淡区分，不跑过堂水，使用横灌斜穿、拉长走水线、卤水倒扬、沟沟养卤、刷卤沟以及人工返水等方法，提高制卤效率。伏季，实行薄灌深储，边制卤边保卤。冬季，蒸发制卤与冰下控咸结合，$10°Be'$以上的咸水以卤养卤，大风天多撤多兑，$20°Be'$以上的卤水，面积尽量减小，达到$23\sim24°Be'$时撤出储存。$10°Be'$以下的上水区，12月下旬至次年1月中旬，进行冰下抽咸，气温回升时做好化冰排淡的准备。

（4）结晶：在结晶池底平整坚硬、卤水制备充足、卤水深度达到饱和、气候适宜的条件下，量卤灌池。灌池卤水深度，平晒地在$3\sim4$厘米之间，5公亩左右的塑苫池$5\sim7$厘米，20公亩左右的塑苫池10厘米以上。灌池后，平晒滩于翌日晨加卤$1.5\sim2.0$厘米，塑苫池$3\sim5$天后加卤5厘米以上。结晶池按7∶3划分新区和分晒区，新区结晶卤水达到$28.5°Be'$，Na^+/Mg^{++}低于2.5时撤出，灌入分晒池结晶，至Na^+/Mg^{++}低于1.5时甩撤。

（5）扒盐：平晒滩池尽量延长结晶时间，每茬盐最低占用蒸发量$40\sim50$毫米。塑苫滩每年于6月、10月两次扒盐，或每年于秋末扒一次。

[①] 纪丽真：《清代山东海盐生产技术研究》，《盐业史研究》，2007（02）。

（6）归坨：原盐出池，按质量检测结果，堆存于临时盐台。控卤 7 天后，化验确定完等次，集于大坨，分等堆存。

民国三十一年（1942）冬，中共山东分局、山东战时工作委员会、八路军一一五师在反日寇经济封锁中，在海边荒滩上筑成安岚盐场（今安东卫盐场），实行海滩晒盐。朱瑞、罗荣桓、肖华、陈士榘、黎玉等老一辈革命家亲自挖泥筑滩，付出了艰苦劳动。这在日照制盐史上，不仅记录下了革命先辈的丰功伟绩，而且也对日照的盐业生产发展，产生巨大而深远的影响，起到了强有力的推动作用。

涛雒场制盐技术的发展经历了从煮盐到煎盐再到晒盐的一个不断革新的过程。制盐技术的进步提高了涛雒盐场的盐产量，扩大了其生产规模，海盐生产技术的不断完善促进了涛雒场盐业生产的发展。

三、涛雒场盐政管理体系的变迁

汉武帝元封元年（前110），朝廷在全国38处郡县设立盐官，对食盐实行官营专卖制度。日照（当时为海曲县）即居其中，有专门的盐官管理盐务。此后，历代设在日照的盐管机构或强或弱，或官方或商办，或官商合营，持续至今。历代统治者先后颁布的政策、制度、律令等各种盐法、训诫，也在日照得到不同程度的实行，使日照盐的生产、税收、运销管理与缉私整治工作不断加强，对稳定社会政治、经济等局面起到了相应的作用。

（一）盐政管理体系的变迁

日照自西汉时设置盐官，行食盐专卖制度。东汉至南北朝时期，交替施行官营专卖制与征税制这两种制度。

隋朝初期，朝廷设总监管理盐务，产盐区设副监及监丞，由总监统一管理。宋至道二年，山东产盐划为两区，其一就是京东路，设密州涛洛（雒）场，把食盐之经营严格限制在官商之间。元至元二十六年（1259），山东辖盐场 19 处，实为管理机构，日照的涛雒场为其一，并设立司令、司承、管勾以及同管勾等若干盐官。明景泰三年（1452），涛雒场盐官同上，并实行计口授盐制度。

清顺治元年（1644），山东盐务机关设山东都转盐运使司，设滨乐、胶莱两个分司和蒲台、泺口两个批验所，涛雒场仍归胶莱分司管辖，设大使 1 名、攒典 1 名、书役数名。清乾隆二年（1737），涛雒盐场设巡役 35 名。乾隆五十三年（1788），准许盐商自雇巡役，由县丞负责监督管理，涛雒场有盐商承担费用，巡役 18 名，有 5 名官给工食。此时，沂州府共有商巡 223 名，其中日照地区就占了 89 名。

民国时期，日照盐务管理机关有盐场公署、盐务稽核支所和盐务警察公署三个。1916 年 7 月，改组涛雒巡警局，成立涛雒盐务警察公署。1917 年 2 月，三界首、大兴镇两掣验局成立，各调巡勇10名，赴涛雒以资守护。1924年，涛雒盐场警署有盐警111名，枪77支。1933年4月，涛雒盐务划归淮北盐务局管理，税警局改编为淮北税警第一区第三分区。由于涛雒防务重要，又于8月份改组成立了淮北盐务稽核分所涛雒税警特别区。抗日战争爆发后，国民党在日照的盐务机关南撤，日照盐务暂归国民党山东省政府及第三专员公署管理。1940年以后，驻日照石臼所的日伪政府盐务机关也曾设立盐警队，在林家滩、董家滩、涛雒一带征税缉私，并对解放区实行经济封锁。1943以后，日照盐务开始归日照抗日民主政府的工商机构管理。中华人民共和国成立后，1950年，山东盐警部队第九中队约120人驻防日照盐区。1952年，盐警部队缩编，日照盐管处成立盐警科，属军队编制。1959年至1991年，缉私工作主要由盐务所和税务部门负责[1]。1993年成立"日照市盐业缉私办公室"，负责全市盐政管理和私盐案件查处工作。2001年，日照盐政稽查又统一加入公安"110"社会联动体系，建立起盐政稽查快速反应机制。从历代日照盐官设置和盐务执法机构沿革，可见日照盐务之重要。

涛雒场盐法，早在春秋和秦汉时期，就有专门的盐法制度。管仲的盐铁专卖政策，汉武帝盐铁官营制度，为国家的强盛、百姓的安定平稳过渡等无不起着巨大的作用。唐朝时，为解决安史之乱带来的财政危机，时任盐铁使的第五琦行榷盐法，改食盐征税为官府专营制。宋朝时，官府先后推行了折中法、盐钞法和引法，把食盐经营严格控制在官、商之间。明朝先后实行开中法和食盐折价法，明洪武三年（1370），仿宋"折中法"行"开中法"，同时实行计口授盐制度。明万历四十五年（1617），又行食盐折价之法，即官府不再向灶户收盐，而令灶户按引纳银，商人则直接向灶户购盐，是为商专卖制。自此，国家将收盐、运销之权全部交由商人，这是食盐产销制度的一大变革。

（二）海盐运销制度的变迁

涛雒场的海盐运销制度经历了一个不断发展完善的过程。自晚唐至清末，以官府控制下的商人运销为主，包括钞引盐法、引盐法、票盐法。民国时期亦沿袭清末的运销制度。

清朝的盐法，主要采取官督商办、官运商销、商运商销、商运民销、民运民销、官督民销、官督商销等七种形式，其中官督商销即引岸制，也称纲法，行之既久则广。灶户在纳税后，被允许制盐，但他们所生产的盐是不能擅自销售的。盐商在纳税后，可以领取政府批准贩盐的凭证"引票"，才能取得贩运盐的专利权。道光十八年（1838），规定"涛雒场晒盐开止日期（三月至十一月，定章），限定滩池数及大小尺寸，毁废所有新增私滩。如有尺寸宽于规定数目或偷挖滩池等弊或新增私滩、逾越晒期者，均得治罪"。盐法之严，由此可见一斑。

民国初期，日照盐区仍沿用清末的官商专卖制。民国三年（1914），根据北洋政府颁发的《盐税条例》，废除引票制，运销食盐需要财政部颁发运盐执照。同年，南京国

---

[1] 日照市地方史志编纂委员会编：《日照市志》，齐鲁书社，1994：203。

民政府颁布《盐法》，实行就场征税和归坨制度，仍为国家买卖。民国二十二年（1933），国民政府财政部公布《制盐许可规则》，同时制定了《滩户私行刮理盐开暨私熬卤膏处罚办法》，规定滩户私行刮理盐者按情节轻重给予停晒、铲滩或罚苦工等处罚。抗日战争时期，日照盐区大部分被日伪军占领，盐民自由产销，随意开采盐田。中华人民共和国成立后，1950年，日照盐区以供应本地区民食为原则，晒盐必须有许可证，产盐必须集坨，盐价由盐管处核定，建立定期报产等制度。1951年4月，财政部颁布《全国盐场管理规则》，日照盐区对场产管理实行盐民报产、集坨领款、报产备查、盐滩归索四种证件制度。1952年10月，取消盐贩，由供销社统一经营管理。在改革开放的新形势下，日照一系列有利于盐业稳定和发展的法规、政策相继出台并付诸实施，为日照盐业又好又快发展，开辟了新的天地。

（三）涛雒场的私盐问题

食盐关乎国计民生，利润额高，民间私自煮海，走私贩盐，历代难禁。"设官禁盐，实自武帝始。"①汉代在日照设立盐官，就是为了加强盐区管理。汉武帝元狩四年（前119），政府即禁止私自煮海。由于不能完全禁绝，于是就有了官盐、私盐之说。五代以后，官府管制食盐产销愈来愈严，所以固定了行盐区以及专商制度。由于盐利被封建国家和盐商共同垄断，税额既重，垄断利润又高，于是私盐更加泛滥。

商贩私售和场灶偷漏是私盐的两种主要来源。为解决私盐问题，历代都有严格的惩治手段。宋朝时规定私刮煎盐者要按照私刮的盐的斤两定罪。明朝时规定，灶丁如果把自己所煎的余盐带出盐场之外卖给贩卖私盐的人就会被处以绞刑，而且知情不报也会受到刑罚。

清光绪《日照县志》记载："雍正六年，涛雒场建立5坨，所产盐斤除计口留食外，全部归坨。同时编保甲，十家连坐，互相连坐，互相监督，以防走私。清乾隆二年，涛雒场设巡役35人。"②乾隆五十三年（1788），清政府允许盐商自雇一定数量的巡役，责成地方官监督管理。当时，涛雒场有巡役18人。道光十八年（1838），江苏淮北及山东东岸私盐向涛雒场销地日、莒、兰、郯、费、沂等县侵销，沂州府协副将、安东卫都司、佘家巷守备（驻无棣）奉令设卡堵截，布防日照县碑廓、岚山头、乔家墩子、秦家楼、黄墩和莒州坪上、十字路一带。清光绪后期，官台、淮北私盐大量灌入涛雒场销区。

民国时期，为打击食盐走私，《私盐治罪法》也做出明确规定："贩私盐携有枪械意图拒捕者，加本刑一等……伤害人未致死及笃疾者，处无期徒刑、二等以上有期徒刑。"③并相应加强了缉私队伍的建设。民国二十一年（1932），涛雒一带私盐泛滥，山东盐务稽核分所派"绥远号"巡舰前往巡缉。1933年1月，涛雒税警在驻军协助下，

---

① 桑弘羊撰，王利器校注：《新编诸子集成》第1辑，《盐铁论校注》，中华书局，1992。
② 光绪《日照县志·食货志》卷三。
③ 民国《私盐治罪法》，中华书局，1914。

在崖下（今胶南小场附近）缉获私盐船14只，私盐犯10名，私盐35 400斤。同年6月，山东盐务稽核分所据涛雒税收局呈请，调派"建安"缉私巡舰及哨船一艘在日照海面查获满载私盐船4只。

中华人民共和国成立初期，食盐走私现象较为严重。走私方式主要有四类：小型走私、结伙走私、票盐走私和武装走私。针对日照食盐走私现象的上述特点，滨海地委宣传部印发了《关于严防食盐走私的宣传教育提纲》等一系列文件，广泛宣传教育人民群众要自觉遵守政府的法令，协助盐务机关缉私护税，保证国家盐税收入。同时，积极加强缉私队伍建设，严厉查处食盐走私活动。

随着人民生活条件的改善，盐场由个体经营向集体所有制过渡，偷私漏税已是个别现象。自1958年7月1日后，日照盐区查缉的私盐案件，开始全部交由当地税务机关处理。

随着国家法制化进程的加快，盐政执法亦纳入了行政执法范畴。在执法方式上，越来越走上了正规化和法制化。日照各区县都建立健全了盐业行政主管部门，专职查处盐业违法案件；盐业执法技术装备也逐年加强，查禁私盐买卖进入了科学化、技术化、规范化轨道。

◇ 参考文献 ◇

[1]〔战国〕荀况著，张觉撰. 荀子译注[M]. 上海：上海古籍出版社，1995.

[2]〔东汉〕班固撰，颜师古注. 汉书：地理志[M]. 北京：中华书局，1976.

[3]〔元〕脱脱撰. 宋史：食货志[M]. 北京：中华书局，1985.

[4]〔明〕宋濂等撰，阎崇东等校点. 元史：中[M]. 岳麓书社，1998.

[5] 莽鹄立. 山东盐法志：场灶上：卷七[M]. 台湾学生书局，1966.

[6] 曾仰丰. 中国盐政史[M]. 上海：商务印书馆，1937.

[7] 王赛时. 明清时期的山东盐业生产状况[J]. 盐业史研究，2005.

[8] 纪丽真. 清代山东盐业的管理体系及其盐商组织[J]. 盐业史研究，2009（02）.

[9] 纪丽真. 清代山东沿海盐场变迁[J]. 盐业史研究，2014（09）.

[10] 宋志东. 近代山东盐务行政管理机构的演变[J]. 盐业史研究，2006.

[11] 宋志东，魏永生. 近代山东盐政研究[J]. 山东师范大学，2005.

[12] 吉成名. 元代食盐产地研究[J]. 四川理工学院学报（社会科学版），2008.

[13] 吉成名. 论明代海盐产地（上）[J]. 四川理工学院学报（社会科学版），2009.

[14] 宋濂. 元史：食货志[M]. 北京：中华书局，1976.

[15] 刘大可. 民国时期山东盐业生产概况[J]. 盐业史研究. 1990（10）.

[16] 张照东. 古代山东食盐产地考略[J]. 盐业史研究. 1991（04）.

浅析小海场袁氏垣商集团的崛起与嬗变

邹迎曦[①]

摘　要：盐场中的垣商因为控制了生产资料，往往需要很大的资本，在两淮盐场这样的角色通常由明代以来已经获得了盐业专卖地位的外地资本家所垄断，这一地位如果不是遇到动乱或其他外部的原因，很少被动摇。小海场的本地盐商就是在动乱时期，取代外籍盐商垄断地位的。小海场袁氏从草堰的一个没落家族迁居到小海，15世为小海的教书先生，16世开始从事小商品经济，曾做过渔业和米业的生意，从未染指盐业。17世袁培、袁均兄弟因科举功名较为活跃，参与到小海的许多公共事务中，后来进而崛起成为垄断小海场的垣商集团。

关键词：小海场；袁氏垣商集团；垄断；嬗变

小海场的本地垣商"明清之际，朱、刘、夏、康、肖、唐、单、宗已成为当地望族。至清朝中叶，朱、刘、夏、康4姓最称兴旺。与此同时，袁氏垣商开始崛起，至清末袁氏遂雄踞一方"。有资料记载：袁氏在18世纪中叶定居小海，到了19世纪中叶，太平天国军兴之际，该家族在18世科举功名显赫的"五青"（青藜、青绶、青管、青箱、青云）占据了小海场的主导地位，他们一方面接手原本在镇江商人手上的盐垣，另一方面在办团练、兴社学等方面积极投身到地方事务中。对于这样一个清代中叶才来到小海的家族，在三代人的积累之下，从一个教书匠跃升为大"垣商"，完成了小海场垣商集团的"新陈代谢"，进而崛起成为垄断小海场的垣商集团。

一、小海场基本概况与商亭制的崛起

小海场始建于五代南唐国，为淮南重点产盐场。但到了明末时期，盐业生产有所衰落。据明两淮泰州分司徐光国于天启五年（1625）所写的《小海场志序言》中指出："小海介在海滨，虽云斥卤，然经国筹边，盐课是赖。乃今则灶不筑亭场，商不入支买，

[①] 邹迎曦（1937—），男，江苏大丰人，中国盐文化研究中心客座研究员、张謇研究中心特约研究员、中国海盐博物馆专家顾问、中国海盐文化研究所特约研究员、省级海盐非遗传承人。研究方向：盐盐文化、盐垦文化。

额课取办他场,则煎晒之区十八为嘉禾茂草矣!岂非因革的一大关乎?"据此可知小海场在明天启年间,灶民私垦非常严重,几乎占全场额荡的十分之八。从而说明当时盐业是急遽衰落毫无出路了。

清初,小海场的外籍盐商利用本地的自然优势大力发展商亭。据《小海场新志》云,乾隆初有灶 4 处,锅锹 80 口,实际 87 口,分属于 6 家垣商:计李大安 24,张大德 20,汪森泰 13,吴公大 10,朱恒宇 10,金逢源 10。其时,草堰场石港地方有垣商金恒源 28 面亭场,该地距小海场金逢源垣商亭场相邻,他们的店号或人名仅有一字之差,似存在渊源关系。小海场在乾隆以前开办商亭是有有利条件的,如清代小海场第一次勘分沙荡就获得 37.378 万亩之多,这就为商亭开办提供了土地资源。

乾隆以前,小海场商亭垣主籍贯记录不清楚,《小海场新志》未记 6 户盐商籍贯。但有"其巡磨等人,乃公举徽西商裔,详报点用"之记录。查当时各场巡盐和磨对是国家岁给工食银两的重要差役,小海场例在徽州和江西盐商的子弟中"公举",报请上司点用,可见小海场徽、西盐商之权势。

清代以来,小海场盐业经济得到恢复和发展,大有超过草堰场的迹象。① 雍正六年(1728)开王港河,建万盈烟墩,设置把总一员,率水陆兵一百名驻小海团;② 雍正十一年(1733),郑板桥为之庆祝 82 岁诞辰的朱子功先生,是一个"内自节俭,外历勤苦,家道之隆,较昔倍之"的发了财的人。小海团附近农业上的油水不多,朱子功是不是经营商业、农业或盐业的,这些都不能猜测,他的家族与当时拥有十副灶的朱恒宇盐商关系如何,亦不能妄断,但是这时的小海团已相当繁荣,是某些交游广阔,多财善贾者的大有作为的地方,这是可以论断的。③ 小海团有鱼行 3 家,并且从事腌制,腌制之鱼必有输出,亦见其渔业发达之一斑。乾隆初小海团就有三坊一千户,估计有人口四五千人。超过了四周的丁溪、草堰和沈灶、西团。

小海场司署于乾隆三十一年(1766),由草堰迁至小海团,这和其前丁溪的场司署于乾隆十一年(1746)由丁溪迁沈灶,其后的草堰场司署于咸丰十一年(1861),由草堰迁至西团相似,都是为了移署就垣,加强对盐店、垣商和亭灶的管理。但小海场署迁团才 3 年,于乾隆三十四年(1769),就被裁撤合并于丁溪场了。但是小海场撤并于丁溪场的原因与白驹场乾隆元年(1736)撤并于草堰场是不同的。白驹场撤并时已经 70 多年不产盐了,实无设场之必要,而小海场撤并时,盐产尚丰,与丁溪场不相上下。可见小海场的撤并,纯粹是为了精简机构,节省财政开支而决定的。

小海场并入丁溪场后盐产仍然不断发展。据光绪《两淮盐法志》记载的清末丁、小二场煎盐亭灶的变化情况,可见盐业生产之一斑。

清末丁、小二场煎盐亭灶的变化情况表

场　名	旧额亭灶	后亭灶增至	在册亭灶	在煎亭灶
丁溪正场	250	449	306	263
小海并场	85	861	670	628
全场合计	335	1 310	976	891

由此可知，小海场旧额亭灶大大少于丁溪场，而撤并以后亭灶迅猛发展，大大超过正场。这种撤并后的大发展，不仅不同于附近的白驹、刘庄诸场，也与通属的西亭、金沙、余中、马塘诸并场不同，是一种少见的现象。

初步分析，小海撤场后仍能大发展的原因主要有三个方面：

第一，海岸线长，滩涂面积大，新淤土地多。清代小海场历次新淤勘分情况：清初勘分37.78万亩；顺治六年勘分686亩；顺治十七年勘分13亩；康熙二十七年勘分5 950亩；乾隆元年以后勘分48 344亩；乾隆后期勘分65 881亩；合计158 252亩。以上事实表明，乾隆元年以前四次升科土地，包括新淤、仓基和水乡转升共计得地44 027亩，是发展李大安等六户商亭的基础。乾隆元年以后两次新淤升科114 225亩，又为其后的商亭大发展创造了条件。

第二，王港河于雍正六年疏浚时宽2丈2尺，深4尺，是一种开挖中泓使之上下游贯通的办法。后因海口条件好，到光绪中期，王港河已成为宽14～15丈，深8～9尺至1.3～1.4丈的大河，这个水运条件对盐业生产帮助很大。又据乾隆《两淮盐法志·小海场地图》有"小海团新开越河"的记注，可见此河是在乾隆初开的，说明当时小海河运输繁忙，而小海团市街店房很多难以拆迁拓宽河道，不得不用开越河的办法解决运输问题。

第三，商亭在小海并场发展盐业的作用是显而易见的。据《兴化县续志》记载："场使唐隆祥废公荡，资膏火（给社学中的师生教学用费）。嘉庆二十四年（1819），场人经理立案，拨荡地143顷（1顷为100亩）有奇，另勘垛地72顷，场商认租，除按例纳课外，请归学社，租价80千文。场人袁培经理重建，规模一新，乃复延师课徒……"这条史料可以说明：① 嘉庆二十四年（1819），拨荡地14 300余亩，和垛地7 200亩，由场商承领，交纳折课，并由场商认捐膏火之资是一个巨大数字，必然不在已置亭灶地段，而是在新勘沙荡中拨充。可以判断小海场拨荡资学一事必与勘分大批新淤有关。② 场商既要完纳这2.1万余亩的折价，又要年给80千文的学捐，必须首先付出大量的资金置灶办盐，由此可见当时场商财力之雄厚。场商承办学捐，绝不是单纯的急公好义，而是有利可图的，这里必然存在你争我夺力大为王的现象。小海场膏火费用之大，为各场罕见，是与当地科举人才多、势力大相关联的。

二、袁氏成为垣商集团的历史渊源与时代机遇

小海场垣商一向以外籍盐商为主，其中徽、西商人的优势，在嘉庆、道光以后就被本地的袁氏垣商集团所取代。

袁氏迁小海团自三世五青以后家声日渐煊赫，三世（即袁苏迁18世）起以青、存、和、勋（或重、力、勤等字），察（或陆、宽、宝、宣、宏、祖等字），绩、学、乃、明、祥十个字相沿排字取名，周而复始。自存字辈已在小海团广置亭灶，创设盐垣，

估计时在嘉庆、道光、咸丰之际，惟大房袁绥虽两世为官，却未在本地置产。

小海场垣商袁氏祖先于明初自苏州迁兴化。清乾隆末苏州袁氏第16世袁文辉（照彩）率四子迁小海场，二、三两房留草堰，长房袁培（字培之、号兹垣）和四房袁云曙随父迁小海。袁培所生五子：青黎（星阁）清道光壬寅岁贡生；青绥（西台）举人，选华容知县后任宝庆府；青管（管卿）岁贡生，注选训导；青箱（子缄）举人，曾修丁溪、小海堤；青云（瞻卿）举人，曾任安徽当涂、宜城等县知县（参见兴化县续志）。又据兴化县续志载："……清乾隆四十年场大使唐隆详废公荡，资膏火。后年久学废，嘉庆二十四年，场人经理立案，拨荡地一百四十三顷有奇，另堪垛地七十二顷，场商认租，除按例纳课外，请归社学，租价八十千文。场人袁培经理重建，规模一新，乃复延师课徒……"而袁云曙所生八子却默默无闻。后世小海人士称为小海团袁氏八五十三房。袁氏宗祠设小海场（今草堰），历代小海袁氏按例于春秋两季都要前往祭祀。

袁培在小海场最大的功业，乃继续经营小海场社学。他在乾隆四十二年（1777）入县庠，后又充任小海场里长。袁培取得功名以后，恰逢小海场社学重修，嘉庆二十四年（1819），袁培、袁均兄弟参与到小海、草堰社学勘界的过程中。乾隆初年小海、草堰文庙合二为一，后来草堰场大使又建书院，因此社学田亩交错相邻，嘉庆二十四年（1819），草堰和小海社学重新划分荡地，各占一半，草堰正心书院每年租价八十千文，小海社学每年租价也是八十千文。草堰正心书院和小海社学各设董事管理，其中，袁培负责经理重建小海社学，而袁均也为草堰正心书院董事。

袁均事迹虽不见袁氏家族文献，但在咸丰《重修兴化县志》中有传：均，草堰场人，文耀子。尝经理场中书院、社学。浚玉带河，修北高桥及丁溪庆丰桥。场之士民赖焉。又立宗规，置祭产，刊族谱，助考费，赡节妇，为敦族计，至今颂其功者不衰。

小海草堰文庙的荡地，由官府拨给，文献中反复出现"租商自完""租商自纳"的字眼。商为何人？草堰场商"李集庆"，便在文庙的荡地中认租设亭。可见文庙的荡地实际上的经营权在拥有亭灶的垣商手中。袁氏兄弟虽然成了社学的董事，但没有证据表明此时他们已经成为商人，可以推测的是，他们与草堰、小海的垣商有了一定的接触，且受到垣商们的认可。

袁培生五子，在他的教导下，出了三个举人，两个生员，"兄弟五人均著声望"，族谱中五人皆有传记，是袁氏的全盛时期。兄弟五人中，二子青绥考取功名时间最早，于道光元年（1821）参加会试，被挑选作为誊录，在京供职30年，后任华容知县。五子青云于道光十一年（1831）中举，道光二十四年（1844）被拣选至安徽做官。除此之外，其他人虽然各有功名，但基本的活动还在小海场中。道光二十二年（1842），鸦片战争的战火蔓延到镇江，《兴化县志》记载：镇江陷，场商多镇籍，率弃去，佣工失业，土匪煽惑，众心惶惧。青黎出资借贷，以安失业者。青黎在小海场镇江籍盐商纷纷撤离之时，采取了一系列的措施，尤其是将渔户编为渔勇，建立了类似民团的组织，稳定当时的小海场秩序，抵御来自南方英军的威胁和防范来自内部土匪的危害。家族文献记载："夷氛解严，商不复来。"虽然镇江陷落以后，清政府很快与英国签订了《南京条约》，但原本从事转运贸易的镇江商人不再来小海场了。于是，在徽商方礼基和盐场官员的劝说下，青藜开始了收盐转运的生意。然而，碰上了道光末年盐引壅滞的问题，青藜"歇手无从"，"体气素健"的他过了几年竟猝死了。但青藜接手小海场垣商显然成为这个家庭染指盐业的契机。几年后，太平天国运动爆发，袁氏家族在地方上的威望进一步提升。清咸丰三年（1853），太平军攻陷扬州，扬州开始办团练局，任徐廷珍为兴化局长。咸丰四年（1854），兴化被攻陷，知县张鹏展"招精壮万余人集校场大阅"。袁氏青管、青箱都在地方积极筹措团练。青管出席了万人大会，"结合团体，大振声势"。传记曰："癸丑[咸丰三年（1853）]，郡城陷，人多失业，莠民思乘机窃发，（青管）乃请设团练局，镇抚兼施，地方安堵。"青箱"应当局召筹饷团防，凡十年，地方静谧，当事上其功，坚辞之"。咸丰六年（1856）三月初一，扬州城再次被太平军攻陷。五月到八月，里下河地区大旱，"飞蝗土蚕，卤水为灾，遍地人行不得，旧谷大昂"。小海场也在此次大旱中受灾，青管目睹此情，"捐赈向至正月，鬻产以继，麦熟方罢"。在战乱中，袁氏家族也维持了小海社学的运转。"旧有社学，膏火出自荡租，兵警商散，膏火无出。（青管）解囊延师者六年，社学得不废……"在外做官的青绶和青云，也为镇压太平天国而出力。

袁培的儿子"五青"中的青绶、青云于道光时期大捷南闱，出任府县，宦囊丰满，声势煊赫，于是袁氏家族在小海场新淤地方，请领土地，广置亭场，并在丁溪、小海两场农业区域（即当时政府认为私垦的明朝的额荡地区）大修圩堤（即丁溪、小海圩，后来称之为福星圩的地方）。于是袁氏家族西拥良田，东据亭灶，政治地位，经济实力，不但压倒了徽、西商人，也超过了本地垣商中的朱氏、康氏和夏氏。小海场袁氏的崛起，既有经济基础，又有政治背景。袁氏家族取得优势地位以后，其内部所谓的八五十三房中间也是互相竞争，此消彼长，并非是固定不变的。

袁氏"五青"之后，二房袁青绶子袁爱存（勿斋）举人，曾任安徽滁州知州，是曾国藩的"义子"，大概是受曾国藩的影响，袁在安徽曾屠杀过很多太平天国战士。袁爱存之子袁鼎和（梅仲）是民国初年的国会议员，曾与颜惠庆创办大陆银行。袁鼎和无后，收侄袁力惠（惠人）为嗣子，民国十年后，袁惠人被提拔为大陆银行经理，民国二十五年袁惠人死后其遗缺由胞弟袁力侗（同人）继任，直至上海解放。三房袁青管的曾孙袁骏勤（君庞）与原江苏省省长韩国钧（紫石）有深交，曾在民国初年受聘为江苏省参议员。民国以来，袁氏又历任小海地方行政主管。四房袁师和（范叔）民国初年为小海地方董事。长房袁重寿（起一）1933—1936年曾任小海镇镇长。二房袁力位（守仁）1937年任东台县第九区区长，曾在国民党江苏省民政厅任职。国民党江苏省民政厅厅长、内政部次长、中央组织部部长的余井塘，原籍白驹，幼随父住小海，受袁氏资助留学美国，后娶袁熹和（兼伯）之女，即袁成德之妹为妻，嗣娶袁和（万伯）之女即袁聘三之妹为继室。袁氏家族赖其庇佑，益显荣宠。1949年上海解放前夕，袁氏诸人纷纷随余氏赴台。目前小海旅居美国、加拿大、印度尼西亚的袁姓有20多户，80余人。

三、袁氏涉足盐业成为垣商的根本原因与发展嬗变

小海场袁氏作为本地垣商集团的代表,在鸦片战争和太平天国战争以后取代了外地垣商,成为小海场最大的盐商之一。他们的成功,除了特殊历史时期的契机外,也与其科举功名的背景密切相关,可以说是兼具政治和经济实力。这也从另一个角度说明,由于垣商有管理食盐生产和获得荡地的优先权,地位相对稳定,不易受到经营环境等外界因素的干扰。因此,在所谓"商灶"的盐场,土地倾向于集中在少数的"垣商"手中,而更容易呈现规模化经营的态势。民国时期统计两淮盐场草荡之数,草堰、丁溪草荡与沙荡总亩数为各场之最,是其他盐场的一倍多,食盐产量也成为淮南盐场之最。亭荡的增加除了归因苏北平原自然地理淤积外,还应考虑垣商的投资和积极经营等实际情况。

袁氏家族在五青之后,继续在科举中保持他们地位的同时,都开始经营盐业。

到了民国时期,大房的盐垣,厚记(后改为豫丰厚)店主袁重闲(聘三);复盛祥店主袁重侃(如周);祥记店主重寿(起一);增林记(后改为生恒昌)店主袁重显(了生)。以上四人是袁青黎的曾孙。裕恒祥的店主青黎之孙袁章和(尧官)。袁氏各房盐垣是从清咸丰时代才兴旺起来的,经久未衰。民国八年前后掀起的淮南废灶兴垦高潮,袁氏垣商起初基本未加入办垦,仍保持办盐事业。

三房袁青管之曾孙袁骏勤(君庞)的新记的亭场,在民国八年全部售与通遂盐垦公司。

四房青箱之子袁敦存(写斋)开设的茂记,拥有亭场25面;青箱次子袁成存(立斋)的正记,拥有亭场25面,在民国初年先后出售10面与袁成德,后悉数售与袁履中。袁敦存死后所遗25面亭场,由袁熹和(兼伯)、袁昌和(克仲)、袁师和(范叔)、袁建和(履中)、袁骥和(止康)五子承分。袁兼伯购买袁立斋之子袁天和(锡纯)的亭场10面,他连同承分的亭场5面,另创谦益德。后来袁成德继承时,谦益德已拥有亭场100多面,占小海场30%。袁履中购买胞兄弟袁范叔亭场5面、袁锡纯亭场10多面及本人承分之产,创设德和记。袁正康承袭父亲茂记的店号。袁克仲所承分的5面亭场,由袁履中和兼伯之子袁巍功后改为袁巍(成德,前误为承德)二人代管,另创泰记盐店。嗣后袁履中出任淮北盐场总经理,德和泰记均由袁成德兼管。

袁氏子孙则青箱长子敦存开设茂记,有亭场25面,次子成存开设正记,有亭场25面。经统计,袁氏在小海团的盐店有谦益德、德和记、泰记、新记,青黎房的子孙开有厚记(后改名豫丰厚)、祥记、增林记(生恒昌)、裕恒祥等。

"商灶"是商人直接投资的生产模式,在食盐交易中省去了中间环节。对于食盐管理的官府来说,直接将生产资料拨给商人,则省却了官府稽查、管理的环节,全力督课,也为官府所便。这些优势,使得实行"商灶"的盐场在清代后期淮盐壅滞的背景下能够以更低的成本得以继续发展。同时,"商灶"制将盐场土地集中到少量商人的手

中，对于民国以来苏北盐垦制度的推广也大有裨益。近代苏北盐垦主要存在土地征收困难的问题。张謇早期成立的盐垦公司，基本集中在淮南实行"商灶"制的盐场中。小海场起初对盐垦认识不足，兴垦不力，但后来袁氏的八大盐店遂联合组建"公义济"盐号，将2万亩配煎草荡划分为十总，进行垦殖，同时，袁德成的谦和仓、袁仲容的容济仓等小仓房也相继建立，这一成果都与商灶制密切相关。

◇参考文献◇

[1] 林正青.小海场新志[M].中国地方志集成：乡镇志专辑.
[2] 袁青绶.诒谟须知录——先大父照彩公笔记，先大父照彩公遗事，语子常谈——先大人滋畹公笔记，庭闻述[M].道光己酉年（1849）.
[3] 邹迎曦.大丰盐政志[M].北京：方志出版社，1999.
[4] 李石根，夏萱，小海团主要家族源流及宗祠概况[J].大丰文史资料，1992.
[5] 咸丰重修兴化县志：淮南袁氏家族文献[M].中国地方志集成：江苏府县志辑.
[6] 咸丰重修兴化县志[M].中国地方志集成：江苏府县志辑.
[7] 民国续修兴化县志[M].中国地方志集成：江苏府县志辑.
[8] 夏宣，夏永盛.小海垣商袁氏世系及其他盐商演变略考[J]，大丰文史资料，1984.
[9] 鲍俊林.15—20世纪江苏海岸盐作地理与人地关系变迁[M].上海：复旦大学出版社，2016.
[10] 徐泓.清代两淮盐场的研究[M].嘉新水泥公司文化基金会丛书，1972.
[11] 袁世振.两淮盐政梳理成编[M].明经世文编.上海：中华书局.
[12] 邹迎曦.盐垦研究[M].香港：中国文化出版社，2008.
[13] 徐泓.明代前期的食盐生产组织[J].台大文史哲学报，1975.
[14] 何秉棣著，巫仁恕译.扬州盐商：十八世纪中国商业资本的研究[M].中国社会经济史研究，1999.
[15] 陈仕祥，邹迎曦.盐韵大丰[M].南京：凤凰出版社，2015.
[16] 仇兆华，邹迎曦.万盈墩的往事[M].北京：线装书局，2017.

夏宋盐业朝贡关系研究①

任长幸②

摘　要：西夏作为以党项羌为主体，包括汉、吐蕃、回鹘等民族建立的民族政权，在其存国的近两个世纪里，先后与周边的宋、辽、金、吐蕃等国家并立。西夏丰富的盐业资源，不仅通过对外贸易转化为主要财政收入之一，而且通过朝贡这种特殊的邦交方式，在宋、辽（金）等强国间保持了均衡势力，使西夏得以立国达两个世纪之久。

关键词：西夏；盐业；朝贡

西夏政权的历史可以追溯到唐末之际，建国后与辽、金、北宋、南宋政权对峙长达一百九十年之久。若从唐僖宗中和元年（881），拓跋思恭因挽狂澜于既倒，扶大厦之将倾，镇压黄巢起义被封为"定难军节度使、夏绥（银）节度使，"③并赐姓为李，建立割据政权算起，则将近 350 年。西夏在政治、经济及文化上同宋、辽（金）既紧密联系，又个性鲜明，为璀璨的中华文化再添光彩。为西北地区的开发、各民族的进步做出了贡献，尤其重要的是加强了西北各民族对中原的向心力，为后来的元代大一统打下了基础，在历史上的地位不容忽视。西夏缘何可以与周边政权长期对峙？分析各种原因，经济因素是不可或缺的，而在诸多经济因素中，西夏所占据的丰富盐业资源尤为重要。可以说，盐业在维系西夏政权方面扮演了重要角色。在已有的研究中，都是针对西夏盐池及其地理分布、盐政、盐业贸易展开的，而对西夏食盐在对宋、辽、金的朝贡中所发挥作用却未有涉及。本人不揣浅陋，做出初步探索，不当之处，欢迎方家批评指正。

西夏奋数世之余烈，"涉五代至宋，世有其地。自李继迁始大，据夏、绥、银、宥、静五州，缘境七镇，其东西二十五驿，南北十余驿"④。经过一系列的对外战争、扩张，极盛时其疆域占地两万余里，大概包括今天的宁夏全部、陕西北部、甘肃西北部、青

---

① 基金项目：四川省哲学社会科学重点研究基地、四川省教育厅人文社会科学重点研究基地——四川轻化工大学中国盐文化研究中心资助项目"西夏盐池地理分布考证"（项目号：YWHY17-11）之阶段性成果。
② 任长幸（1973—），男，宁夏银川人，历史学博士，黔南民族师范学院副教授，四川轻化工大学中国盐文化研究中心客座研究员，主要研究方向为西夏史、盐业经济史。
③ 〔元〕脱脱：《宋史·夏国上》，中华书局，1977：13982。
④ 〔元〕脱脱：《辽史·外国记》，中华书局，1975：1523。

海东北部以及内蒙古西部的广大区域。西北地区由于独特的自然条件和地质构造，蕴藏了丰富的盐业资源，开发历史悠久。西夏境内盐池星罗棋布，西夏时期修订的《天盛律令·库局分转派门》所记载的"盐池、□池、文池、萨罗池、红池、贺兰池、特克池、杂金池、大井集荠灰岬池、丑堡池、中由角、西家池、鹿□池、啰皆池、坎奴池、乙姑池等盐池"①。可以肯定，这里所罗列的 16 处盐池既不是西夏盐池的全部，也不是西夏正在生产的盐池的全部，但无一例外都是西夏时期最为重要的盐池。有的盐池在西汉时期就已经开发利用，历经千年而不衰，有的至今仍在开发。"诸羌部落树艺殊少，但用池盐与边民交易谷麦。"②西夏建国后，随着生产技术的发展，食盐在满足国内需求的同时，还将大量余盐用于对外朝贡、贸易牟利。丰富的盐业资源不仅保障了百姓生活，而且促进了当地经济的发展，同时也为西夏政权的生存与发展提供了财政支撑。西夏所产之盐，不仅数量巨大，而且种类繁多，品质一流。唐宪宗元和五年（810）正月，"度支奏：鄜州、邠州、泾原诸将士请同当地百姓例，食乌、白两地盐"③。尤其青白盐，以质优味美价廉而久负盛名，为群众所喜食，也是向宋、辽、金等国进奉的重要贡品。

一、唐末、五代时期对中原政权的朝贡

朝贡，是地方臣服于中央统治者，或者属国臣服于宗主国的表示。按《现代汉语词典》的解释，是"君主时代藩属国或外国的使臣朝见君主，献礼物"④。是附属一方将自有财富以某种形式进献给作为宗主的另一方，以表示顺从或臣服，尤其是封建君主时代，国内臣民献上礼物给君主，或藩属国向宗主国献上礼物。据《禹贡·疏》载："贡者，从下献上之称，谓以所出之谷，市其土地所生异物，献其所有，谓之厥贡。"⑤可见，贡赋之物为地方"所生异物"，也就是特产之物。这些礼物称为贡品，多为一方之特产。中华朝贡体系是历史上最为典型的朝贡体系，始于公元前 3 世纪，直到 19 世纪末期，延续了整个封建时代，普遍存在于东亚、东南亚和中亚地区的国际关系体系。历代中原王朝无一例外地以"天朝上国"自居，透过册封，辅之儒家思想体系，层层往外推拓，建立起了以中国为主要核心的东亚朝贡体系。

唐末党项先民离开饱受战乱和压迫的青藏高原东北地带，向内地更加适宜于农业耕种的黄土高原迁徙，通过与周边民族，尤其是与掌握着高度农业文明的汉民族的接触，潜移默化地为党项社会游牧经济注入了农业经济的成分。同时也得益于唐政府实

---

① 史金波、聂鸿音、白滨译：《天盛改旧新定律令·罪则不同门》，法律出版社，2000：535。
② 〔元〕脱脱：《宋史·郑文宝传列传》，中华书局，1975：9426。
③ 〔五代〕刘昫：《旧唐书·食货志上》，中华书局，1975：2107。
④ 中国社会科学院语言研究所：《现代汉语词典》，商务印书馆，1978：127。
⑤ 李学勤：《十三经注疏·尚书正义》，北京大学出版社，1999：132。

施的民族政策，凡请内属之酋长，均厚加抚慰，列地为州，各拜其首领为刺史。即承认其酋长、首领在本民族和本地区事务中的统治地位。所辖州除在政治上隶属于中央政府、经济上有朝贡的义务外享有高度的自治权，其余一切事务均由少数民族首领自己管理，中央政府不予干涉。加之每次朝贡期间，朝廷本着"怀柔远人"的精神或政治目的，通常都"厚赉之"，给予相当丰厚的回赐。因此，赏赐就是一种变相的经济扶持，客观上起到了促进包括党项在内的少数民族地区经济发展的作用。

五代时期中原政权势力衰弱，对党项的控制不如唐时强硬，使党项有了一个相对自由的发展空间。此时党项社会内部私有制有所发展，但仍处于原始社会末期，其社会经济较之唐末又有了很大发展。他们居住的渭北地区水草丰美，党项羊、马、牛、骆驼数量大增，其向内地政权进贡、贸易的物品以马匹、骆驼、羊、牛等牲畜为主。但可以判断，盐业作为西夏主要的典型的地方特产和手工业产品，必然在贡品之列。"党项自同光以后，大姓之强者各自来朝贡。……明宗招怀远人，马来无驽壮皆集，而所售过常直，往来馆给，道路倍费。……唐大臣皆患之，数以为言，乃诏吏就边场售马给直，止其来朝，而党项利其所得，来不可止。"①后唐庄宗同光（923—926）以后，党项大族往往利用进贡的机会在内地销售地方特产，同中原进行经济交流。

五代时党项的繁荣富足，得益于银、灵、夏、绥等州优越的自然环境，当然也与党项民族的勤劳智慧密不可分。党项通过朝贡这种特殊的邦交方式，与中原王朝及周边的吐蕃、吐谷浑、室韦、回鹘等民族政权保持了平衡和稳定，为自身经济发展营造了安定的内外环境，为日后建立西夏国争取了有利条件。

二、西夏对宋的朝贡

有宋一朝，虽无汉唐气魄，但却是中华正统的继承者和发扬者。"上承汉唐，下启明清"是宋代在中国历史上具有重要地位的真实写照。无论是从作为"大国""正朔"的国际形象考虑，还是出于维系现实安全的思考，北宋都保持了体现"中华帝国"地位的朝贡体系。"宋祖受命，诸国削平，海内清谧。于是东若高丽、渤海，虽阻隔辽壤，而航海远来，不惮跋涉。西若天竺、于阗、回鹘、大食、高昌、龟兹、拂林等国，虽介辽、夏之间，筐篚亦至，屡勤馆人。党项、吐蕃唃厮啰董毡瞎征诸部，夏国兵力之所必争者也，宋之威德亦暨其地，又间获其助焉。"②北宋前期因统治者注重朝贡的政治功能和象征意义，导致了中外朝贡关系的扩大和朝贡贸易的发展。

北宋政府还专设鸿胪寺、礼部主客司、客省、四方馆等机构主管朝贡事务。其中鸿胪寺负责"四夷朝贡、宴劳、给赐、迎送之事"③。从职责上可以看出，鸿胪寺相当

---

① 薛居正：《旧五代史·党项传》，中华书局，1975：1845。
② 〔元〕脱脱：《宋史·夏国上》，中华书局，1977：13981。
③ 〔元〕脱脱：《宋史·职官五》，中华书局，1977：3903。

于清代的理番院和现代意义上的外交部。"凡四夷君长、使价朝见,辨其等位,以宾礼待之,授以馆舍而颁其见辞、赐予、宴设之式,戒有司先期办具;有贡物,则具其数报四方馆,引见以进。诸蕃封册,即行其礼命。……其官属十有二:往来国信所,掌大辽使介交聘之事。都亭西驿及管干所,掌河西蕃部奉举之事。礼宾院,掌回鹘、吐蕃、党项、女真等国朝贡馆设,及互市译语之事。怀远驿,掌南蕃交州,西蕃龟兹、大食、于阗、甘、沙、宗哥等国奉举之事。……同文馆及管勾所,掌高丽使命。"①依各族君长的等级地位、贡品多寡,皇帝召见的时间、规格都有所差异。"蛮夷向化,来献其方物,以致其为臣义。天子受之,以明天下一尊,有臣而畜之之义……示之以轻财重礼之义,使知中国之所以为贵。"②一方是好大喜功,爱面子。一方是实际考量,落实惠。"宋之待遇亦得其道,厚其委积而不计其贡输,假之荣名而不责以烦缛;来则不拒,去则不追;边圉相接,时有侵轶,命将致讨,服则舍之,不黩以武。"③北宋政府一味地薄来厚往、怀德远人,以至于时人有"先王柔远之制岂复有加于是哉"④的感慨!在厚往薄来的指导思想下,周边政权也就趋之若鹜。

西夏建国后,在畜牧业、农业、手工业、商业等方面都有了长足的发展,但由于自然气候、地理环境、民族习惯及对外关系等原因,经济问题一直是西夏国的一个严重问题。或者说,终西夏一朝,都没有能摆脱经济上依附于人的困境。"银、夏之北,千里不毛。"⑤经济基础决定上层建筑,经济上的依附性决定了西夏在对外关系上也具有很强的依附性。西夏历史上先后依附于宋、辽和金,四时八节,通过贡献"所生异物",换取超额的"岁赐之物",实现经济上的发展和政治上的稳定。

"彼西人,公则频遣使者,商贩中国,私则边鄙小民,窃相交易。虽不获岁赐之物,公私无乏,所以得偃蹇自肆,数年之间,似恭似慢,示不汲汲于事中国,由资用饶足,与事中国时无以异故也。"⑥朝贡只是形式上的,利用朝贡的机会进行贸易才是主要目的。正是通过朝贡加贸易,使西夏"公私无乏""资用饶足",在面对强宋时,表现出了"似恭似慢,示不汲汲于事中国"的自信与傲慢。"既通和市,复许入贡。使者一至,赐予不赀,贩易而归,获利无算。传闻羌中得此厚利,父子兄弟始有生理。朕犹念孤童幼弱,部族携贰,若非本朝赐之策命,假以宠灵,则何以威伏酋豪,保有疆土。……金钱币帛,相属于道。边人父老,观者太息,以为仁义之厚,古所未有。"⑦贡使一到,便获利无算,不难看出,西夏对宋朝贡是假,通过朝贡获取发展的经济支持才是真实目的。

当时西夏"西南都统、昂星嵬名济乃移书刘昌祚曰:'中国者,礼乐之所存,恩信

---

① 〔元〕脱脱:《宋史·职官五》,中华书局,1977:3903。
② 〔宋〕曾巩:《元丰类稿·明州拟辞高丽送遗状》,《文渊阁四库全书》影印本,第451-452页。
③ 〔元〕脱脱:《宋史·夏国上》,中华书局,1977:13981-13982。
④ 〔元〕脱脱:《宋史·夏国上》,中华书局,1977:13981-13982。
⑤ 〔元〕脱脱:《宋史·郑文宝列传》,中华书局,1977:9426。
⑥ 〔宋〕李焘:《续资治通鉴长编》"元祐元年二月壬戌",中华书局,1992:8753。
⑦ 〔宋〕苏辙:《栾城集·论西事状》,上海古籍出版社,1987:907。

之所出，动止猷为，必适于正。若乃听诬受间，肆诈穷兵，侵人之土疆，残人之黎庶，是乖中国之体，为外邦之羞。'"①正是看准了宋政府好大喜功的特点，西夏对宋频频发难。"国主自见伐之后，夙夜思念，为自祖宗之世，事中国之礼无或亏，贡聘不敢怠，而边吏幸功，上聪致惑，祖宗之盟既阻，君臣之分不交，存亡之机，发不旋踵，朝廷岂不恤哉！"②元丰五年（1082）宋神宗发五路大军征讨西夏时，西夏又连忙上书求和，承诺贡聘不废，"使朝廷与夏国欢好如初，生民重见太平，岂独夏国之幸，乃天下之幸也"③。

西夏与宋的关系虽不同于辽、金，受宋的册封并频繁遣使朝贡，正如司马光所说："谅祚所以依旧遣使称臣奉贡者，一则利于每岁所赐金帛二十余万，二则利于入京贩易，三则欲朝廷不为之备也。"④在夏夷关系紧张、长期对峙的十二、十三世纪，宋朝国力一直"积弱"的现实情况下，北宋统治者置朝贡的经济利益于不顾，却只看重朝贡的政治、军事意义。"继捧立，以太平兴国七年率族人入朝。自上世以来，未尝亲觐者，继捧至，太宗甚嘉之，赐白金千两、帛千匹、钱百万。祖母独孤氏亦献玉盘一、金盘三，皆厚赉之。"⑤长期地对朝贡国国王封官授爵，对贡物"估价酬值"，还回赐国王、王室成员及贡使以大量的、价值远超贡物的贵重物品。西夏"虽尝受封册于宋，宋亦称有岁币之赐、誓诏之答，要皆出于一时之言，其心未尝有臣顺之实也。"⑥不仅没有实现预期的目的，反而增加了国家财政负担，加重了人民生活的苦难。

三、结　论

在西夏政权延续的近 190 年间，其前期与北宋和辽并立，金灭辽后，西夏又与南宋和金鼎足而立，形成了中国历史上有名的"后三国时代"。三国之中，西夏由于地理环境的差异性，国小势单，又与强国为邻，夹缝中求生存实属不易。西夏建国后，夏宋之间战争频繁，结果是西夏一方多处优势，因此北宋从未真正征服过西夏。但西夏却故作诚惶诚恐状，主动称臣，频频地"奉献方物"，在官方和民间贸易之外，四时八节，西夏都派出使臣，在朝贡的名义之下，贡献青白盐等"所生异物"，获得高额回赐的同时，又可沿途贩卖贡使所带物品。从而使西夏境内丰富的盐业资源转化为经济实力，解决了群众的生计，增加了财政收入，提高了党项民族的经济发展水平，为西夏政权的建立、发展提供了物质保障。因此，抛开政治和军事考量，单从经济收益上讲，夏宋间的朝贡关系，本质上不是西夏向北宋朝贡，而是北宋一直在向西夏朝贡。

---

① 〔元〕脱脱：《宋史·夏国下》，中华书局，1977：14012。
② 〔元〕脱脱：《宋史·夏国下》，中华书局，1977：14013。
③ 〔元〕脱脱：《宋史·夏国下》，中华书局，1977：14013。
④ 〔宋〕李焘：《续资治通鉴长编》"治平二年十二月壬寅"，中华书局，1992：5009。
⑤ 〔元〕脱脱：《宋史·夏国上》，中华书局，1977：13984。
⑥ 〔元〕脱脱：《宋史·夏国下》，中华书局，1977：14030。

盐厘局的职能

——以清代南部县为例①

袁 慧②

摘 要：晚清时期，盐厘在财政中的地位举足轻重。南部县从同治二年（1863）开始抽收盐厘，到光绪初年，盐厘抽收弊窦丛生。四川总督丁宝桢改革盐政，设立盐厘局，专管盐厘事务。从厘票发放、厘金抽取、厘银申解、稽查私盐、上传下达及政策的执行等对地方厘务的各个方面进行管理。

关键词：盐厘局；职能；南部县

清朝晚期，四川盐政紊乱，积弊丛生。为了整顿盐政，规范厘金抽收，缓解国库空虚之急，盐厘局应运而生。盐厘局的设置是丁宝桢盐政改革的产物，其职能主要体现在厘票发放、厘金抽收、厘银申解、稽查私盐以及上传下达与政策的执行等几个方面。

一、厘票发放

南部县域辽阔，井灶分布不均衡，是以总局之下设有多各分局、分卡，作为总局职能实施的载体。

因南部地域广阔，各灶户"若尽行赴局完纳，有相离太远者，未免不便，若就灶抽收，而厂灶大小不齐，办理断难核实，焉能涓滴归公……惟有因地制宜，各就各场，见盐抽收……于各场设立官秤，无论盐之多寡，不过官秤，不准买卖。选用公正绅士一人，巡丁二名，责令按五日赴局，请领厘票，循环薄据，所收钱文及票根，亦按期缴局核收，再续领票簿前往，庶可。当时收厘，填给照票，以归简便"③。

---

① 基金项目：国家社科基金项目"清代南部县盐务与川北社会研究"（17XZS021）；四川省社会科学重点研究基地区域文化研究中心2017年度一般项目"清代南部县盐厘局机构设置及其职能研究"（QYYJC17012）；西华师范大学2016年校级大学生创新创业训练计划项目"清代南部县盐厘局研究"（CXCY2016071）的阶段性成果。
② 袁慧（1994—），女，四川眉山人，四川工业科技学院教师。
③ 丁宝桢：《平远宫保督署批札节略不分卷》，《南部县徐令、委员恒令、周令、新镇坝县丞章丞会禀南部盐厘亟须认真整饬，职等前往仿照井研章程确切查明，妥速筹议，并加厘助饷，使商贩不致受累，议抽情形由》，哈佛大学汉和图书馆藏清抄本。

厘票由盐厘总局统一印制,交由各分卡,"各分卡照换厘票,为总局耳目"①。"本地之盐,照常捆成大包,由分局过秤,收厘后填给厘票执照。外来之盐,验明厘票,方准商贩收买,每包以天平秤五十斤为度,由分局过秤后,填给小票执照,以示区别,以免淆混"②。

二、厘金抽取

光绪四年(1878),富荣、犍乐等处设立盐厘局,派员专收票盐厘金。"每挑定以八十斤为准,给予护票一张,随挑收取厘钱,准其运赴归丁州县发卖。"③

南部盐厘局于光绪五年(1879)开办,创局之初,时任南部知县徐金镛、委员恒琮、周凤藻以及南部县分县县丞曾会议南部县盐厘抽收章程,初立《抽厘助饷化私为官章程》十四条,经四川总督及盐茶道回禀批示,南部知县会同各委员悉心商议,重新更定盐厘抽收章程④。

(一)设立总局,就地抽收

南部县城为该县西南两路盐贩必由之路,盐厘总局即于县城内外赁房设立,以便稽查。因局用厘票、护票为数较多,"由局刊刷,盖钤应用,据实报销,填存票根,按月申缴"。南部井灶盐斤,历来系灶贩挑赴附近各场卖与各处挑贩,运往各路转售。与别厂挑贩赴井灶买盐情境不同。"因地制宜,即在各场买卖盐斤之处设立分局,制造官秤,选用公正绅士一人,巡丁二名在局经理。凡赴场买卖盐斤者,无论盐之多寡,均赴局过秤缴厘,即由局于厘票内注明'某县某贩某月日来场买盐若干、由某路运往某归丁州县行销、缴钱若干文'字样截交,该贩持赴分卡验行。其在本地行销不出卡者,亦注明运往'本县行销'字样,以备稽查。如不赴局过秤缴厘领票者,即以私论。所需厘票簿据,按五日一次赴总局承领,所收钱文及填存票根,按五日缴局核收。"

(二)颁发官秤,统一标准

南部县向来办理盐厘,系用厂秤,以九十六两为一斤,抽收钱一文。官秤统一"改用十六两天平秤,每二斤抽收厘钱三文……发局照式仿造,转发各场卡应用,以归画一。"

(三)设卡盘验,验票通行

南部县界连九邑,道路歧出,挑贩容易绕越,遂在扼要处设卡稽查。每卡选用绅

---

① 南部档案8-256,光绪六年二月初四日。
② 南部档案8-513-4,光绪六年十二月初四日。
③ 南部档案7-669,光绪四年八月初八日。
④ 丁宝桢:《平远宫保督署批札节略(四)》,《盐茶道详委办南部县盐厘委员恒令等议呈设局抽收章程,并请给发关防、砝码、官秤等项由(计抄章一折)》。

士、巡丁负责稽查，检验厘票。"遇有挑贩经过，验明厘票内所注姓名及买盐缴厘各数目均属相符，立即注明簿据，还给护票，任其运行，不得需索留难。各卡所用护票，五日请领一次，其填存票根换回厘票亦按五日一次，连所填号簿一并缴局核对。"

为方便易银申解，盐厘的征收一般为足数大钱，向来各处均是如此办理。但"如尽行收钱，实于灶贩多有不便"①，若"照钱议定银价，或钱或银，听人完纳，似觉两便"②。经南部盐厘总委员凤藻会同南部县知县，传齐城乡绅灶等议定，"除足钱照补外，其时值银价十日一次，由总局悬牌示知"③，据当时银价易银折算。如"城内银价每银一两易大钱一千五百文，有缴银者即照此并扣算，每串应补足钱四十文，亦照价合银一并缴局，此十日以内无论价长跌，均照此办理"④。

三、厘银申解

厘金制度的产生是为了助饷，因此，盐厘的收存也不归地方，需向上级报送。南部县自同治二年"接办盐厘，解供军饷，阖厂灶民，每月认纳盐厘银五百两，以四个月批解一次"⑤。盐厘申解程序烦琐，主要有弹兑封固、备具文批、派拨妥役、来道弹收、移司报拨等几个步骤，此乃盐厘征收的重要一环。

南部盐厘的申解程序，在盐厘局开办前后大致相同。以同治五年（1866）四月初一日起至七月三十日止的批解为例，十次批解届期，各灶民等将盐厘银二千两如数呈缴，弹兑封固，县衙出具文批，向总督及盐茶道等详报批解缘由，派遣专差护解，并移文借道州县一体护送，专差出具领状，持护票押解厘银上纳盐宪，盐宪批回。

> 保宁府南部县申解卑县同治五年四月初一日起至七月三十日止，十次盐厘银两一案验折。保宁府南部县为批解盐厘银两事。窃照卑县接办盐厘，解供军饷，阖厂灶民，每月认纳盐厘银五百两，以四个月批解一次，应以同治五年四月初一起至七月三十日止，十次批解届期，亦据该灶民等将盐厘银二千两如数呈缴前来，理合倾销足色，弹兑封固，备具文批，专差马林、米良田申解宪辕俯赐弹收，给发回批备案。除迳报兼署总督部堂，暨巡、藩宪外，为此备由，申乞照验施行，须至申者。
>
> 计申解卑县各灶户认完十批银二千两便批一张。
>
> 右申
>
> 盐宪（全衔）

---

① 南部档案 8-711-1，光绪八年十一月十五日。
② 南部档案 8-711-1，光绪八年十一月十五日。
③ 南部档案 8-711-1，光绪八年十一月十五日。
④ 南部档案 8-711-1，光绪八年十一月十五日。
⑤ 南部档案 6-591-1，同治五年九月初四日。

同治五年九月初四日，盐房呈。
　　稿　行①

批解厘银的专差也需要专门的公文，以防偷换造假。

　　保宁府南部县为批解盐厘银两事，批差本役承领后项银文，前赴钦加按察使衔四川通省盐茶道启（全衔），辕门告投，听候弹收，遵奉批回。须至批者。
　　计申解同治五年四月初一日起至七月三十日止，十次盐厘银二千两。
　　公文一角。
　　右批差　准此
　　同治五年九月初四日，盐房呈。
　　稿　行②

知县为专差给发护票，以证明此为盐厘公务，各关卡应通关放行，使解银书巡沿途关卡不被留难。

　　钦加同知衔特授保宁府南部县正堂庆（全衔）为给发护票事，票仰书役承领后项银文，前赴钦命四川通省盐茶道启（全衔）辕门告投，听候弹收。该书役在途途务须小心护解，毋得人银两难，遇夜知会该处场头、客总、约保人等，拨夫巡防支更看守，沿途关津渡口，验票放心，毋得留难阻滞。去书役亦不得藉票逗留，滋事迟延，如违重究不贷，慎速须票。
　　计开：驼骡二头　腰刀二把　行李俱全
　　同治五年九月初四日，盐房呈。
　　稿　行③

南部县所收盐厘押解赴盐茶道，难免借道他县，因此，需移文告知，以减少烦扰。

　　钦加同知衔特授四川保宁府南部县正堂庆（全衔）为移会接送事。案查前奉各大宪札饬，嗣起解司库银两，务须先期移会前途州县接护，按照定站行走等因，遵奉在案。兹敝县应解本年十批盐厘银二千两，补解银五百两，定于本月十六起程，拟合备文移会。为此合移贵县，请烦查照来移事理，一俟前项银两解送到境，希即照例选派干役护送前进，并祈转移前途，一体护送。望切望速，须至移者。
　　右移
　　盐亭县（全衔）
　　同治五年九月初四日，盐房呈
　　稿　行④

---

① 南部档案6-591-2，同治五年九月初四日。
② 南部档案6-591-3，同治五年九月初四日。
③ 南部档案6-591-8，同治五年九月初四日。
④ 南部档案6-591-7，同治五年九月初四日。

此外，为保证申解盐厘的书役如实承领厘银，书役需出具领状，以明实领银钱物资若干。

具领状盐厘首事监生马林、盐书米良田今于白前为领状事。情生等当堂实领得十次盐厘库平银二千两，筹补短欠八批盐厘库平银五百两，解费银六十二两，绳索、鞘费、驼骡银八两六钱，如数领明，解赴盐宪上纳，不致违误，中间不虚，具领状是实。

同治五年九月十六日，具领状盐厘首事监生马林、盐书米良田

准领①

盐茶道收到所解厘银，发给批回，注明解银批差某某，并写清实收厘银若干，表明执差书役有遵规守纪完成任务，并未私吞厘银。

保宁府南部县为批解□厘银两事，批差承领后项银文前赴钦加按察使衔四川通省盐茶道加七级纪录八次启辕门告投，听候弹收，遵奉批回，须至批者。

计申解同治五年四月初一日起至七月三十日止，十次盐厘银二千两。

公文一角　封固

右批差　马林、米良田准此

同治五年九月十六日，知县庆泰。

县押　　　　　　　　　　　　　　　　　十月十九日奉到②

南部县盐厘的申解大致经历以上几个程序，从灶户上缴厘金到盐茶道入库存收，每个环节都有公文随行护航，且盐厘乃国家重项，申解途中所经过州县不得不特别关照，以保证厘银的安全。

四、稽查私盐

有清一代，私盐问题对统治者造成极大困扰，就全国来看，私盐活动"其种类之多，规模之大，区域之广，为害之烈，第积历代盐弊渊薮"③。清代南部县虽产盐不少，但井灶散漫，道路纷歧，私盐问题日益严重，缉私力度亦随之加大。

商贩担盐过卡，分卡司事、书巡须盘验其盐票信息，稽查偷漏。附近商贩来县采买盐斤，照数扯厘，将买盐日期、盐斤数目、抽收厘钱等填注明晰，商贩持票过卡，验票相符后予以放行。因厂秤、天平秤的标准各不相同，商贩等多有隐匿，如查有盐票不符，令其将盐过秤，即在该卡照章补纳厘金。所补厘钱，按月由总局榜示该卡。

---

① 南部档案 6-591-9，同治五年九月十六日。
② 南部档案 6-591-12，同治五年九月十六日。
③ 鲁子健：《清代食盐专卖制度》，《盐业史研究》，1991（11）。

然而，私盐问题仍充斥各地，计商串通私贩妄取租息，私贩充塞，官商莫何。究其缘由，为计商投机，分卖他岸，招私贩运盐摆卖，收取岸租或私抽秤厘，隐瞒地方官，使引张或早已卖出，无从追缴，或课悬引积。

> 川省各属私，盐充塞计岸，其积弊之由不在私贩，而在计商。缘各该商每岁请领额配水陆计岸新引到手，分出少许陆续呈请备文赴厂配盐归岸，高抬价值，因循缓卖，聊以塞责，下余引张，概行匿存，冀图分卖与他岸各商改配代销。所有该商应行其境内计引全岸尽招私贩运盐摆卖，该商或收取岸租或私抽秤厘，其照数给付者任听卖私。虽经官查出，而该商辄以伙贸掩饰之。倘有不给租厘而数未取盈，然后指为私贩，将其人盐一并送官，往往地方官堕其术中，为之照例究治。而该商遂得以坐享私贩之岸租秤租厘，除额纳课税美截外，其所获之利恒倍于自行配盐销售。盖既有本息人工之费，而又无水陆运载之需也。迨至次岁销期逼近，地方官催分完课，辄以引不畅销，藉口搪塞。地方官锋厉者，勒令完课缴残，而该商犹诡称赔课白截，或止完正课，拖欠美截，其原留引张早经卖出，无从追缴；和缓者，信其欺诈，反为设法垫解，自顾考成，若遇苦缺，无可挪垫，则惟有任听课悬引积，坐被处分而已，此计商招私以致之通弊也。……以为，欲绝私贩，先禁计商私收岸租秤厘，而欲禁私收租厘，莫先于严饬各该商自行持引赴厂配盐，归岸行销，倘敢仍蹈故习，或暗邀奸僧朋充，或展转卖引与土豪，而本商应在册之虚名土豪获纵私之厚利，是皆阳奉阴违，有碍醝网。即今地方官革去，商名照律治罪，另募殷实粮民承充，如此清理，则私贩无所容留，地方官稽查较易，庶引无积滞，而岸不充塞矣。①

计商招私所造成通弊，于盐政有碍。而"欲绝私贩，先禁计商私收岸租秤厘。而欲禁私收租厘，莫先于严饬各该商自行持引赴厂配盐，归岸行销"。

光绪二十三年（1897），督办南部县盐厘总局移请南部县正堂责成就近保甲弹压，以肃盐网。"新镇坝验卡原为盘查盐贩偷漏走私、无票闯关等弊。该卡水陆交衢，乃各商贩往来云集之处，事务最繁。贩等往往恃众估过，意图闯越。该卡司事、书、巡仅二三人，收票验放势必逐一清点，其中有票闯关之贩，难保不无藉端生事，必责成地方团保，方足以资弹压。"②

此外，有些票面信息填写不完善被误认为是私贩，当然，不排除故意以此蒙混的可能。如《光绪四年六月初七日大竹县正堂术为严禁私贩请于盐引照票注明沿途路径售销处所致南部县移文》："六月初二日敝县（大竹县）亲往查街，见西街饶福星点外有渠邑盐贩杨信文、许应芳贩盐三挑，公然摆卖城市，当经带案提讯，伊等供认不讳，

---

① 南部档案 7-658-1，光绪四年九月初三日。
② 南部档案 13-1051-3，光绪二十三年六月十六日。

并执出贵县（南部县）盐厘总局照票二张查验，并未注明沿途路径，何县售销。"引盐各有定地，私贩越境贩卖，充塞引岸，破坏盐政的正常秩序。

五、上传下达与政策的执行

南部县盐厘局是南部县地方机构，分担南部县地方政府的职能，专管南部盐厘事务，是地方政府职能的专门化体现。南部县衙是盐厘局正常开办和运行的基础和支撑。而盐厘局作为专门的厘务机构，其政策的执行与措施的改变，都需要由总督和盐茶道决定。因此，必要的文书往来不可缺少。

首先，南部县盐厘局与总督和盐茶道。南部盐厘局是四川盐政改革的产物，属于四川盐政管理系统，受四川总督和盐茶道的管辖与约束，执行国家和四川盐政政策。南部盐厘局每项措施的施行，需要先请示，这其中还可能会就某个问题多次商讨，文书的来往也就更为频繁。

然后，南部县盐厘局与南部县衙。南部盐厘局专为南部盐厘事务而设，协助南部县衙管理盐务。每有示谕发布、政策商讨、案情交涉等，盐厘局与南部县衙之间就会产生公文往来。

最后，盐厘局与各局、卡。南部县地域辽阔，井灶散漫，为了更全面管理南部盐厘事务，南部县因地制宜，广设分局、分卡。各局、卡隶属盐厘局管辖，执行厘局委员所示指令。

盐厘局作为全国盐政管理系统的组成部分之一，协助地方政府管理盐厘具体事宜。因各地情形不一，厘局对厘银的收取方式可能不完全一致，但其主要的职能大体相同：总局颁发官秤、刊刷厘票；各场买卖盐斤处设立分局，就地抽收厘金；地方政府出具文批，派专差赴盐茶道申解；完善盐政政策，归岸行销，以杜私盐；严格执行上级下达的命令，为各分局、分卡与地方政府甚至全国盐政系统的枢纽。当然，盐厘局的职能并不能简单概括为以上几点，任何与盐厘有关的事务理论上都与盐厘局的职能相关。

两汉魏晋时期莱州湾沿岸的盐业生产与技术变革

赵瑞军[①]

摘　要：现有史料及考古实证表明，两汉魏晋南北朝时期，伴随着盐业生产技术突飞猛进的发展及国家盐业管理政策的改善，莱州湾沿岸的盐业生产得到快速发展，出现繁荣兴盛之景象。盐业产量不断增加，盐业生产技术不断进步，在国家的盐业生产中占据重要地位，社会影响日益提高，对两汉魏晋南北朝之政治运作、社会维稳、财政发展、军事斗争等都产生了重要影响。

关键词：两汉；莱州湾；盐业

两汉时期是潍坊区域社会发展的北海郡（国）时代。汉景帝中元二年（前148），分齐郡置北海郡，郡治营陵（今昌乐营丘镇），这是秦汉王朝推行郡县制以来，在今潍坊市境设置的首个地方一级政区。北海郡是西汉103个郡国之一，存续800余年，是海岱之间潍水流域内一个相对完整的行政区划单位，并在山东半岛政治格局中占有重要战略地位。两汉时期，北海郡国的海盐业在先秦齐国的基础上得到了较大发展，滨海一带成为全国盐业生产基地，其盐税收入在两汉全国盐税收入占有较大比重，受到当权者的高度重视。作为两汉政府重要的经济部门，莱州湾沿岸基本上持续保持了全国制盐中心的地位。

一、西汉时期莱州湾沿岸制盐中心地位的确立

西汉建立之初，"天子不能具醇驷，而将相或乘牛车"[②]，国库十分空虚，为"扫除繁苛，与民休息"[③]，汉高祖刘邦下令"贾人不得衣丝乘车，重租税以困辱之"[④]，对盐商等征收重税。惠帝、高后时，随着经济社会的好转，开始放松对盐业生产的控制，放任商人生产销售。《资治通鉴·文景之治》载："孝惠、高后时，为天下初定，

[①] 赵瑞军，山东海阳人，山东大学儒学高等研究院中国哲学博士后，潍坊学院讲师，博士，研究方向为秦汉史。
[②]《汉书·食货志第四上》。
[③]《汉书·食货志第四上》。
[④]《史记·平准书第八》。

复弛商贾之律，然市井之子孙亦不得仕官为吏。量吏禄，度官用，以赋于民。而山川园池市井租税之入，自天子以至于封君汤沐邑，皆各为私奉养焉，不领于天下之经费。"文帝时，则又进一步"开关梁，弛山泽之禁""纵民得铸钱、冶铁、煮盐"①，更加放任盐业经营。于是，富商大贾纷纷"专山泽之饶，或采矿冶铁，或煮海制盐""周流天下，交易之物莫不通。"北海郡的滨海地区盐业私营生产得到较快发展，齐人东郭咸阳经营煮盐业，家产达数千万，富比王侯；齐人刀间"逐渔盐商贾之利……起富数千万"。

对盐商的放任政策，又产生一系列问题，巨商大贾富"或蹛财役贫，转毂百数，废居居邑，封君皆低首仰给。冶铸煮盐，财或累万金，而不佐国家之急，黎民困重"②，既影响中央财政收入，又易雄踞一方，形成割据，影响中央集权。为此，汉武帝元狩五年（前118），颁发了"盐铁官营"诏令："山海，天地之藏也，皆宜属少府，陛下不私，以属大农佐赋。愿募民自给费，因官器作煮盐，官与牢盆。浮食奇民欲擅管山海之货，以致富羡，役利细民。其沮事之议，不可胜听。敢私铸铁器煮盐者，钛左趾，没入其器物。郡不出铁者，置小铁官，便属在所县。使孔仅、东郭咸阳乘传举行天下盐铁，作官府，除故盐铁家富者为吏，吏道益杂不选而多贾人矣。"其制盐法，由公家备煮盐器具，雇民煮盐，给以工费。其卖盐法，则设盐吏，坐列市肆，贩物求利。食盐专卖政策不仅打击了地方豪强势力，改变了"高下在口吻，贵贱无常"的时况，而且"兵革东西征伐，赋敛不增而用足"③，支持了对外战争的进行。

作为西汉封建中央集权统治下的盐产区，莱州湾沿岸的盐业政策，始终与西汉中央王朝的盐业政策相一致。自武帝实施食盐专营以来，政府在地方郡县"出盐多者置盐官"④，据《汉书·地理志》所载，当时全国范围内有二十七郡设有盐官三十七处，有四十个郡国中设有铁官四十八处或四十九处，甚至更多，不过具体数字还是有待详查的，比如《汉书补注》引钱大昭所说，当时全国"有盐官者三十六，有铁官者五十"。设盐官最多的地方要属今山东地区。盐官属大司农属下的"斡官"，一般设在产盐区和主要的中转站，盐官有长、丞。食盐官营推行之初，盐官由大农丞直接选拔，一般情况下，均可由郡国守相提名任命。盐官在产盐区，负责招募百姓，分配煮盐的场地和煮盐主要工具，收购产品，经营食盐外运；在非产盐区，则要设仓储存，组织转运。盐的销售，也由官府负责，或设肆专卖，或者通过特许的小盐商进行分销。这即是所谓的"食盐官营"⑤。

西汉时，今山东境内者有11处，分置于四郡国。千乘郡有千乘（今广饶县境内）；东莱郡有曲成（今招远）、东牟（今牟平）、㡣县（今黄县）、昌阳（今文登）、当利（今掖县）；琅邪郡有海曲（今日照）、计斤（今胶州）、长广（今莱阳）；北海郡有都昌（今

---

① 《盐铁论·错币第四》。
② 《史记·平准书第八》。
③ 《盐铁论·禁耕第五》。
④ 《后汉书·百官志五》。
⑤ 魏明孔主编：《中国手工业经济通史》（先秦秦汉卷），福建人民出版社，2005：511。

昌邑境内）、寿光（今寿光）。其中都昌、寿光在今潍坊市境内。据《汉书·地理志》记载，西汉在莱州湾沿岸地区的千乘郡千乘县（广饶北）、北海郡都昌（昌邑）、北海郡寿光、东莱当利（莱州）等县设立盐官，管理盐业生产和盐制品外运。山东境内的盐官设置约占全国的30%，这些盐官主要集中在莱州湾和胶州湾沿岸地区。西汉沿海地区共置盐官18处，其中山东11处皆在沿海，约占沿海盐官2/3，这表明山东海盐业在全国海盐业中的中心地位。

西汉时北海郡（国）辖地时有变迁，最大范围包括了当时的胶东郡、甾川国三个郡国，辖26县之多。以北海一郡置7盐官当在最盛之时。若置盐官数目不误，则北海一郡当占全国约1/5，这与现代潍坊海盐产量约占1/6的比例十分接近，其盐业中心的地位当是确凿无疑。当然，盐官数量不代表产盐量，但由莱州湾沿岸以往盐业生产的传统优势可知，西汉北海郡的海盐业重心区地位是可能的。

海盐业发展带来了王朝盐税收入的增长，莱州湾沿岸盐产区几乎承担了西汉王朝1/3的赋税额，由此成为汉王朝经济收入的重要支柱，由此亦可见当时山东海盐业在全国的重要地位①。西汉时期莱州湾沿岸盐业中心地位的形成主要在于：盐业市场需求量大，悠久的盐业生产传统，畅通的交通运输条件。如果以北海、千乘、东莱三郡盐产供应当时的青、兖、豫三州以及徐州北部地区来推算，西汉后期其市场范围内民众有4 778 316户，占全国总户数的39%，这是支撑山东盐产业顶峰时的市场需求。西汉以后，伴随全国人口数量下降，莱州湾沿岸的盐业也有所萎缩。

二、东汉时期莱州湾制盐中心地位的持续确立

西汉末年，王莽篡政，"命县官酤酒，卖盐铁器，铸钱，诸采取名山大泽众物者税之"，对武帝食盐专卖之制，进行了一定补充和发展，后因受抵制，又"分行天下，除井田奴婢山泽六筦之禁，"宣布废除食盐专卖政策。

东汉建立后，为休养生息，刘秀继续放松对盐业产销的管理，此后虽有所加强，但并没有完全实现食盐专卖，私商仍可经营食盐。如司空宋弘为"常受俸得盐豉千斛，遣诸生迎取上河，令粜之。盐贱，诸生不粜，弘怒，便遣，及其贱，悉粜卖，不与民争利"。第五伦"自以为久患不达，遂将家属客河东，变名姓，自称王伯齐，载盐经来太原、上党，所过辄为粪除而去，陌上号为道士，亲友故人莫知其处。""肃宗时，张林请官卖盐。

汉章帝时，国内发生叛乱，又与匈奴发生战争，国家用度增加，开始实行食盐专卖政策。《后汉书·和帝本纪》载："诏曰：昔孝武皇帝，致诛胡越，故权收盐铁之利，以奉师旅之费。自中兴以来，匈奴未宾，永平末年，复修征伐。先帝（章帝）即位，

---

① 臧文文：《从历史文献看山东盐业的地位演变》，《盐业史研究》，2011（1）。

务休力役，然犹深思远虑，安不忘危。探旧典，复收盐铁，以备不虞，宁安边境，而吏多不良，动失其便，先帝恨之。故遣戒郡罢盐铁之禁，纵民煮铸，入税县官如故事。"章帝驾崩前遗诏曰："罢盐铁之禁，纵民煮铸，入税县官，如故事。"于是，汉和帝即位后"诏罢盐铁之禁，纵民煮铸，入税县官如故事"，废除了食盐专卖之制，重新实行征税制，允许民间私自煮盐和销售。

东汉取消食盐专卖，但并非禁止国营，而是官民并营两种方式都存在。《后汉书·百官志五》载："郡有盐官铁官……随事广狭，置令长及丞，秩次皆如县。道无分士，给均本吏。本注曰：凡郡县出盐多者，置盐官，主盐税。"又《续汉书·百官志》载："郡国盐官，本属司农，中兴皆属郡县；凡郡县出盐多者，设置盐官，主管盐税，随事务繁简，置令长及丞，秩次皆如县令。"①又《通考·征榷考二》载："献帝建安初，置使者监卖盐。"

东汉时期国营与民营兼用的灵活盐业政策，促进了莱州湾沿岸盐业生产的发展。北海郡（国）制盐业又得到较快发展，滨海一带保持了全国盐业生产基地的地位。北海郡的都昌、寿光和琅琊郡的海曲、计斤等地都设有盐官。渤海莱州湾沿岸和胶州湾沿岸盐业都得到较快发展。盐业的生产和贸易推动了沿海工商业城镇的兴起。农业和盐业及其他手工业的发展，促进了城市的发展和商业的繁荣。当时"富商大贾周流天下"，非常活跃。北海、琅琊一带有不少商人因经营盐铁和丝绸生意而致富。一些郡治或县治所在地诸如剧县、广县、平寿、东武、安丘等因交通便利、人口密集而成为商品集散地。当时的临淄已成为一个全国性的商业都市。西方商贾云集，南北商货荟萃。

从西汉元始二年（2）今山东省内部分郡国人口密度看，甾川国、高密国、北海郡、齐郡四郡国为山东半岛人口最密集地区。其中甾川国密度最大，每平方千米高达247.85人，其密度在全国居第2位；高密国为186.56人，居全国第5位；北海郡与齐郡分列3、4位，分别为148.29人和141.15人，居全国第8、9位。可见上述四郡国不仅在山东半岛属人口最为密集之地，即便在全国103郡国中亦居最前列②。

东汉建武十三年（37），将甾川、高密、胶东三郡并入北海，北海郡属地大为扩展。建武二十八年（52），又改北海郡为北海国，徙封鲁王刘兴为北海王，共辖18县（国）。东汉时期的北海郡国属青州的核心区域，其经济文化发展中处于领先地位。人口重心区的地位拉动了盐业生产量，自西汉以来，莱州湾沿岸制盐中心的地位依然保持不变。东汉末期，北海文学家徐干的《齐都赋》在描写这一时期山东半岛盐业生产的盛况时说："若其大利，则海滨博诸，溲盐是钟，皓皓乎如白雪之积，鄂鄂乎若景阿之崇"。③赋中描写齐地所产之盐，白若积雪，堆积如山。青齐盐业生产之盛况由此略见一斑。

---

① 祝慈寿：《中国古代工业史》，学林出版社，1988：263。
② 李嘎：《山东半岛城市地理研究——以西汉至元城市群体与中心城市的演变为中心》，复旦大学博士学位论文，2008：34。
③〔清〕严可均辑：《全后汉文·齐都赋》，第938页。

三、魏晋南北朝时期的盐政变迁与青州盐业发展

魏晋南北朝时期，潍坊所在的青州地区先后为"石赵、慕容、符秦、元魏所据"。这一时期盐业生产衰退"不逮往古"①。西晋法令："凡民不得私煮盐，犯者四岁刑，主吏二岁刑。"严格的法令严禁盐业私自生产。由于西晋时期政治黑暗，豪门贵族为了获得巨大的盐业利润，不顾法令，侵占川泽，垄断盐业的生产，政府制定的盐业专卖政策在全国很难顺利推行。南北朝，盐业的专卖政策有所恢复，政府对盐业的专卖管理比较松弛。北朝时期，政府对山东的煮盐业实行官方控制，即把海盐的产、销权全部收归官营，由官府一手垄断。凡产盐地段均设盐官，监督盐户生产，盐产品由政府统购统销。但这一时期的食盐政策并不稳定，时而采取官营的生产方式，时而又对百姓开放食盐的生产管理，但是对食盐的开放的时间不如官营掌握的时间长②。当时，山东的煮盐业以青州地域最为发达，沿渤海一线尽设盐务，盐灶设置及盐产量仅次于河北沧州，雄居全国第二位。

《北史》卷三二《崔昂传》曰："右仆射崔暹奏请海沂煮盐，有利军国。文襄以问（崔）昂，昂曰：'亦既官煮，须断人灶；官力虽多，不及人广。请准关市，薄为灶税；私馆官给，彼此有宜。'朝廷从之。"可见，海沂生产海盐。有学者推论海沂就是北海郡。《魏书》卷六六《崔光伯传》曰："（光伯）寻除北海太守，有司以其更满，依例奏代。肃宗诏曰：'光伯自莅海沂，清风远著，兼其兄光韶能辞荣侍养，兄弟忠孝，宜有甄录。可更申三年，以厉风化。'后历太傅、谘议参军。"从中可以看出，海沂就是北海。具体产盐地点不详③。

北朝时期，青州的煮盐业更为兴盛，莱州湾南岸尽设盐务，盐灶设置以及食盐产量仅次于沧州，为全国第二大产盐区。据《魏书》卷一一〇《食货志》云："自迁邺后，于沧、瀛、幽、青四州之境，傍海煮盐。沧州置灶一千四百八十四，瀛州置灶四百五十二，幽州置灶一百八十，青州置灶五百四十六，又于邯郸置灶四，计终岁合收盐二十万九千七百二斛四升。军国所资，得以周赡矣。"时青州设置盐灶546个，约占全国盐灶总数的20%，为北方中国的第二大产盐地区。④元魏时于青州置盐灶，傍海煮盐，年收海盐20万斛（10斗为1斛）。⑤青州所辖7郡，包括现在的寿光、昌邑、乐安、沾化、海丰一带地方，煮盐井灶当在莱州湾沿岸地区。这是官府组织的盐业生产，其他地区可能还有私人煮盐活动。⑥此外，北朝时，慕荣德称帝于广固（今青州市），建南燕

---

① 曾仰丰：《中国盐政史》，商务印书馆，1937：66-67。
② 杨新亮：《海王之国：先秦齐国海洋文明考论》，中国海洋大学硕士学位论文，2012。
③ 吉成名：《论魏晋南北朝食盐产地》，《盐业史研究》，2012（2）。
④ 《魏书》卷一一〇《食货志》，另《通典》卷一〇、《通志》卷六二和《文献通考》卷一五有类似记录。
⑤ 山东省盐务局编著：《山东省盐业志》，齐鲁书社，1992：200。
⑥ 黄公勉、杨金森：《中国历史海洋经济地理》，海洋出版社，1985：100。

国。慕荣德接受当地人晏谟的建议,"立冶于商山,置盐官于乌常泽,以广军国之用"①。乌常泽即今寿光市北营里镇黑家子村附近的黑家泊,乌常泽临近大海,可以从事海盐生产。其地即西汉、东汉封刘赏、刘错之平望侯,后为平望县地,黑家泊南侧高地上即秦始皇所筑望海台旧址。《晋书·慕容德载记》载:"于乌常泽设盐官以广军国之用。"

魏晋南北朝时期,山东半岛的盐业主要限于青州。从置灶上看,青州灶数约占全国的20.5%,假设每灶盐产相同,则当时青州盐产大致也占东魏全境的20.5%。而这一时期山东半岛盐产在东魏时市场范围内的民众大致是426 302户,占全国的21.3%。则青州一州的产量,正好满足其地区人口的需要。我们可以看出青州盐在当时四州中名列第二,成为中国北方的第二大产盐区。这表明青州由于其得天独厚的地理位置,在当时的制盐业中占据重要的地位。

四、两汉魏晋南北朝时期莱州湾沿岸的盐业技术变革

两汉时期随着生产力的发展,莱州湾沿岸的盐业生产技术发生重要变革,推动了中国古代盐业生产技术的进步与发展。

(一)两汉时期莱州湾沿岸的盐业技术变革

西汉时以烧煮海水之法取盐,即谓煮盐,需用大量海水,故煮盐之器需有较大容量,因盐业官营,煮盐必用"官器",煮盐之器又为铁器,名曰"牢盆"。

《史记·平准书》载:"愿募民自给费,因官器作煮盐,官与牢盆……敢私铸铁器煮盐者,釱左趾,没入其器物。"《史记·平准书》司马贞《索隐》引乐产的话说:"牢乃盆名。"对"牢盆"二字的解释,历来存在诸多争议,其中,清代王先谦《汉书补注·食货志下》曰:"此是官与以煮盐器作而定其价值,故曰牢盆"。《盐铁论·复古篇》载:武帝官营盐铁前,"豪强大家得管山海之利,采铁石鼓铸,煮海为盐。一家聚众,或至千余人,大抵尽收放流人民也。"《汉书·吴王濞传》载:吴王"招致天下亡命……东煮海水为盐。"西汉政府招募劳动力建立大型盐场,对操作煮盐的技术工都应按煮盐之盆数付工值。王先谦先生的观点是比较合理的,即盐民使用国家的工具煮盐上交,再由国家发给雇价,故称煮盐之盆为牢盆。

《隶续》一书中记载了两件汉代牢盆的铭文,分别写明了这两件牢盆的重量,一件为"三百五十斤",另一件为"二十五石",这是汉代已发现牢盆中形制和重量都比较大的一例。1971年4月,在掖县路宿村出土汉代青铜煎锅一口,锅重101.5千克,口径122厘米,深14厘米。据估算,用这种青铜煎锅煎盐,一昼夜可煎6盘,约得盐200千克。根据《史记》记载,西汉已出现了牢盆,尽管当前还不能确定上述两件牢盆确

---

① 〔唐〕房玄龄等:《晋书》卷一二七《载记·慕容德》,台北鼎文书局,1987:3169。

切属于西汉还是东汉,但可以推知,西汉时期的牢盆比先秦时期的陶罐制盐工具是有巨大进步的。牢盆和青铜煎锅的使用,充分说明西汉时期,莱州湾盐业生产工具的快速提高。同时,由牢盆和青铜煎锅,似乎能够窥视到西汉盐民煎盐的身影动作[①],可以想象西汉盐业生产之兴盛。

西汉末至东汉,盐官屡复屡罢,遂又允许民间自行煮盐出售,制盐成兴旺之势。有关学者考证说,西汉每人每月对食盐的平均消费量当在三升左右,以西汉人口总数五千万来计算,每月需要消费盐一百五十万斛,人口发展推动了盐业生产的发展,所以汉代的许多地方诸侯王和私家商人都把煮盐贩盐看作是生财暴富的有效途径[②]。盐业生产的发展,为朝廷和商人带来巨额财富。《汉书》卷二四下《食货志》载:"以东郭咸阳、孔仅为大农丞,领盐铁事,而桑弘羊贵幸。咸阳,齐之大鬻盐,孔仅,南阳大冶,皆致产累千金。……使仅、咸阳乘传举行天下盐铁,作官府。"这是说,汉武帝委任山东最大的盐商东郭咸阳和南阳最大的冶铁家孔仅来主管国家盐铁事务,由此可知当时莱州湾海盐产业声名显赫。

东汉时期,伴随社会生产力的发展,莱州湾沿岸的盐业生产技术亦得以突飞猛进的发展。1972年在掖县路旺乡当利古城遗址出土铁釜一件,大口,深腹,口沿下有两道凸棱,双环耳,圜底。口径66厘米、腹深40厘米、壁厚2.6厘米。铁釜不但为铁铸,而且体大、厚重、腹深,容量大,口沿处又设有巨大的环形耳,以便杠抬搬动。考古学者认为,此为东汉时期的牢盆。[③]当利,汉代县名,属东莱郡,地处胶莱河入渤海海口东岸,西北距海5千米。海滩地势低平,至今仍是规模巨大的盐场,《汉书·地理志》载,汉代时曾设盐官于此。当利故城现有遗址45 000平方米,汉代文化层厚达1.5米。此遗址出土众多的陶器、铁器等,其中包括汉代常见的云纹瓦当、"君宜侯王"瓦当、小口大陶瓮及这件铁釜。目前所发现的盐业遗存应是东汉官营的产物。

由盐业考古得知,莱州湾沿岸地区有相当数量的东周盐业遗址一直延续至汉魏时期。2009至2010年,山东省文物考古研究所对潍坊昌邑市北部沿海地区进行了大规模的区域调查工作,发现周代盐业遗址110余处,其中鄑邑故城遗址和廒里遗址面积大、文化内涵丰富,为东周时期该区域制盐管理机构所在地。其中,"鄑邑故城"遗址为东周至汉代制盐官署遗址。"鄑邑故城",当地村民称为瓦城,长300米、宽200米,地表所见主要是板瓦、筒瓦和砖块,时代应是汉魏时期。2012年文物部门对该遗址进行了勘探和发掘,清理面积为2 800平方米,发现大型建筑遗迹1座,陶窑22座,以及灰坑、沟、井等遗迹。出土遗物绝大多数为筒瓦、板瓦、瓦当,另有少量铜钱、陶拍、陶壶、罐等。考古工作者认为这些陶窑是专门烧制建筑用材的,汉代窑址应是相当大规模的汉代官府手工业遗址,周围有管理盐务的官署。在遗址西部还暴露出十几座土坑竖穴木椁墓,木板保存完好,填土经过层层夯打,这些墓葬的时代可能属于汉代。

---

① 王赛时:《〈山东沿海开发史〉,齐鲁书社,2005:92。
② 王凯旋:《秦汉社会生活四十讲》,九州出版社,2008:182。
③ 林仙庭、崔天勇:《山东半岛出土的几件古盐业用器》,《考古》,1992(12)。

20世纪80年代初莱州（掖县）海边的西由街西村出土了一枚重约6.5千克的特大型铜印，上铸"右盐主官"，研究者根据印面上部的兽像和字体特征，认为其时代为东汉或稍晚。铜印是为海盐封包或直接盖印于盐垛上，以便运销时官方核验，防范私盐私贩。东汉时废盐铁专卖制，而改为收税制，盐税则归少府，"凡郡国出盐多者置盐官，主收税"，郡国盐官铁官"皆属郡县"。这枚全国罕见的巨印即是东汉时东莱郡"右主盐官"官府为收取盐税和监督私盐发卖时用的封盐大印。当时海盐生产均采用煎煮法制取，煎煮出的盐，颗粒散碎细，称为"末盐"，盐官用铜印盖于盐垛之上。

（二）南北朝时期的潍坊盐业生产技术

魏晋南北朝时期，煮盐方法以置灶煮盐为主。这一时期的盐业生产基层单位，北朝称"灶"，南朝称"亭"。灶以柴草为燃料，一灶一锅（镬），每灶年产食盐平均为78.6石（斛），日产为0.21石（斛）。北魏时期，盐工已经能够加工生产精制盐，这种由普通白盐精制而成的盐名曰花盐和印盐，"白如珂雪，其味又美"[①]。

北魏时煮盐业的兴旺，为其朝廷财政和军资提供了充足的收入。据《隋书》载，东魏时，政府"于沧、瀛、幽、青四州之境，傍海置盐官，以煮海。每岁收钱，军国之资，得以周赡。"[②]这一时期莱州湾南岸盐业得到普遍开发。据《水经注》卷二六载："（胶水）又北迳平度县。汉武帝元朔二年，封菑川懿王子刘衍为侯国，王莽更名之曰利卢也。县有土山，胶水北历土山，注于海。海南、土山以北悉盐坑，相承修煮不辍。"[③]平度，西汉旧县，北魏时期没有这个县名，今在今莱州东北，与潍坊昌邑相近。此处盐坑当是天然形成的卤泽，亦有可能是人工开挖的卤水池。从《水经注》所述盐坑位置来看，这些盐坑大致位于长广郡当利县（治所在今山东莱州市西南三十六里）境内。

在寿光、广饶沿海地区亦有相当规模的海盐开发。据《水经注·淄水》载："淄水入车马渎，乱流东北，径琅槐故城南……又东北至皮丘坈入海。"[④]《北堂书钞》引晋伏琛《奇地记》："齐有皮邱坈，民煮坈水为欲，色如白石，石欲似之。"[⑤]皮丘坈靠近渤海，约在淄水下游入海处，其水应为地下卤水。高浓度的卤水可能来自海水，也可能来自盐泽和泄湖，亦可能为地下卤水。当时的煮盐业非直接煮海水为盐，而是取卤水而煮盐。

清代嘉庆年间，莱州西由街村曾出土过类似铜盘30多个，有学者推测这类铜盘为宋元时期的煎盐之器[⑥]，但就考古发现和形态而言，更像是汉魏时期的煮盐之工具。

---

① 〔北魏〕贾思勰：《齐民要术》，巴蜀书社，1995：145。
② 《隋书》卷二四《食货志》。
③ 〔北魏〕郦道元著，陈桥驿注：《水经注》，浙江古籍出版社，2001：2284。
④ 〔北魏〕郦道元著，杨守敬、熊会贞疏：《水经注疏》，江苏古籍出版社，1999：2284。
⑤ 〔唐〕虞世南：《北堂书钞》（下），学苑出版社，1998：482。
⑥ 林仙庭、崔天勇：《山东半岛出土的几件古盐业用器》，《考古》，1992（12）。

2013年文物部门在广饶县广北农场一分队汉魏时期盐业遗址进行了发掘，发现地下卤水坑井和烧土、草木灰堆积。约8口坑井集中分布在一块，由芦苇和木棍编制的井圈将其围住，保存完好。

总　结

总之，两汉魏晋南北朝时期，社会生产力的大幅提高，为莱州湾沿岸盐业的繁荣发展提供了有利条件。在国家的盐业政策及盐业生产技术革新的支持下，莱州湾沿岸盐业生产区域与产销区域得到了迅速扩大，盐税收入在全国盐税收入也占越来越大的比重，对国家行政产生重要影响。莱州湾沿岸地区始终在国家制盐中占有重要的地位。

◇ **参考文献** ◇

[1]〔汉〕司马迁. 史记[M]. 北京：中华书局，1961.
[2]〔汉〕桓宽. 盐铁论[M]. 北京：中华书局，1991.
[3]〔东汉〕班固. 汉书[M]. 北京：中华书局，1961.
[4]〔南朝宋〕范晔. 后汉书[M]. 北京：中华书局，1961.
[5]〔清〕严可均辑. 全后汉文[M]. 北京：商务印书馆，1999.
[6] 祝慈寿. 中国古代工业史[M]. 上海：学林出版社，1988.
[7] 魏明孔. 中国手工业经济通史：先秦秦汉卷[M]. 福州：福建人民出版社，2005.
[8] 王凯旋. 秦汉社会生活四十讲[M]. 北京：九州出版社，2008.
[9] 王赛时. 山东沿海开发史[M]. 济南：齐鲁书社，2005.
[10] 林仙庭，崔天勇. 山东半岛出土的几件古盐业用器[J]. 考古，1992（12）.
[11] 李嘎. 山东半岛城市地理研究——以西汉至元城市群体与中心城市的演变为中心[D]. 复旦大学，2008.
[12] 臧文文. 从历史文献看山东盐业的地位演变[J]. 盐业史研究，2011（1）.

盐业文献

云南盐业档案整理的现状、特色及价值[①]

赵小平　刘丽凤[②]

摘　要：在档案文献整理成果不断涌现的今天，云南盐业档案整理工作取得了可喜的进展，但相较许多省份而言，仍然任重道远：一方面，前期整理成果中存在的一些问题应该引起我们的重视；另一方面，还有大量盐业档案亟须整理。而云南盐业档案内容丰富，从大类讲既涉及政治、经济问题，又有法律、文化问题；从具体内容上讲，既涵盖了盐法盐规、盐官、盐政、盐务、盐产地、盐产量、运销、盐价、盐税，又有外盐销滇、私盐、外私、缉私等。正是盐业档案内容的丰富性和档案本身所具有的真实性、可靠性、权威性，使其成为研究滇盐及其相关问题的重要资料，可以说具有"史料之基石"的地位。

关键词：滇盐档案；成果；特色；学术价值；发展趋势

随着明清史研究在广度和深度上的拓展，亟须在新材料的发掘和运用方面有所突破，而档案文献作为第一手资料，日益受到学者们的青睐，故而对档案文献的整理工作越来越受到学界的高度关注。陈寅恪先生曾说过："一时代之学术必有其新材料与新问题，取用此材料，以研求新问题，则为此时代学术之新潮流"。[③]由此可见新材料对研究新问题的重要性。就明清以来档案文献资料的整理工作而言，自二十世纪七八十年代开始，先后出现了一些全国性档案整理成果[④]，一些有代表性的区域性档案文献的

[①] 基金项目：本文为2017年度四川省教育厅盐文化研究招标项目《民国云南盐业与经济社会发展研究》（项目编号：YWHZB17-01）、云南省科技厅科技发展战略与政策研究专项《云南省科学技术史研究》（项目编号：2018RD002）的阶段性成果。

[②] 赵小平（1975—），男，历史学博士，云南大学教授，主要研究方向为盐业史、中国商品经济史；刘丽凤（1990—），女，云南大学历史与档案学院2017级专门史（经济史）硕士研究生，主要研究方向为云南地方经济史。

[③] 陈寅恪：《敦煌劫余录序》，载《海潮音》1932（1）：38。

[④] 如沈云龙主编《近代中国史料丛刊》（1181册）（台湾：文海出版社，1966—1973年）；[日]东洋文库明代史研究室编《中国土地契约文书集（金—清）》（东洋文库，1975年）；杨国桢《明清土地契约文书研究》（北京：人民出版社，1988年）；张传玺主编《中国历代契约会编考释》（北京：北京大学出版社，1995年）；田涛等主编《田藏契约文书粹编》（北京：中华书局，2001年）；《全国民国档案通览》编委会《全国民国档案通览》（全十册）（北京：中国档案出版社，2005年）；郑成林选编《民国时期社会统计资料汇编》（全二十册）（北京：国图出版社，2016年）。

整理成果更是成系列相继推出①；在这种大背景下，盐业档案文献资料的整理工作也取得了显著进展。②相较于档案文献整理成果丰硕的省（市）区而言，云南的档案文献整理和盐业档案整理工作还存在着较大差距。但是，近年来随着云南史学界对档案文献资料的日益重视，综合性③和专门性④的地方档案文书整理成果相继出版，在云南盐业档案整理发掘方面也取得了较大成就。因此，认真梳理云南盐业档案整理的成就，并在此基础上考察前期整理工作中的遗漏档案，显得很有必要。同时，进一步深入挖掘盐业档案的特色及其价值，同样很有意义。

一、云南盐业档案整理工作的成就

云南盐业资源丰富，是中国井盐的重要产地之一，其开采历史应该不晚于汉代。⑤研究云南盐业的史料，主要有历代地方志及专门的盐法志；明清以后，除正史和一些方志类史书、游记外，还出现了非常重要的新资料——盐业档案文献。

明清时期，云南盐业发展虽然取得较大进步，但相较于国内其他产盐区仍相对缓慢，加之云南地处边陲、交通不便、多民族杂居，这些客观因素往往会影响到云南盐

---

① 如福建地区契约文书整理代表成果有福建师范大学历史系编《明清福建经济契约文书选辑》（北京：人民出版社，1997年）、杨国桢《清代闽北土地文书选编》（一、二、三）（《中国社会经济史研究》1982年第1、2、3期）；徽州地区文书整理代表成果有张海鹏、王廷元主编《明清徽商资料选编》（合肥：黄山书社出版社，1985年）、周绍泉、王钰欣主编《徽州千年契约文书》（石家庄：花山文艺出版社，1991年）、刘伯山主编《徽州文书》（1~5辑）（桂林：广西师范大学出版社，2005、2006、2009、2011、2015年）；贵州地区文书整理代表成果有张应强、王宗勋主编《清水江文书》（1~3辑）（桂林：广西师范大学出版社，2007、2009、2011年）；天津地区文书整理代表成果有天津市档案馆、天津社会科学院历史研究所合编《天津商会档案汇编（1903~1911）》（天津：天津人民出版社，1989年）。
② 如四川自贡市档案馆等编《自贡盐业契约档案选辑（1732~1949）》（北京：中国社会科学出版社，1985年）；南开大学经济研究所经济研究室编《中国近代盐务史资料选辑》（天津：南开大学出版社，1985年）；中国第一历史档案馆、天津市长芦盐业总公司：《清代长芦盐务档案史料选编》（天津：天津人民出版社，2014年）；自贡市档案馆编《自贡盐业历史档案·契约卷》（18册）（南京：凤凰出版社，2018年）。
③ 云南省历史研究所编《〈清实录〉有关云南史料汇编》（昆明：云南人民出版社，1985年）；云南省档案馆编《民国时期西南边疆档案资料汇编》云南卷（北京：社会科学文献出版社，2013年）；中国第二历史档案馆编《民国时期西南边疆档案资料汇编》云南广西综合卷（北京：社会科学文献出版社，2014年）；吴晓亮、徐政芸主编《云南省博物馆馆藏契约文书整理与汇编》（北京：人民出版社，2013年）。
④ 云南省档案馆、云南省经济研究所合编《云南近代矿业档案史料选编（1890—1949）》（第3辑上下）（云南省档案馆、云南省经济研究所，1990年）；云南省档案馆、云南省经济研究所合编《云南近代金融档案史料选编（1908—1949年）》（第一辑上下）[云南省档案馆、云南省经济研究所（昆明工学院印刷厂承印），1992年]；中国人民银行云南省分行金融研究所编印《云南近代货币史资料汇编》。
⑤ 《汉书》记载："益州郡，连然（在今安宁）有盐官"[见（汉）班固撰，（唐）颜师古注：《汉书》（第6册）卷二八上《地理志》第八上，中华书局，1964：1601]。

业发展中的各个环节，因而云南档案中有关盐业方面的记载较为复杂，有别于国内其他地区。

（一）《民国云南盐业档案史料》的出版

云南档案资料整理工作最早始于二十世纪八九十年代，由云南省档案馆牵头组织专家根据馆藏资料编著"云南省档案史料丛编"系列丛书，其中《民国云南盐业档案史料》[①]是根据其所藏有关盐业档案原件，录入原文并进行点校后编纂的云南省第一部专门的盐业档案史料选编丛书。《民国云南盐业档案史料》共分为五大部分：云南盐业概况，云南盐斤生产与运销，盐税与权制的变化，场私、外私及边盐，食盐加碘及盐质改良。该书以时间为主线，分五大部分记录各个时期的盐业发展情况。总体来看，该书对民国时期滇盐盐业档案资料收录相对齐全，所收盐业档案的时间从民国初年到云南解放前夕，内容涉及盐业的方方面面。

1. 档案记录的时间

《民国云南盐业档案史料》收录了民国元年（1912）至解放前夕（1949）的档案材料。这一时期又可以分为三个阶段：民国初年到民国十年（1921）、民国十年（1921）至抗日战争前夕、抗战爆发至云南解放前夕，各阶段所侧重收录的内容有所差别，滇盐生产、盐工管理、运销、仓储侧重收录第三阶段的内容；盐税方面的规章制度、征榷侧重于收录第一、第二阶段的内容；私盐及缉私问题是本书中收录内容最少的一部分，仅收录六件档案文献资料；滇盐盐质（加碘）改进主要侧重于收录第二、第三阶段的内容。

2. 档案形式

《民国云南盐业档案史料》主要包括各级官府往来的公报文书、训政命令，以及地方上所呈送的呈状类契约文书。文书可分为下行文、平行文和上行文。上行文中包括云南盐运使公署（简称盐务署）向地方各盐井区的机关部门下达的政令或训令；平行文包括各盐产区之间平行机构有关盐业往来的公文；下行文包括各县级政府向省政府所呈送的年报，各盐产区办事机关向省盐务署呈送的各种文书，以及民众、商人、团体工会组织向各级衙门政府所递交的请求、禀文等。

3. 档案的内容

《民国云南盐业档案史料》主要概括为以下几方面：① 盐务：分别从民国元年（1912）到民国十年（1921）、民国十年（1921）到抗日战争爆发前夕、抗日战争爆发到解放前夕三个阶段对民国时期滇盐盐务资料进行了整理，主要包括盐产地变迁、制盐技术革新、滇盐产运销、盐税收支、缉私制度变革、盐务机构设置及演变等；② 盐政：包括民国时期各类滇盐制度的实施和成效、云南盐务机构制定和实施的滇盐管理政策、盐

[①] 吴强等编著：《民国云南盐业档案史料》，云南民族出版社，1999。

商的组织管理、盐工盐民组织的管理条例等；③ 公共服务：主要包括盐税对盐井区教育、公共设施、环境保护方面的经费投入，提高食盐质量措施以及预防由食盐质量所引起的疾病等。这是二十世纪九十年代云南盐业档案整理的主要成果，为研究民国时期的云南盐业提供了相对完整的档案材料。

（二）《民国时期西南边疆档案资料汇编·云南广西综合卷》的出版

进入 21 世纪，云南盐业档案资料的整理工作在前期基础上又有了新进展。2014 年由中国第二历史档案馆编著的《民国时期西南边疆档案资料汇编·云南广西综合卷》[①]中，将盐务档案专列出来，共计 36 卷；此外，除专有的盐务档案汇编卷外，在其经济档案汇编材料中也有部分盐业资料，如"经济卷"中的 42、43、45、46、48 卷和"海关卷"中的 49 卷都有民国时期云南盐业的记载情况。《民国时期西南边疆档案资料汇编》中档案文献资料是以影印原始档案文献的方式向史学研究者提供材料，其盐业档案亦如此，是真正意义上的第一手资料。该成果的出版，无疑是对云南省档案馆编著的《民国云南盐业档案史料》的扩充，收录的相关云南盐业档案具体内容如下。

（1）从收录的盐业档案时间看，主要集中于抗日战争时期（1936—1945），抗战胜利至解放前夕的盐业档案资料较少。

（2）从收录的档案形式来看，书中盐业档案以影印件形式收录，使得盐业档案的内容、形式得以完整保存；从收录内容的形式上看，主要是民国政府的中央盐务总局、财政部与云南盐务管理局之间的往来文书及电函电报。

（3）从收录的盐业档案内容来看，主要包括以下几个部分：

第一部分，滇盐盐业概况，主要包括四个方面。① 云南盐务管理局的盐务年报及工作进度情形，共计收录了民国二十四年（1935）至民国三十四年（1945）的年报及工作进度和往来电函文书；② 会议记录：云南盐务管理局呈送工作考核委员会第一次至第五次会议记录及呈送设计考核委员会第一次至第三次会议记录[②]；③ 盐产区舆情及相关盐务章程，主要包括盐政署编撰盐政史相关事项、盐井区盐务改革情况及相关章程，涉及黑井井区改革、盐井区（磨黑井）经济状况史实、盐政机构裁撤、灶户管理规章制度；④ 中央盐政官员在云南盐井区的视察、巡查、考察，与云南盐务局及盐务总局之间的往来文书报告整合，对滇中、滇西盐场及开广边岸盐务情形的视察、巡查报告和盐矿地质调查报告，如云南盐务管理局关于视察开广边岸盐务情形与盐务总局往来电令[③]、驻云南迤西视察许雄斌在滇西盐场的视察报告[④]、经济部中央地质调查所

---

① 中国第二历史档案馆编：《民国时期西南边疆档案资料汇编·云南广西综合卷》，社会科学文献出版社，2014。
② 中国第二历史档案馆编：《民国时期西南边疆档案资料汇编·云南广西综合卷》目录总集，社会科学文献出版社，2014：96。
③ 中国第二历史档案馆编：《民国时期西南边疆档案资料汇编·云南广西综合卷》目录总集，社会科学文献出版社，2014：99。
④ 中国第二历史档案馆编：《民国时期西南边疆档案资料汇编·云南广西综合卷》目录总集，社会科学文献出版社，2014：107。

为派技士前往云南调查盐田地质及请各盐井协助案与盐政司、云南盐务管理局往来文书[1]，并且针对考察报告中出现的弊端制定出了相应的解决措施或法案，诸如盐务总局为滇省财用标准衡制折合办法案解决问题[2]，盐价高涨及解决办法，灶户短额的处罚规章制度的建立，盐井区的物资疏散办法等。

第二部分，滇盐盐井区的生产管理，涵盖五个方面。① 基础设施、配套设施和生产原料概况：主要是云南盐务管理局、盐务总局和财政部就滇盐生产的工程建设、基础设施建设、配套设施建设、盐矿地质调查检测、新硐开辟等方面的往来文书函电；② 场务概况，主要涵括云南盐务管理局、盐务总局和财政部就滇盐场务情形的往来文书：内容包括盐井地场务设备的建设修复及管理、滇中滇西滇南各盐井场务状况、场区灶户灶工管理、场区财产纠纷和盐井产权纠纷等；③ 滇盐产量和质量概况，包括云南盐务管理局、盐务总局和财政部就滇盐盐质改进和产量增减等问题的往来文书函电：内容包括工艺改进、盐矿地质调查、盐质检测、一平浪元永场"移卤就煤"、盐井停复煎、盐产量增减的内容及原因等；④ 生产方式与管理办法：内容涵盖盐商与政府间就招商承办、招商投标和包商认课等往来文书函电，各级盐业管理机构对滇盐实行官收官运、对部分滇盐产区实行官办等往来的文书函件；⑤ 云南盐务管理局、盐务总局和财政部就滇盐各场区的竜费薪本等问题的往来函件：内容包括汪家坪场、滇中各场（包括琅井场、黑井场、元永场、阿陋场）、滇西各场（白井场、乔后场、金泉井、喇鸡井、涨沙场、云龙场）、滇南抱母场等盐场的竜费与竜率的增加与调整、薪本及薪本征率的增加与调整、盐工的工资福利待遇、硐碛价等具体的实施办法及政策、实行时期、具体结果等。

第三部分，滇盐的储运，主要包括五个方面。① 运务：可以分为四个部分：云南盐务管理局、盐务总局与运销局就滇盐运销方面的往来文书函电；云南盐务管理局与贵州盐务办事处、盐务总局就滇盐运黔西相关盐务的往来文书函电；云南盐务管理局、川康盐务管理局、盐务总局就川盐济运滇东北地区盐务状况往来文书；云南盐务管理局与盐务总局就开广边岸食粤盐的运务往来文书函电。② 运费：主要为云南盐务管理局与盐务总局就滇区运盐路段（包括云南境内的公路、滇越铁路、川滇铁路、河运及盐场区内运盐路线）运费运价的调整，及盐运过程中搬运费、装卸费等杂费相关的文书往来函件；③ 购销：收录内容为云南盐务管理局、盐务总局及财政部就开广边岸、腾龙边岸盐的存放、购价、售价情形概况，滇盐的销售包办措施（招商承办、包课制度等），及云南派员到四川购盐等文书函件往来；④ 仓储仓耗：涉及云南盐务管理局、盐务总局就盐产地及销售区盐仓的设立及管理办法、销盐区官仓清仓耗盐案情形的往来文书函电；⑤ 运输途耗：主要包括云南盐务管理局、盐务总局、财政部就滇盐运销

---

[1] 中国第二历史档案馆编：《民国时期西南边疆档案资料汇编·云南广西综合卷》目录总集，社会科学文献出版社，2014：102。
[2] 中国第二历史档案馆编：《民国时期西南边疆档案资料汇编·云南广西综合卷》目录总集，社会科学文献出版社，2014：100。

过程中的途耗（运耗、零售折耗、超耗）情形及管理办法等往来文书函电。

第四部分，盐税与缉私。① 盐税：主要是 1915—1919 年云南盐运使与盐务署就滇盐盐税的调整、整顿、征收办法及税制改革等情形往来文书；相比之下，抗日战争时期云南盐务管理局和盐务总局关于滇盐盐税方面的文书往来却较为缺乏；② 缉私：主要是云南盐务管理局、盐务总局、财政部就滇盐私贩、私存、盗卖食盐、私煎、私磺等问题情形报告及盐务机构对此类问题的处理办法和预防措施的往来文书函件。

（三）《〈清实录〉有关云南史料汇编》中专列有"盐务"资料

除上述两大部档案汇编外，《〈清实录〉有关云南史料汇编》（卷四）"财政"部分也专列了"盐务"资料。

从时间上看，共计收录了康熙、雍正、乾隆、嘉庆、道光、咸丰、光绪、宣统八朝盐业档案；从档案内容上看，包括云南盐务方面的上谕、奏言、议复等，内容涉及盐井开发、盐产量、销盐方式、销区、薪本、盐业经费、盐价、盐课、盐官、盐法、私盐、缉私、盐井修复、粤盐销滇、缅盐与越盐入侵等。

上述内容分别从《世祖实录》卷 145，《世宗实录》卷 54、116，《高宗实录》卷 14、18、33、77、85、97、99、111、141、210、252、253、366、390、391、398、529、538、724、885、901、906、920、1002、1042、1067、1089、1105、1106、1108、1112、1122、1123、1124、1212、1216、1291、1307，《仁宗实录》卷 56、58，《宣宗实录》卷 27、63、72、78、100、121、139、183、412、437、458、915、917、918、919，《文宗实录》卷 21、50、63，《德宗实录》卷 3、38、73、81、85、126、178、187、245、256、261、268、293、309、314、335、380、407、422、443、466、478、485、498，《宣统政纪》卷 40、43、45、61 等处辑录而成。①这些文献完全可以与前面提及的两部档案汇编资料相互补充、相互印证。

二、云南盐业档案整理工作中存在的不足及未来的任务

截至目前，云南盐业档案进行整理并公开出版的主要为上述所介绍的档案文献资料汇编，相关整理部门和编者为这些盐业档案能够公之于众做了巨大努力，在此我们要深表感谢！但是，由于云南盐业档案的整理工作起步较晚，因此，不可避免地还存在一些问题，而这些问题无疑需要我们在下一步的档案整理工作中引起重视和进行重点关注。

（一）已出版盐业档案资料中发现的问题

就《民国云南盐业档案史料》而言，书中收录了从民国初年至云南解放前夕的档

---

① 云南省历史研究所编：《〈清实录〉有关云南史料汇编》卷四，云南人民出版社，1985：353-387。

案，时间跨度大，故而所收录档案内容不全（收录内容多为此阶段内的政策政令及滇盐改革等事项），具体实施过程中政府各机关部门间往来文书有待进一步发掘和补充，如现存于云南省档案馆的卷宗1009《云南绥靖公署》、卷宗1011《云南省民政厅》、卷宗1014《云贵区国税管理局》、卷宗1015《云南盐务管理局》、卷宗1021《云南省教育厅》、卷宗1044《云南省社会处》、卷宗1077《云南省建设厅》、卷宗1083《云南省参议会》、卷宗1106《云南省政府秘书处》、卷宗1135《云南省财政厅清丈处》等卷宗里都记载了民国元年（1912）至云南解放前夕各级政府、盐场办事人员之间就滇盐问题的往来函件，建议下一步可以补充整理。

此外，因《民国云南盐业档案史料》是点校本，故而还存在部分点校问题。一是时间落款问题，书中时间格式出现了一些转换错误，如"黑井提举叶大林致军政府实业司长信函""黑井入不敷出无款办团防报告""黑元永琅四井全年实入各款分析细数清折""黑元永琅四井全年实支竜工硐费薪工伙食及公杂提解各款细数清折"[①]；二是内容遗失问题，"白井九年份秋季税收减少原因呈复[②]"一文中，未见附表，属于点校过程文档缺失；三是简繁掺杂问题，本书系点校本，文字由繁变简，但文中仍有繁简掺杂现象。

就《民国时期西南边疆档案资料汇编·云南广西综合卷》而言，其收录的抗日战争时期的滇盐盐业档案虽总体较为完整，但亦存在小瑕疵：① 关于抗日战争时期盐税和缉私方面所收录史料不齐全，此类材料可依照云南省档案馆所藏卷宗1015《云南盐务管理局》及其他卷宗中的缉私档案进行补充；② 此书是档案复印件编录而成，因档案保存已久，难免出现字迹模糊遗漏，部分档案字迹较为潦草，为研究者的查阅和研究工作带来了一些困难。

总体来看，上述两部已经出版的档案文献资中，在滇盐缉私方面、抗日战争胜利至云南解放前夕的滇盐概况方面都存在收录的档案资料较少这一不足之处，这应该是未来滇盐档案整理工作中需要重点关注的地方。

（二）一些重要档案文献资料亟须整理和出版

上述滇盐档案文献资料均为民国元年（1912）至抗日战争胜利（1945）期间的档案资料，民国以前（如明清）两朝及抗日战争胜利到云南解放前夕的滇盐档案收录较少，目前也还未有这些时期专门性盐业档案文献的出版。究其原因，主要有：一是云南省档案馆所收录的清朝档案相对较少，目前在馆的资料有同治十三年（1874）至光绪三年（1877）试办盐课报销，光绪十四年（1888）、十五年（1889）河口交私往来文书，光绪十九年（1893）至二十三年（1897）开化边岸盐斤征获课款、云南各区申解提价经费银两，光绪二十一年（1895）至二十五年（1899）盐务委员申报白、乔、喇等

---

① 吴强等编著：《民国云南盐业档案史料》，云南民族出版社，1999：350-355。
② 吴强等编著：《民国云南盐业档案史料》，云南民族出版社，1999：382。

井销盐数并申解各公费，光绪三十三（1907）、三十四年（1908）黑白磨三区各十一井私煎盐解课款，宣统元年（1909）至三年（1911）委员抽收维沙盐税课往来电报等。①二是中国第一历史档案馆虽藏有大量清代滇盐档案，②但需要找到一个合适的时机通过联合项目的方式对这些档案进行发掘整理。③三是抗日战争胜利至云南解放前夕的滇盐档案在上述两部选编中有收录，但内容不全，尤其是盐务、盐政所涉及的内容较少，这应该与整理者的选择取向有关。

就云南而言，除云南省档案馆所存滇盐档案外，云南省图书馆也藏有部分滇盐档案资料，主要有：民国三年（1914）至民国七年（1918）云南盐务署编《云南盐务辑要续编》；民国十年（1921）云南省议会弹劾盐运使由云龙违法贪污之书牍；民国十八（1929）年昆明市盐业商运成立经过情形报告书；民国十三年（1924）云南盐运署编《为省议会议员武断专横违法乱政通告全同胞》；民国十四年（1925）云南省第四届省议会《提议取消盐务督销局案》；民国二十年（1931）至民国二十三年（1934）云南通志馆汇辑的《云南通志馆征集云南各县食盐价格资料》；民国二十年（1931）云南盐运署编《云南盐政改革方案》；民国二十一年（1932）云南盐运署编《改组各井灶户方案及修正方案》；民国二十四（1935）、二十五年（1936）度云南盐务统计；民国二十五年（1936）云南全省公路总局黑井区食盐运销处报告书；民国三十三年（1944）至民国三十七年（1948）云南通志编委会编《续云南通志长编盐务草稿》；民国三十三年（1944）云南省合作事业管理处编《办理合作承销食盐手册》。更重要的是还有两本盐业资料报刊《云南盐政公报》和《滇盐月刊》，其中，《云南盐政公报》主要存留的是 1919 年至 1920 年的第 1 期至第 20 期，1921 年至 1925 年的第 25 期至第 47 期；《滇盐月刊》为民国三十年（1941）财政部云南盐务管理局所创办，可惜只办了一期。

此外，如楚雄彝族自治州及其下辖的禄丰县、大姚县档案馆藏有黑盐井、白盐井的一些档案资料，普洱市档案馆藏有磨黑盐井的一些档案资料，这些盐业档案目前仍没有进行整理；而散落在滇盐产地的一些珍贵碑刻文献④也没有引起大家的重视。

可以说，上述提到的已经出版的档案整理成果中存在的一些问题，应该在我们下一步档案整理工作中引起重视；而上文提到的这些分散于各处尚未整理的各类档案文献和碑刻，无疑是未来云南盐业档案整理的重要方向。

---

① 云南省档案馆编：《云南省档案馆指南》，中国档案出版社，1997：70。
② 如《宫中档乾隆朝奏折》中有大量乾隆时期有关滇盐的档案（台北：故宫博物院，1982 年）；《雍正朝汉文朱批奏折汇编》中有滇盐档案；档案号为 02-01-04、04-01-12、04-01-35、03-1772 等一批有关滇盐的档案等。
③ 这些档案目前只能以个人的身份去查阅和摘录。
④ 如黑井古镇大龙祠、庆安堤、文庙都有碑刻，黑井古镇对面山上往滴水菁走的路旁还有大灶户杨金□（该字已模糊）、杨田包的墓碑；又如大理云龙县有盐商和灶户集资修桥的碑刻，云龙顺荡井旁的火葬墓群及正面汉文、背面梵文的墓碑等。

三、云南盐业档案的特色与价值

档案因其新颖、真实、独特、丰富的特点,有着极高的学术价值。云南盐业档案也不例外。

（一）云南盐业档案的特色

现存滇盐档案文献多为清代以来的盐业档案,目前所整理出来的主要是清末、民国时期的盐业档案,从内容上大体可分为滇盐行政管理档案、滇盐生产运销档案、滇盐税收档案、滇盐缉私档案、滇盐司法诉讼档案、滇盐文化档案等六大类,内容丰富。

滇盐行政管理档案主要包括：中央政府与云南省政府在滇盐规章、制度、条例、法规制定实施方面的公函、文书、电令,云南盐业管理机构与各盐井负责机构之间关于滇盐生产、运销、征税及盐工管理规章制度方面的往来文书函电,云南盐业管理机构与盐产地灶户、个人及盐商之间的往来函电,盐务管理部门设立与职责、机关人员任命与调动类的函电,各级政府及盐产地的盐业月报、年报、会议记录、调查报告等。

滇盐生产运销档案主要包括：滇盐生产工艺发展、盐场沿革、盐产位置及分区、生产储运、销售、基础设施建设、盐耗等经济活动的详细记载。

滇盐税收档案主要包括：滇盐税制、税则、正税额、黔岸盐税、粤盐税、中央和地方附税、厘金、盐税的分配（摊还外债、拨留协款）、征税方案、税单等档案文书的记载,可以看得出盐税在云南经济社会发展中的地位与作用。

盐业司法档案主要包括：各县盐务纠纷、盐场区民事刑事诉讼、劳资纠纷评议仲裁、各县矿物诉讼等文书、函件、报告的记载。

滇盐缉私档案主要包括：私盐种类、云南场警局缉私大队改编及配布、云南税警组织与配布、缉私官兵奖惩办法、云南盐警区队编制及薪饷等文书往来及报告。

滇盐文化档案：一是涉及一些盐井为所在地提供资金建办学校、资助学生费用等支持教育方面的记载,二是在云南盐业档案中会涉及一些井盐所在地少数民族的一些文化习俗。

由此可见,上述盐业档案涵盖的范围非常广泛,其内容包罗万象,从政治、经济、司法、文化均有涉及,具有鲜明的政治、经济、文化、司法、民族等特色。另一方面,我们从中既可以看出中央政府与地方政府在盐业管理中的理念和策略,又可以看到中央政府、地方政府、盐业管理机构、盐场之间的利益关系及其博弈,还可以看到盐对地方经济、财政、教育等方面的贡献,更重要的是还可以从中看到盐与边疆稳定、社会和谐、民族团结之间的密切关系,故而从中挖掘出来的内涵丰富、功能独特、角色多样的特征,无疑更应该引起我们的关注。

（二）云南盐业档案的价值

文献资料是学术研究的基础，而明清以来的档案资料，更是进一步深化学术研究和解决一些学术新问题的重要资料。而滇盐档案，无疑为研究清以后的滇盐问题提供了新资料，开阔了新视角，提升了新内涵，丰富了新内容。特别是对进一步深入研究晚清至民国时期的云南盐业经费、产量、运销、盐税、盐务、盐政、缉私等方面有着非常重要的推动作用。

此外，由于滇盐问题涉及面较广，因此，从滇盐档案中还可以发掘出对其他相关问题拓展研究的价值，如在滇盐运销档案中可以为研究近代云南交通道路和公共基础设施建设方面提供新史料；又如滇盐"协济黔"和川盐借销滇东北、粤盐借销滇南的档案资料，无疑对研究贵州盐市场、川盐运销、滇粤"铜盐互易"及云南省际贸易等问题有重要价值；再如越南私盐、缅甸私盐侵销云南边岸和缉私方面的档案资料，可以从一个全新的视角研究外私问题、边岸市场的争夺问题、边疆民族地区的地方治理和边疆稳定等重要问题；而盐法、盐规档案，又为我们研究法部史、法律法规提供了新的切入点；滇盐文化档案，则为研究本地区的盐文化、民俗文化及地方教育提供了新史料。

四、结　语

盐业档案本身就是一部活生生的盐业发展史，有制度、有场景、有实物、有人物、有活动、有思想，对重新解读盐业发展中的诸多新问题有着非常重要的学术价值；同时对进一步丰富地方传统文化、提升旅游市镇文化内涵，同样有着重要的现实意义。可以这样说，档案文献为我们进一步研究历史提供了一个更为广阔的平台，为我们解决历史研究中碰到的新问题找到了新的突破口。更为重要的是，档案资料以其真实性、可靠性、权威性和厚重感，让我们的研究成果更加令人信服。

正是基于上述原因，学者们才给予档案文献如此高的评价，认为"历史档案在史料中不容忽视，应该把它放在研究历史的最高地位"[①]，"历史档案凭借其内容的详实性，包含信息的层次感，成为历史研究者最为重要的史料依据"[②]。但是，如果这些档案文献只是封存在各大档案馆和相关单位的库房里，没有整理出来，有些甚至根本无法看到，那么这些珍贵资料的价值就无法体现出来，"只是一堆废纸，无从用起"[③]。而档案整理工作又是一项大工程，需要花费大量的人力、财力，因此，单凭档案管理部门是无法规模化、可持续性地来开展这一工作的，故而，吸纳高校力量参与，加强双方的深度合作，是档案整理工作未来的发展趋势。

---

① 郑天挺：《清史研究和档案》，《历史研究》，1981（1）。
② 朱华：《论历史档案在历史研究中的价值》，《兰台世界》，2016（6）。
③ 严昌洪：《中国近代史史料学》，北京大学出版社，2011：86。

◇ 参考文献 ◇

[1] 吴强等. 民国云南盐业档案史料[M]. 昆明：云南民族出版社，1999.

[2] 云南省档案馆. 抗战时期的云南社会[M]. 昆明：云南人民出版社，2005.

[3] 云南省档案馆. 民国时期西南边疆档案资料汇编：云南卷[M]. 北京：社会科学文献出版社，2013.

[4] 吴晓亮、徐政芸. 云南省博物馆馆藏契约文书整理与汇编[M]. 北京：人民出版社，2013.

[5] 中国第二历史档案馆. 民国时期西南边疆档案资料汇编：云南广西综合卷[M]. 北京：社会科学文献出版社，2014.

[6] 郑天挺. 清史研究和档案[J]. 历史研究，1981（1）.

[7] 张国纲. 盐都瑰宝——自贡盐业契约档案[J]. 四川档案，2009（2）.

[8] 张晓霞、黄存勋. 清代巴县档案整理研究的回顾与思考[J]. 档案学通讯，2013（2）.

[9] 刘艳伟. 清代南部县衙盐房档案的盐史研究价值[J]. 盐业史研究，2015（4）.

中国清末民初契约书法艺术初探

——以自贡盐业历史档案契约中的书法艺术为例

曹 念[①]

摘 要：中国清末民初契约书法是一座被历史冲刷以后留下的珍贵书法艺术宝库。自贡盐业历史档案中的契约，是在中国从封建社会向现代社会转型的特殊时期由自贡盐业生产、交易等过程中所产生的契约文本。它通常使用传统毛笔书写，因此附属其中的书法艺术，表现了这一时期文化艺术在社会转型时的某些特质。这些契约的书法艺术蕴含着各种文化风格的沉淀与社会价值发展的痕迹。本文以这些契约作为样本，对其书法进行研究，发现艺术与实用之间的相互作用，探究社会变革与书写内容之间的文化基因。研究这些盐业历史档案的书法艺术，在书法这种特殊的艺术门类在实用与艺术二种不同性质分流的过程中，提炼出盐业档案书法在转变过程中的特征，从中看到档案文本对今天艺术发展的作用与张力。

关键词：盐业历史档案；契约；书法；艺术

一、自贡盐场契约档案书法的基本内容

自贡盐业历史档案契约是自贡盐井历史上井盐生产经营各个方面关系和特点的直接反映。《自贡盐业历史档案·契约卷》2017年由自贡市档案局编印，凤凰出版社出版，全部一共18卷，收入了上起自清康熙五十九年（1720）至1953年之间，自贡盐业契约及相关文书档案，一共有2 500余件。这是中国近代以来的两百多年间，集中在一个地区、围绕一个产业、时间跨度最长而连续性最完整的契约原件影印。其中清代乾隆四十四年（1779）的"同盛井约"，被称为"中国最古老的股票"，可见这批契约的历

[①] 曹念（1956—），男，自贡荣县人，汉族、民革党员。中国盐文化研究中心艺术研究所所长、注册高级咨询师，中共自贡市委自贡市政府决策咨询委员会委员、自贡市策划院院长、自贡国画院院长、自贡市政协文史委副主任、自贡市文艺评论家协会副主席等职。有艺术、盐史、彩灯理论在公开报刊、媒体上开设专版，有美术、书法作品获国内外多项展览奖项，有艺术评论专著《龙行虎步》，绘画专著《井盐古道》及《曹念山水画》等九部文艺理论专著各种版本画集、画册出版。

史价值。自贡"井盐开发生产周期长,生产工艺独特,投资风险巨大,在这些契约存在的两百多年之间,正是中国社会内忧外患、封闭自受,走向现代的动荡年代。而这些契约就像一条有形的链条,牵拽着自贡盐业在跌宕中前行。"①《自贡盐业历史档案·契约卷》自2017年出版以来,为研究中国本土的盐业产业的生存与发展,提供了第一手原始的研究依据。这些原件完整保留了自贡盐业历史发展的同时,是自贡与陕、滇、黔及大量外来交往的历史记录,用契约的形式把风险分担在投资过程中,是自贡盐业历史档案契约的关键内容。同时,这些契约也完美保留了中国地区性书法艺术的一个集中样本,它们也代表了明末清初到现代的二百多年来中国书法与社会联系的重要历史,是研究中国近代书法艺术转变的重要案例。

自贡盐业期约股份合作模式,不是单个井灶契约的简单相加,而是贯穿井盐生产经营全过程,环环相扣的契约链,井盐改造契约、井灶租典契约、日份与火圈买卖契约、合伙契约、置笕契约、借贷抵押契约、分管析产契约等覆盖了从最初的合伙投资开凿盐井、火井、交易,到完成过程中股份买卖、退伙、撤伙、固定资产转卖、生产要素归属及基础设施的租赁、买卖;生产阶段的"分班"经营,扩大生产规模在"大关"管理以及各种计算方式、处理纠纷诉讼的解决办法等,可以看出自贡盐业的维系与发展,不仅仅是简单的协作关系,而是复杂的大规模工场手工业协作的关系。

这些契约主要是用毛笔书写的一定格式的文书,这些文书的产生大部分是深思熟虑以后的记录,所以在书写过程中对文字、文本的要求比较高,也相当规范,以楷书为主要的书体。在文书确立中的修改与特殊情况下记录的手写文本,也有部分是直接现场书写的,以行书、行楷书为主,留下了一些书写者的自由艺术风格。在进入近代以来,不少的钢笔书写文字开始出现在契约里,钢笔的书写与软笔的书写在方式上转换过程中,出现了毛笔的书写方式与钢笔书写方式的过渡文字。这些不同的书写风格,都被保留在2 500份契约中,是研究这个时期书法从软笔向硬笔转变的重要文本资料。

二、自贡盐场契约档案书法的基本特征

1. 规范文本中的书法艺术

自贡盐场契约中最多的是比较严谨而规范的文本,这些文本所使用的书法有一个统一的模式,它们书写清晰、正规、严谨,文本书体多采用楷书。在书写过程中平稳规范,是公文性质的书法。

在书理上,这种书法通常被称为"馆阁体",是古代比较多用于官文书写的文字。馆阁体,又称台阁体,是因科举制度而形成的考场通用字体,早在宋代即已出现,是一种方正、光洁、大小齐平的官场用书体,以明清两代为盛。其书法风格秀润华美,

---

① 自贡盐业历史博物馆编:《自贡盐业历史档案·契约卷》,凤凰出版社,2017:10。

正雅圆融,深受皇帝赏识,名重朝野,成为诏书、公文的书写书法,遂成为标准书体。

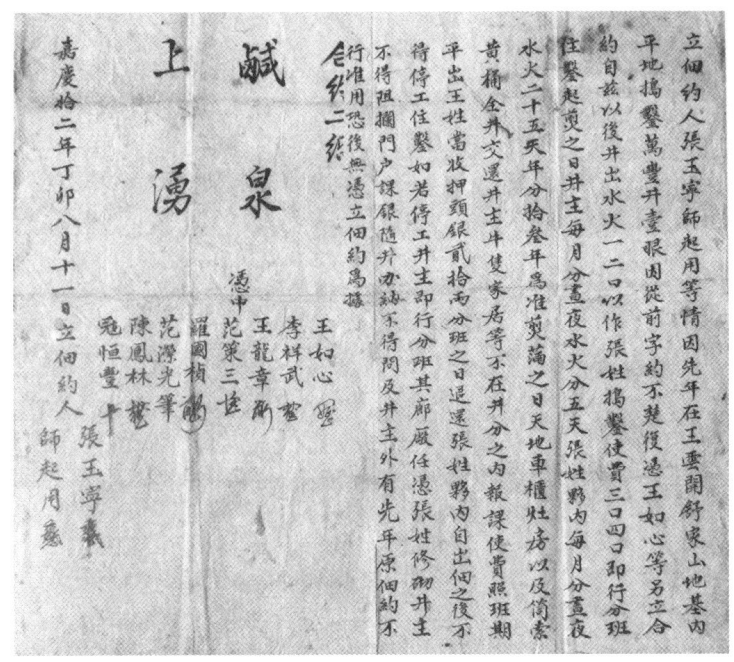

(卷1)年限井约0002,张玉宁、师起用立万丰井佃约(清嘉庆十二年八月十一日),此件存自贡市档案馆3-5-4016-10,长44 cm×宽48 cm

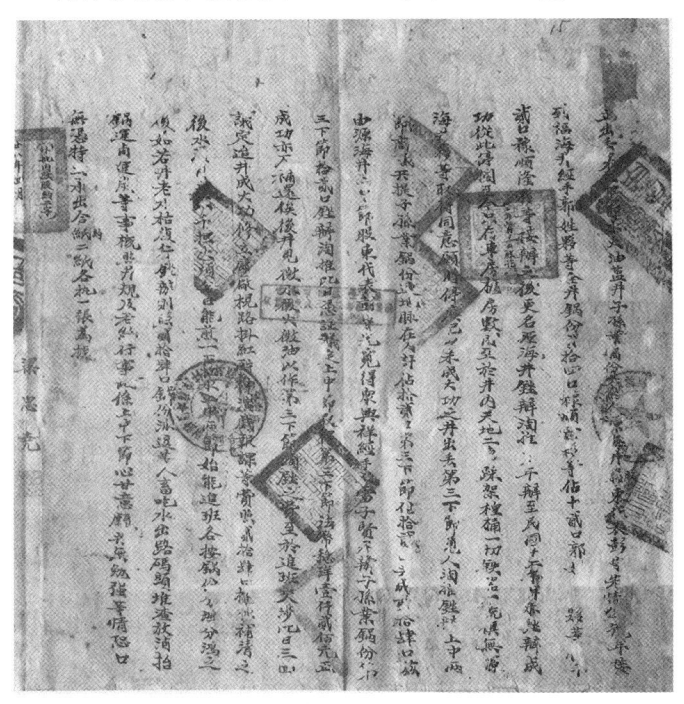

(卷1)上中下节约0086-1,源海井股东代表彭守先立出丢源海井第三下节水火油盐子孙业锅份与聚兴祥经手雷子贤承办文约(民国二十八年国历二月十六日),此件存自贡市档案馆41-1-5386-15,长75.5 cm×宽44 cm

至清康熙时，主流书体尊奉赵孟頫、董其昌为典范，而二人书法又皆以规整、圆融为特点，使馆阁体风格更趋圆润秀美。清代科举考试，比明代更重馆阁体，体现出气象博大、笔势恢宏之美，而另一方面，亦难避千篇一律、陈陈相因之弊。当时的士人选用馆阁体仅为安身立命的入门功夫，书法则是毕生追求，故书法在馆阁体基础上不断融入自身特色，是传统士人惯法通则。馆阁体讲究黑、密、方、紧，虽方正光洁但拘谨刻板，后来由于用此种书体太多遂成必学书体。它强调楷书的共性，即规范、美观、整洁、大方，并不强调个性。

在自贡盐业档案中的早期契约里，这样的书体用得非常多，可以从中看到官文书法与商业书法之间的关系。从契约的传阅、凭证、存档等科目而言，这种书体是盐业契约的必然选择，同时因为盐场里工作的师爷、文书、账房等"文化人"，在当时的历史条件下多是受传统科举教育，尽管随着科举退出历史舞台和商业社会兴起，他们不再入朝，但馆阁体却随着这些人进入了当时的商业文本中。

2. 口述记录文本中的书法艺术

自贡盐业历史档案契约卷的第二种书法的基本特征是急就章，多数是在比较特殊的情况下对口述内容进行的记录。这种书法不是绝对严谨规范的楷书，是一种比较自由的书写记录。这种文书档案在书法的组成上，是比较自由的行书，可以自由地表现出书写者个人的书法特征。

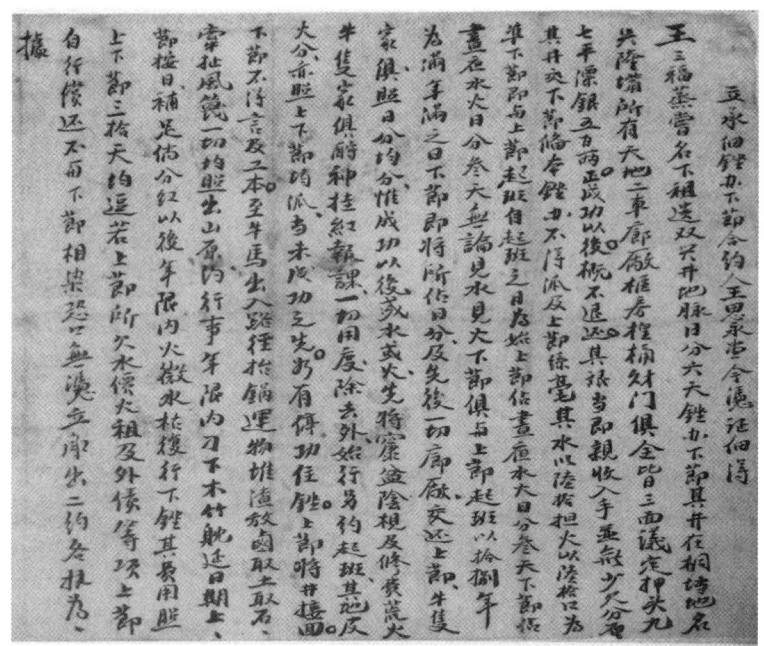

（卷1）年限井约0007-1，王思永堂立承佃锉办双兴井下节合约（清光绪三十二年二月二十二日），此件存自贡市盐业历史博物馆YFC21，长46.2 cm×宽24.8 cm

通常这类行书书法是为盐场各种需要的契约在拟定过程中进行书写的一种形式。书写者不是本着最终立约的目的进行的誊抄，所以在书写过程中没有特别考究书法规范，更多的是为了记录事件的起始与要记录约定的事项，所以选择了相对楷书字体更快捷的方式。但由于他们在长期的书写记录上的积累，书法自然有相当的根底，书写出的契约依然有高超的书法艺术特征。这一类书法中依然有很深的馆阁体影响，可以看到那个时期大部分书写者的书法审美取向，主要是以实用性为目的，以方正、美观为取向的。

三、自贡盐场契约档案书法的艺术特征

由于自贡盐业历史档案契约卷的档案书法主要是用于商业，与大部分书法作品的目的不一样。但书写这些契约的书写者大都是当时的传统文人，受过严格的科举制度规范教育，是有书法艺术审美的书写者，他们在商业文本中的书写也有着特殊的书法艺术特质。契约的要求就是一定要记录准确规范，在书写目的上不是表现艺术家个人的才情与手法风格，这是最重要的前提，因此在书写上自然表现出来下列几个特征。

1. 严谨的正楷

因为文书档案的要求具有记录契约所规范的条件，而不是以书法艺术为主。文本字体必须是严谨的正楷书写，这些楷书里面比较偏重严谨的书写方法，大都是来自唐代的写经体和明清的馆阁体。但是在书法表现上，由于书写者具有的书法学养不同，必然也会流露一些带个人特色的书法风格，但不甚明显。

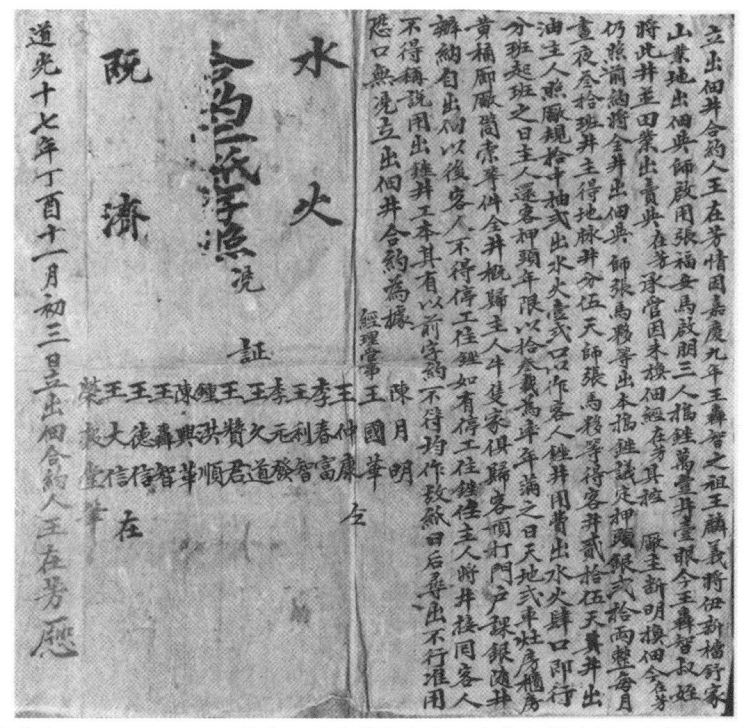

（卷1）年限井约00033-5-4016-10附件，王在芳立出佃万丰井与师启用、张福安、马启朋等合约（清道光十七年十一月三日）此件存自贡市档案馆3-5-4017-2，长36 cm×宽42 cm

从书法艺术史的角度看，这类的契约中书法的艺术特征，很明显表现出传统正楷的风格演变。与唐代的手抄经一致，同时又与馆阁体相似，不同的是书写者因为商业身份的关系，注入了实用的记录文本书写方式，与传统正楷直接有一定的蝉变。

2. 快捷的行楷

商业生活中对书写快捷的需求，造就了一批行书体的书法风格，这样的契约在内容上属于比较急用的记录。民国时期的《王五桂堂年限井约》，是协商盐井年限时间的契约，由于商量后要马上办理，这份契约可能是在签约双方都在场的情况下当场书写的，所以采用了行楷字体。从这一张契约里还看到有临时修改的文字，证明其确实是为了加快办理而放弃了一些严谨和规范。所以这份契约中更多地流露了比较潇洒的书法格局，有王羲之行书的风格，运转自如的流畅书法表现出书写者的艺术功底。

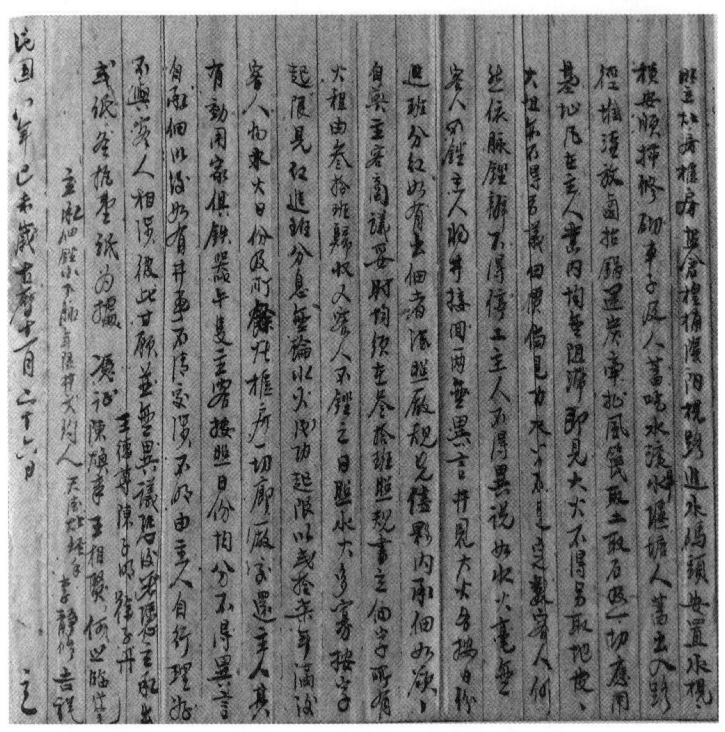

（卷1）年限井约0010-2，天德宠经手李静修立承佃锉办王五桂堂名下三江井下脉文（民国八年十一月二十六日），此件存自贡市档案馆17-1-688-6，长61 cm×宽25 cm

3. 风格独特的碑体书法

在自贡盐业历史档案契约里，还有第三种书法风格。这类书法是受清代碑学书法风格影响而产生的书写体。它书写用笔方正，转折内方外圆，有明显的北方碑学的书法影响，是盐场契约中比较特别的书法艺术。它带着汉隶的遗型，笔法古拙劲正，而风格质朴方严，书法笔画严谨、朴厚灵动，丰腴又不失于板刻，上承汉隶，下接唐楷，兼有隶楷两体之神韵。这样的书法艺术是自贡盐业历史中特殊的存在，这种书法审美在契约中偶有流露，或许与外省盐商云集自贡有关。

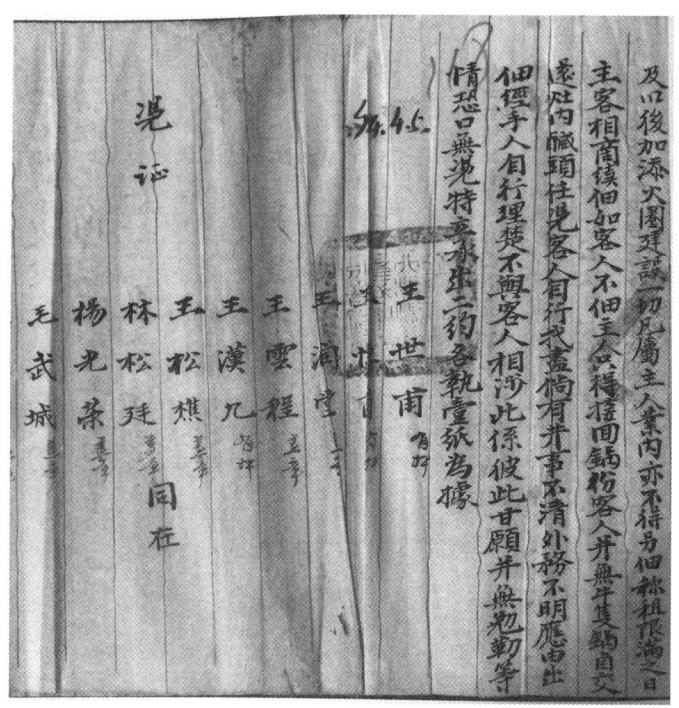

（卷11）日份、火圈租佃约以股定租约1490-2，德厚宠经手王彭氏立将龙旺井子孙锅份出佃与济福祥泰宠经手陈海沧伙等名下淘推锉办煎烧文约（民国三十四年国历一月二十一日），此件存自贡市档案馆8-1-728-118，长56 cm×宽25.5 cm

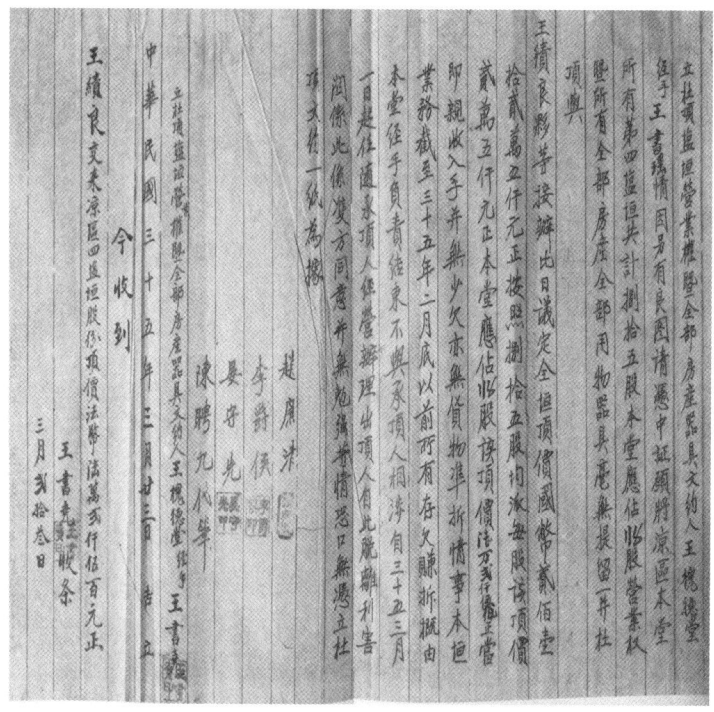

（卷17）综合类2357，王槐德堂经手王书尧立将盐垣营业股权及房屋器具一并杜顶与王绩良伙等接办文约及收条（民国三十五年三月二十三日），此件存自贡市档案馆42-1-1933-7，长42.5 cm×宽25 cm

4. 受毛笔影响的硬笔书法

在自贡盐业历史档案里,还有一批开始用钢笔记录的契约档案。它们是硬笔书法的开端,代表着这一时期书写方式的转化,是以适应时代发展的新的书法记录文本。因为工业转型时期的时代发展,产生新的书写工具革命,钢笔的起源因为工商业发达的关系在自贡相对早的出现。钢笔在这些契约中并没有马上改变传统书写的审美,而仅仅是一种工具变革的过程。从上图的契约中,我们可以看到当时的钢笔书写依然具用毛笔的书写方法与审美。书写者还是用以毛笔养成的书写习惯在进行记录,格局是竖行排列,在书写中没有更多考虑书法艺术的特质,是这一时期软笔向硬笔书写的转化承接。

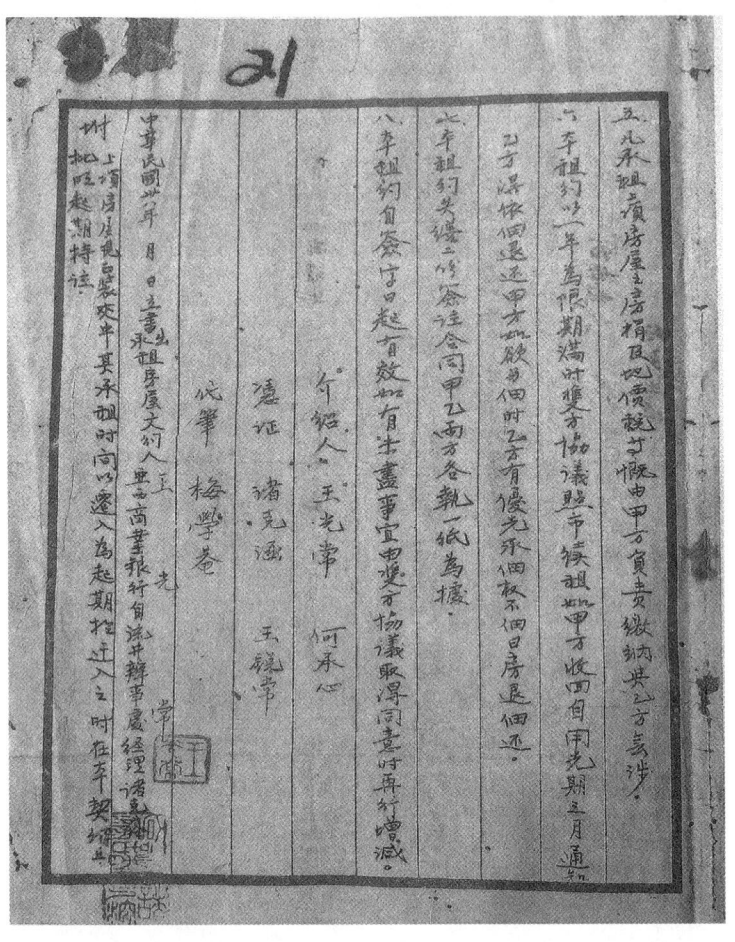

综合类 2378-2,王光常立将关门前胜利路店房两幢出佃与亚西商业银行自流井办事处文约及附注(一九四九年),此件存自贡市档案馆 41-1-5337-21,长 36 cm×宽 26.5 cm

这四种书法契约的文本,从书法艺术的角度看,是随着历史发展而变化的,自贡盐业历史档案契约里的书写显然不是为艺术书法而产生的书法作品,只是依然能明显感觉到书写者长期写字与临帖的功夫具有书法的审美意识。它的存在是中国书法艺术中一个特别的案例,也是中国传统书法曾经最普遍的存在方式。

四、自贡盐场契约档案书法的张力

自贡盐场契约档案的书法文本，在艺术上具有强大的张力。

这种张力首先体现在它的内容和形式高度的统一。它们的内容记载着的是自贡盐业历史发展中最重要的一个转换时期。这个时期的社会发展是从中国封建社会激荡着向近现代发展。而这些文书档案记录的也正是这一时期的股份契约和井产、地产、笕产等资产交易、股份转让的经济企业性质演变的内容。这些企业的历史的文本记载，本身就表现出一个时代的重大历史变革，所以它的契约中内容是资产组合的历史，而记录这样历史的书法作品，其书法意识也是在这个大变革时期在产生演化。自贡地区的富荣盐场是由有千年历史的古县富顺、荣县构成的，富顺历史上有进士 268 名，荣县历史上有进士 302 名。被分别称为"才子之乡""书画之乡"。举人、秀才在这一地区不计其数。清末民初荣县就有翰林编修书法家人赵熙、富顺有刘光第等中国文化名人，在这一地区还有熊过、李宗吾、廖秋狄等文化名人影响很大，这一时期的富荣两县一直开办书院，两县大量的书写者从士大夫转型到盐场，自贡盐场的盐商由于资本运转，需要师爷、管事、账房，选择了他们做文墨工作，社会也急需要书法转型发展，这个时代的文化变革本身就具备历史文化的张力。

而在这一时期中国的书法艺术发展到民国，新文化运动对传统文化进行革命，也正是书法传统工具向现代的工具转变的历史时期。毛笔开始向钢笔转化，软笔书法向硬笔书法转化，小书法领域向大书法领域也需要转化。在这个过程中，自贡盐业历史档案契约档案里的大量遗留文字，已经有许多现代的书法作品意识，让传统书法进入了新的历史发展期。契约中体现出这个时代的书法特征，让自贡契约档案文书成为今天书法研究的新领域。这些契约书法也有一部分是来自钢笔的书写记录，证明了这个时期在盐场已经有硬笔使用，而这些书写的过程充分表现出传统软笔书法的结构用笔在硬笔书法中的运用。

适应时代发展的硬笔书写工具的钢笔在当年盐场师爷的手上，还是与习惯的毛笔一样进行记录。自贡盐场历史档案契约中的硬笔书法，在运笔、起始、转折、提按上，与传统书法基本是一样的进行写作。我们看到这样的有趣的现象：硬笔写出了软笔的一些特征，虽然是完全在使用硬笔工具进行的书写，硬笔书写自己的特征还没有成熟，软笔的感觉还在。这一时期的钢笔书写其实还没有普及，更谈不上硬笔书法的形成。因为是资本的力量让自贡比较早地进入了钢笔记录的时代，正因为如此，这些交换出现的软笔意识下的硬笔书法，有了它独特的艺术魅力和它文本的张力。

五、自贡盐业历史档案契约书法的后世影响

自贡盐业历史档案契约书法艺术对后世的影响主要体现在它的书写转化过程中。

首先体现的是软笔的传统书写方式向钢笔现代书写方式的转化，也在其中看到先祖们书写的经验积累。对两种不同的书写工具进行革命后产生的新书体很有生命力，当年保留的竖写方式对后世的影响是明显的，在今天使用硬笔书写方式以后的书法艺术作品，依然是保留这样的书写格局。

在书写工具逐步转向电脑打字的过程中，自贡盐业历史档案契约的书法就更具有了研究、欣赏性质，有了书法艺术的意义。在新时代增强对的传统书法教育与传承传统文化的活动中，自贡盐业历史档案契约书法艺术体现的工匠一般精心写成的小楷书法、南北碑帖融合的书写方式、软硬相济的各种文书记录，更加焕发出书法艺术的特质。严谨的楷书与比较自由的行书作品构成自贡盐业历史档案契约书法的艺术书法品质。这样的书法在今天发挥的作用还很多，除掉历史需要研究自贡盐业发展以外，看到这些书法的同时，更让后人敬佩当年的师爷们的书法功力与书写时的定力。这些书法体现出了这个时代的人文精神，就是相当的精致、规范的书写、工匠般的定力与传统文化的精妙，从中体现了中华民族文化的精神。在今天书法比较浮躁的时期再看这些书写的作品，更是从中看到历史发展无意中留下的精神财富。在浮躁的当代书法发展中，看到这些书写的严谨性、规范性，会对当年做事人的这种精神、这种定力产生敬仰，他们的精神与实践，对当代书法家学习、研究这样的书写在精神上会产生巨大的影响。

而一些比较早期的契约书法中体现的由碑版融写帖学的转化、由软笔向硬笔转化的过程中看到他们书写的很多特征。除掉规范的书法外，一些书法展现了碑版书写中的坚实运笔与帖学中婉转自由地的融合传统书法的艺术特征。这些文书在硬笔书写时运笔的速度依然是传统的软笔书写方式，体现了非常比较缓慢的书写过程，表明这时没有出现自由运用钢笔书写硬笔书法的情况，只是看到一种工具的改变。它体现的是一个从传统的毛笔传统书写形式，慢慢转化到实用的钢笔书法中去的过程。

这是实用的书法与艺术的书法之间最早的交融，因而带有强大的早期的软笔书法的艺术特征。在书法转化的过程中，首先是契约书法立足点，最重要的依然是实用性的书法而不是艺术性的书法。它在今天所产生的艺术性的书法品质，对后来迅速发展的钢笔书法艺术形成的直接作用，一直影响到今天。今天的钢笔书法艺术一直保留了传统书法的根基，与自贡盐业历史档案契约书法一样，是在传统书法基础上形成的、证明书法艺术的本体是实用性质的书写。从自贡盐业历史档案契约这一批书法作品中，可以看到当初传统书法对实用书法分流的起源，从契约中看到先辈接受新文化的同时，还是在试图保留传统书法并且在这之间慢慢转化的过程。

今天，打字机和电脑的出现，对后世更大的影响是飞速的文字转化，让我们已经慢慢远离了书写。我们更应该从祖先留下的文字中，看到传统书法的魅力，更应该传承这样的文化精神，以不断地完善整个书法文脉的传承。

约与权变：民国自贡盐笕契约与纠纷[①]

吴志浩[②]

摘　要：井、笕、灶是自贡盐业的三大组成部分。清末民初，富荣场有"十大笕""八大笕"之称。上述的笕场都是所谓的上等笕，建设一个规模较大的笕场需要大量资金，与开凿一个黄卤盐井的费用差不多。完整的笕场应该包括笕竿、楻桶、楻桶房、马车、马房等设施。其中笕竿需要安置在三杈羊耳上，形成线状的笕路。楻桶和楻桶房是用来储存卤水的设施。马房建在笕路的节点上，用来抬高水位。上述设施均需地基，均需向沿笕地主租赁土地。因之笕路契约、笕规较多，因为利益分配问题产生的纠纷也较多。本文重点考察其中的租佃土地约、租佃卤笕设施约以及土地权属变化引起的纠纷和续租引起的纠纷。

关键词：自贡；盐笕契约；纠纷

　　自贡地区的盐卤和天然气资源分布不平衡，"在发现岩盐之前，火丰卤欠，贡井场则卤丰火弱，由是自井场火炭灶所煎之卤水，百分之八十由贡井场黄黑卤供应"，在1919年自井场发现"咸重、量大、产高、利厚"的岩盐后，场商即纷纷投资岩盐井，仅六七年间，约在1925年左右，"岩盐井在自井场范围内，完全取代了贡井场之黄黑卤"[③]。据统计，在20世纪20年代末期，东场（即自井场）火井304眼，盐井147眼，火灶4 645口，炭灶208口；西场（即贡井场）火井163眼，盐井114眼，火灶3 134口，炭灶68口。需要从盐井将卤水运送至烧灶煎盐，同时岩盐的开采需要将水注入地下岩层，然后把卤水抽到地表，再行煎制，这样运输卤水的笕就应运而生。井、灶、笕是自贡盐业的三个主要部分。笕，又被称为"枧"，是竹制的长管道，用来引水或者其他液体。用管道运输卤水是自贡盐工的一大创造，汉画像砖就已经描绘了利用竹制的笕竿将卤水从井口运到灶上的过程。但汉代盐业生产规模较小，运卤的距离短，设备也较为简

[①] 基金项目：四川省哲学社会科学重点研究基地——四川轻化工大学中国盐文化研究中心资助项目"民国自贡盐务研究"（编号：YWHY18-07）的阶段性成果。四川轻化工大学人才引进项目"自贡盐文化研究（1911—1949年）"（编号：2018RCSK05）阶段性成果。
[②] 吴志浩（1977—），男，四川轻化工大学中国盐文化研究中心助理研究员，博士。
[③] 宋杰存：《贡井盐场几件重大争端记略》，自贡文史资料编辑委员会《自贡文史资料选辑》第22辑，新华印刷厂，1992：12。

单。筧竿的真正大规模应用是在清末和民国时期。民国时期，自贡盐产量较高，筧竿、筧路复杂，筧路契约、筧规较多，因之利益分配问题产生的纠纷也较多。①

一、盐筧契约的类型

随着自贡产天然气的火井群和生产卤水的卤井群不断增加，运输的需求导致了筧运业的发展。民国时期，筧运业已经形成了包揽卤水的买卖和运输的独立存在的工场——筧场。设立筧场和开凿深盐井不同，后者面对的是不可准确预测的自然因素，投资者虽然花费四五年或者十余年，甚至数十年的时间，但仍然有"以万（两）计，有费至三四万而不能见功者"，②而前者技术已经成熟，意即投资者是可以预知成效的。建设筧场投资相对较多，通常一个输卤筧的投资在 3 万元左右，且"枧路经过他人产业，必至多方要挟之，虽即予以重资而不准其通过，一处有阻，全枧不能成立矣"，所以"尤须在场有势力之人乃可办理"，"盐枧为富荣最大之盐场，人必须井、枧、灶、号皆具有之，始可谓富有资力者。故所谓号者，即设盐号，不仅自汲卤、自通枧、自煎盐，并且自营运售。而其中井灶号皆易组织，惟枧之一业，则创办殊难"。③清末民初的自贡盐场四大盐业家族（王、李、胡、颜）和民国时期兴起的四大盐业家族（侯、熊、罗、罗）由于实力雄厚，就同时经营数十个以上的各种手工工场，并经营和控制从凿井、汲卤、筧运到制盐的整个生产过程。筧场在创办过程往往要集合人力、物力形成多家合作的局面，又要与卤筧经过的土地地主商谈租佃土地问题。筧场建成后又要与各形各色井户和灶户打交道，就需要签订不同的契约来保护自身的权益。

（一）租佃土地约

完整的筧场应该包括筧竿、楻桶、楻桶房、马车、马房等设施。其中筧竿需要安置在三杈羊耳上，形成线状的筧路。楻桶和楻桶房是用来储存卤水的设施。马房建在筧路的节点上，"马车以大木四根，四方矗立，中以小木横逗，至顶建楼，覆以车盘斗子，用马推之，水即连上"，④即用来抬高水位，使水能够由高向低处流之，适用于不能自然冒水的冒水筧。以上设施均需地基，于是"沿枧地主数十家或百家，均立承出二约，凭中相地之远近，设立佃价若干"。⑤

---

① 囿于篇幅所限本文只重点关注盐筧契约中的租佃土地约和租佃卤筧设施约，土地权属变化引起的纠纷、续租引起纠纷以及卤坏良田引起的纠纷。
② 李榕：《自流井记》，载张荣生《中国历代盐文学作品选注》，凤凰出版社，2012：422。
③ 吴炜：《四川盐政史》，载彭泽益《中国近代手工业史资料》第 1 卷，生活·读书·新知三联书店，1957：289。
④ 林振翰：《川盐纪要》，商务印书馆，1919：221。
⑤ 吕上珍等：《富顺县志》，载彭泽益《中国近代手工业史资料》第 1 卷，生活·读书·新知三联书店，1957：38。

1. 佃期及续佃

同治《富顺县志》在言及清末时笕约中的佃期时，说："一佃六载，限满之日，照原约续佃。近因修整马车，枧竹太繁，改为十年一佃。"[1]民国时，林振翰在《川盐纪要》一书中亦云："一佃六年或十年。"[2]民国时期笕约中提到的土地佃期确实以十年为主，"比日议明：一佃十年"[3]"比日三面议定：一佃十载"[4]"当面议明：一佃十年为满"[5]。但也不乏其他佃期的，"一佃拾贰年"[6]"壹佃年限拾壹年"[7]"一佃六载"[8]……其中佃期有以一年为期的，如全一宝笕租佃川康盐务管理局"牛屎山基址一段"[9]，应为特例，租佃一方有官方信用作为担保。

为了保持生产的连续性，按照习惯，笕方在原租到期后具有优先承租权，"年满之日，主客相商续佃"[10]"限满之日，相商续佃"[11]……地主也有中途夺佃收回的权利，如上述之全一宝笕租佃，川康盐务管理局"牛屎山基址一段"约中即注明"遇盐务机关修仓时，倘本段笕路确有迁让必要，应由客人自费迁移，盐务机关不予补偿任何损失"。[12]永记裕民笕经手李鹤蓄租佃全海井"本井基址壹段"约中即约定"如年限未满之时，主人因锉盐井或修火圈必须此段地基时，须先一月通知客人，客人自将所有建筑一切，另觅地点迁移，不得逾一月之限，更不得言及顶打，主、客双方亦不得故意刁难等语"[13]。

2. 承租方权利及租金

承租方在租佃约生效之后，有开展生产的权利，"任随客人修立楻桶，及建楻桶房

---

[1] 吕上珍等：《富顺县志》，载彭泽益《中国近代手工业史资料》第 1 卷，生活·读书·新知三联书店，1957：38。
[2] 林振翰：《川盐纪要》，商务印书馆，1919：221。
[3] 《第 547 号》，载自贡市档案馆、北京经济学院、四川大学《自贡盐业契约档案选辑》，中国社会科学出版社，1985：891。
[4] 《第 549 号》，载自贡市档案馆、北京经济学院、四川大学《自贡盐业契约档案选辑》，中国社会科学出版社，1985：892。
[5] 《第 550 号》，载自贡市档案馆、北京经济学院、四川大学《自贡盐业契约档案选辑》，中国社会科学出版社，1985：893。
[6] 《第 556 号》，载自贡市档案馆、北京经济学院、四川大学《自贡盐业契约档案选辑》，中国社会科学出版社，1985：897。
[7] 《第 558 号》，载自贡市档案馆、北京经济学院、四川大学《自贡盐业契约档案选辑》，中国社会科学出版社，1985：899。
[8] 《第 566 号》，载自贡市档案馆、北京经济学院、四川大学《自贡盐业契约档案选辑》，中国社会科学出版社，1985：906。
[9] 《第 561 号》，载自贡市档案馆、北京经济学院、四川大学《自贡盐业契约档案选辑》，中国社会科学出版社，1985：902。
[10] 《第 547 号》，载自贡市档案馆、北京经济学院、四川大学《自贡盐业契约档案选辑》，中国社会科学出版社，1985：891。
[11] 《第 561 号》，载自贡市档案馆、北京经济学院、四川大学《自贡盐业契约档案选辑》，中国社会科学出版社，1985：902。
[12] 《第 561 号》，载自贡市档案馆、北京经济学院、四川大学《自贡盐业契约档案选辑》，中国社会科学出版社，1985：902。
[13] 《第 566 号》，载自贡市档案馆、北京经济学院、四川大学《自贡盐业契约档案选辑》，中国社会科学出版社，1985：906。

屋等件，又安置一窝双笕、开窝放水，三脚羊耳、子笕杂支相地置宜、明暗高低、迁左移右，开门卖水、进水出水、码头窝子、停沙窝子，取土取石、人畜出入路径，均在主人业内，一概佃明"[1]。在租约到期后，如果客人不再续租，多言明客人将所建设的窝子、笕竿、三脚羊耳、楻桶、楻桶房屋等自行拆回。拆除这些笕场设施，对于出租人来说，费工费时，多不愿为之。为了杜绝推诿纠纷的事情发生，契约中也会注明"不得异说""不得问及主人顶打"的字样。[2]

租金和土地位置、范围，与当时的物价水平有关，因此单纯地考察租金的多少和变化就显得意义不大。契约中多按承租年限一次性给付的，如1912年，王德敷等租王复盛灶"老林冲及大湾全业内地基"约中，言明"一佃十年，共议佃价铜钱一百五十串正，其钱当即亲收入手明足，并无少欠个文"，[3]显系一次性付清十年租金。在民国盐笕契约里，一次性付清租期内全部租金的占绝大多数，这可能和笕路的特点有关，某些笕路"纵横穿插，逾山渡水，可一二十里"，[4]所经土地涉及的地主较多，每个地主所占的份额相对较少。有些土地的持有人不是个体而是一个实体，如"永记裕民笕经手李鹤蕃租佃全海井本井基址壹段"约，出佃文约人就是全海井三十班经手李雪樵、余乃文、刘相如、黄相民、李德谦等人[5]。"大同笕租王三畏堂自井下垎挡地名新房子地基一埠"约，出租文约人就是王三畏堂经手王则先、王守为、王则予三人[6]。一次性付清全部租金符合双方的当前利益，但是由于地产主人变化、物价波动等因素，也为后来的纠纷埋下伏笔。

一般认为，从实物地租到货币地租是社会经济发展的一种表现，是历史的进步。盐笕地租也和当时的经济发展同步，表现为货币形式，但当物价增长指数超过货币租额的增长指数时，实物地租就会出现某种程度的回流。1944年，"白水笕经手胡子静、熊绍臣佃杨振知堂自贡市小溪镇地名长土罗石塔本业内约"约定"每年共纳粮食四斗正，上季携麦子式斗，下季焉包谷式斗，以六、九两月均纳，两无异说"[7]。盐笕地租中实物地租的出现和井基租佃中实物地租出现的时间基本一致。1944年，同属四川盐

---

[1] 《第552号》，载自贡市档案馆、北京经济学院、四川大学《自贡盐业契约档案选辑》，中国社会科学出版社，1985：894。

[2] 在契约中也出现有"不佃之日，该主人收回"等类似字眼，吴天颖、冉光荣二先生认为体现了土地业主对笕场设施的强烈占有情绪。见吴天颖、冉光荣：《四川盐业契约文书初步研究》，载自贡市档案馆、北京经济学院、四川大学《自贡盐业契约档案选辑》，中国社会科学出版社，1985：299。

[3] 《第547号》，载自贡市档案馆、北京经济学院、四川大学《自贡盐业契约档案选辑》，中国社会科学出版社，1985：891。

[4] 林振翰：《川盐纪要》，商务印书馆，1919：222。

[5] 《第566号》，载自贡市档案馆、北京经济学院、四川大学《自贡盐业契约档案选辑》，中国社会科学出版社，1985：906。

[6] 《第548号》，载自贡市档案馆、北京经济学院、四川大学《自贡盐业契约档案选辑》，中国社会科学出版社，1985：892。

[7] 《第587号》，载自贡市档案馆、北京经济学院、四川大学《自贡盐业契约档案选辑》，中国社会科学出版社，1985：930。

区的乐山犍为盐场代表黄嘉绩等呈文，"以盐价论，在二十六年每引四百元，现在壹拾陆万余元，增率四百余倍""粮赋为二十六年前每两条粮征十五元，今改征实物，每两条粮征粮连积谷共完三十五石二斗，以每石二千元计，合七万余元，故田赋亦增四千余倍""其他日用物价，在数百及千倍以上者，尤不可胜计"，①在物价上涨的背景下，井基租佃大都"比照原有租价，折合盐斤称纳"。在20世纪40年代，自贡盐笕地租中的实物地租究竟占有多大比重，惜未见更多契约，没有旁证。

（二）租佃卤笕设施约

"笕本之轻重以延长为比例，笕愈多则本愈重。有数千金、数万金，以至数十万金者。"②民国初年，开凿岩盐井的费用约七万元，黑卤井约五万元，黄卤井约三万元。此时，富荣东场上上等笕资本费用约三万五千元，花费与开凿一个黄卤盐井差不多。③建设一个规模较大的笕场需要大量资金，就会有较多的人参与进来，立约组成合伙制的企业。清末民初，富荣场有"十大笕""八大笕"之称。《四川盐政史》载有以下12笕：其中东场有全福、达生、源昌、大同、一福、大通（以上俱为上等笕）、恩流、裕和、同新（俱中等笕）、焕荣、同昌（以上俱下等笕）；西场有朝阳笕。④各大笕名称变动频繁，其中的大同笕，据吴天颖、冉光荣两先生考证如下：

> 大同笕即最初著名的大生笕，本李四友堂于光绪二年（1876）所办，输送东场之成海、咸通、济生、大生、六一、六吉、神龙等井之卤，最高日过水达三千余担。1913年迁往西场，随李氏家族之衰败而没落；后改名卿云、大同、新记大同。⑤

大同笕属于上等笕。上等笕生存尚且不易，就更不用提势力较弱的中、下等笕了。从笕约中可以见到一些出租卤笕设施的中小笕主。租佃卤笕既有利于节省投资，又有利于陈旧设备的合理利用。

所存清末的租佃卤笕设施约中租期一般多为十年。如光绪三十年（1904）达生笕与范敦义堂租约即议定为"一佃十年"。⑥所见民国时期的此类租约较少，其中，订立

---

① 吴天颖、冉光荣：《四川盐业契约文书初步研究》，载自贡市档案馆、北京经济学院、四川大学《自贡盐业契约档案选辑》，中国社会科学出版社，1985：37。
② 吴炜：《四川盐政史》，载彭泽益《中国近代手工业史资料》第1卷，生活·读书·新知三联书店，1957：287。
③ 吴天颖、冉光荣：《四川盐业契约文书初步研究》，载自贡市档案馆、北京经济学院、四川大学《自贡盐业契约档案选辑》，中国社会科学出版社，1985：273。
④ 吴炜：《四川盐政史》，载彭泽益《中国近代手工业史资料》第1卷，生活·读书·新知三联书店，1957：290。
⑤ 吴天颖、冉光荣：《四川盐业契约文书初步研究》，载自贡市档案馆、北京经济学院、四川大学《自贡盐业契约档案选辑》，中国社会科学出版社，1985：275。
⑥ 《第786号》，载自贡市档案馆、北京经济学院、四川大学《自贡盐业契约档案选辑》，中国社会科学出版社，1985：1118。

于 1938 年的王绩良租王双发堂租约中，王绩良为供给洪顺、利生两井锅，租王双发堂将"蒋家沟长山岭棉布塘地点堰塘白水及沿途笕路，又车房基址、风篾等项"时"其限租明久佃"，并无明确的佃期，附加条件是"洪顺、利生两井绩良满时，应由井主另向本堂承佃"，[①]实际上也限定了一个期限。

二、盐笕纠纷

民国时期是自贡盐业发展的鼎盛时期，在许多涉盐的经济活动中存在着纠纷。王晓春先生将盐业纠纷分为以下几种：井灶权属、买卖、租赁纠纷、井盐生产、运输、销售纠纷、查处私盐纠纷、盐业税收纠纷以及盐场罢工、销盐罢市等。[②]笕场的建设和运营涉及笕场权属、土地租佃、卤水买卖等方面，所涉及的纠纷也主要是在这几方面。

（一）土地权属变化引起的纠纷

租佃双方在签订契约时一般以十年为期，且租金多一次性交付，这就为后期土地所有人变化时发生纠纷埋下伏笔。民国三十七年（1948）的为一记、新记全一笕与仁济医院笕路纠纷即为此例，兹举其要如下：为一记、新记全一笕与仁济医院笕路纠纷与王姓地主签订契约租赁土地建设笕路，后来该块土地为仁济医院所有，院方声明，应由院方经手出租。租佃双方未能达成一致，于是院方在租赁方"笕卤发生爆裂，赶工加整"时，出面阻挡工作。笕公会为之出面调解，确认卤笕建筑在前，医院建设在后，提出书面调解意见：

> 可将已称租约之笕路面积与租价作为标准，由笕、院两方洽商解决续佃，再由第三者从中折衷调处。但过去笕方整漏，院方曾发生过阻拦工作一层，希望贵代表回去转达：今后如笕方整漏，切勿阻碍工作。因物价高涨，卤水即因之过于昂贵，如延迟整理时间，损失即特别加大，商本、税收两均遭受妨阻且在此洽商继续租佃期内，似不宜再另半枝节。[③]

（二）续租引起纠纷

建设、经营笕场投入较大，租佃到期后，租方一般希望能够继续承租，有些地主往往认为奇货可居，要价过高，这就造成了租佃双方在租金上产生矛盾。民国自贡盐

[①] 《第 554 号》，载自贡市档案馆、北京经济学院、四川大学《自贡盐业契约档案选辑》，中国社会科学出版社，1985：896。

[②] 王晓春：《千载盐都千般秀　盐都文献一枝花——四川自贡盐业历史档》，《中国档案》，2009（8）：46。

[③] 《第 595 号》，载自贡市档案馆、北京经济学院、四川大学《自贡盐业契约档案选辑》，中国社会科学出版社，1985：937-938。

业史中，此类纠纷较多。

民国三十七年（1948），源新笕和缪铭心堂经手人缪眼灵续佃纠纷：

> 源新笕经手人侯策民……于民国二十五年五月二十八日，凭证向缪铭心堂经手人缪眼灵立约，佃得该堂所有旧富邑下田挡即现自贡市第二区地名福临湾大昌堂业内笕路一段。议定佃价国币四百元，一佃十二年，至民国三十七年即本年四月三十日期满，满后再行续约。……（缪眼灵）视为奇货，高抬佃价。……似此不能过水，影响土地坡一带火灶无水煎烧，致蒙无限损失，阻碍私人营业者尚小，妨害国家税收实大。①

民国三十三年（1944），雷子贤、刘圣基、金志贤与地主杨希震、王明经等关于白水笕路续佃纠纷：

> 窃商井自安机车推汲以来，原用白水公司之水，现因该公司供应不灵，吃亏过巨，后由熊绍成等，另在黄区罗石塔泥巴湾整置人力土笕，供（及）〔给〕商等三井之用。……今绍成等因该笕拆本，无力再办，请求商等照价接收，共去佃价壹拾二万五千四百元。商等于本年二月九日，贴约地主杨希震。王明经等从场佃视。殊等见井方佃笕，大肆敲磕，言明每界八年，租金四十万元正，以七界计算，共该法币二百捌十万元。商等闻之，不胜骇异！查去岁十一二月份，商等佃盐水笕路，一佃八年、十年不等，每界不过一千六、七百元，今则相差太巨。再，查白水公司历有年所，创办至今，所有一切笕路均未佃过，况盐水与白水各异，照前厂规，因盐水有坏良田熟土，始有承佃规定，白水未闻有例，该地主等之价超过盐水笕数百倍……②

（三）输送卤水毁坏良田所致纠纷

卤水在输送过程中如果发生管壁渗漏等事故，对土壤环境有不同程度的污染，严重的可能导致植物难以生长。笕竿在输送卤水过程中，渗漏情况时有发生，属于意外事故，导致租佃双方发生纠纷。

民国三十三年（1944），聂让能租佃杨受祺堂等笕路纠纷案：

> 利群灶社经手聂让能建立炭灶东源井业内，承买远驰废弃笕竿，随托黄润轩向称租佃杨受祺业堂、杨德燊堂、杨培诗笕路。铸等以此笕往年卤坏良田，损害甚巨，民食所关，决不承认。而让能再再要求，并请黄润轩负责，曾书借过文约（此文约抄粘）载明六个月，自三十三年二月一日起，至本年

---

① 《第 594 号》，载自贡市档案馆、北京经济学院、四川大学《自贡盐业契约档案选辑》，中国社会科学出版社，1985：936-937。
② 《第 584 号》，载自贡市档案馆、北京经济学院、四川大学《自贡盐业契约档案选辑》，中国社会科学出版社，1985：928。

七月底为满；如六个月满时，即自行停止卤水通过，否则听凭主人塞笕滞卤，及妨害秧苗粮谷。本灶负责赔偿各项。不料让能事后添置笕竿又多破坏，前曾邀约往观，处处淋漓，竟将本年粮谷损害四五石之谱；至卤坏森林更三十余株，查勘是实。该笕满限六十余天，铸等迭请保甲申明制止卤水通过，讵让能终不停止，故意妨害粮田，使铸等为顾粮田即行塞笕滞卤；……兹因履行条约保护粮田，并非扰乱盐场，妨害增产，理合具呈钧署。①

契约是双方或多方共同协议订立的条款或者文书，是维系诚信的依据，践约是守信的表现。一脉相承的规矩秩序，独特的民事契约精神，规范着人们的思想行为，使得诚信成为古今社会共同遵守的一种基本准则和道德境界。自贡盐业契约是中国民间传统契约的一部分，是盐业这一特种行业领域中生产、经营实践活动的产物。租佃双方在契约履行期间，大都能够遵守契约，在利益发生冲突时也能够遵从第三方的调解，盐业契约正是"以其独特的合意性、遵从民间习惯以及注重协商调解等特点，规范着各类盐业生产经营活动"②。

---

① 《第588号》，载自贡市档案馆、北京经济学院、四川大学《自贡盐业契约档案选辑》，中国社会科学出版社，1985：931-932。
② 支果：《传统盐业契约价值探析——以近现代生产自贡地区盐业诉讼纠纷为例》，《西南民族大学学报》，2008（12）：212。

盐与文学艺术

现代四川小说中的井盐文化初探

秦洪平[①]

摘　要： 四川现代作家罗淑、王余杞、陈铨等人小说中展现了四川特有的井盐文化，勾画了井盐地区人们的生存方式。一方面作家表现了井盐地区人们吃"咸水饭"的艰难与辛勤。身在底层的盐工工作辛苦，工资较低，盐工难以维持正常的家庭生活。开办盐井的盐商虽然免去了辛勤劳作，但开创井盐工业也艰难无比。而在与军阀等势力的周旋中，盐商更是精力交瘁。另一方面作家对吃"咸水饭"的人们进行了反思与批判，他们看到了井盐文化中对人的价值的扭曲和漠视。批判人不被当作人看待，盐工萌生的自尊被金钱权势扭曲；批判盐商家庭里，亲情近疏用钱来衡量，人命也用金钱和权势来衡量。无钱无势的普通人只能备受欺压，毫无尊严和体面。作家们通过文学对井盐文化进行的批判和反思值得我们继续探讨。

关键词： 四川；现代小说；井盐文化；咸水饭

　　人们根据盐的开采方式，给以海盐、湖盐、井盐等区分。井盐主要分布在四川、云南两地，井盐工业在四川更为典型。从李冰凿广都盐井开始，四川人民开采井盐可谓历史悠长。其中孕育的井盐科技被李约瑟誉为四大发明之外的第五大发明。到二十世纪九十年代，"盐文化"概念的提出促进了人们对"盐"的深入认识。广义的盐文化不仅涉及物质文明，还推及制度文明、精神文明层面。[②]而井盐文化则主要是针对井盐提出，且能体现地域特色。在民国时期的四川，有几位出生于生产井盐的自流井、简阳等地的作家，在小说中展现了依靠井盐而生的人们的独特生存方式。已有相关研究注意到了他们小说中表现的井盐文化，如张国纲、陈裕容、卢亚兵和王浩等人解读了王余杞《自流井》中涉及的盐都民俗、井盐生产管理等盐文化特色。李云、伍丹等人注意到了陈铨小说中的巴蜀特色[③]，伍丹还专门讨论了陈铨《天问》《彷徨中的冷静》两部小说中表现的井盐文化[④]。二十世纪八十年代有学者注意到罗淑笔下盐工题材的书

[①] 秦洪平（1994—），女，重庆人，四川大学文学与新闻学院硕士研究生，主要从事中国现当代小说研究。
[②] 曾凡英：《盐文化的内涵与特征》，《四川理工学院学报（社会科学版）》，2006（1）。
[③] 李云：《陈铨创作中的巴蜀文化因素》，《贺州学院学报》，2017（1）。
[④] 伍丹：《论陈铨小说中的井盐文化》，《四川理工学院学报（社会科学版）》，2013（5）。

写后,进一步认为这是"井盐题材小说"①,是四川盐文学的代表等。目前,也有专著讨论自贡作家与井盐文化。②这些研究都敏锐地察觉了王余杞、陈铨、罗淑等小说中体现的部分井盐特色,但片面地加一个"文化"有盖帽子之嫌。且大多数研究并未将盐文化或井盐文化两个概念做以严格的界定,这使得井盐文化似乎无所不包,并未彰显特色。

"井盐"这一概念较为简单,就是根据利用凿井工艺,取用卤水熬制盐巴而命名,由此区别于海盐等开采方式。而"文化"的概念则较为复杂。据统计,对"文化"概念的讨论在二十世纪五十年代就已经达到两百余种。最为人们经常引用的英国人类学家泰勒的定义更是遭到很多人类学者的质疑。克莱德·克鲁克洪在《文化与个人》一书中认为文化是一个特殊人类群体的"生存方式"。③克利福德·格尔茨在《文化的解释》中认为泰勒的定义过于模糊,格尔茨认为文化是一种"深描",正是由于观念的作用,才导致人们对于普通的眨眼睛和刻意的挤眼睛两个行为有了区分,后者传递了文化的意味。④基辛也认为文化偏向于观念,且有一个观念系统,即"用来决定是什么,……决定可以是什么,……决定感觉怎么样,……决定应该做什么,……决定怎么做的标准"⑤。由此,为了更加准确地描述井盐文化,我们借鉴以上人类学家对于"文化"的解释,给井盐文化做一个界定:根据克鲁克洪所谓文化是指某个人群的特殊生存方式,那么我们描述井盐文化就是为了尽量展现以井盐为生的人群的生存,这包括对井盐的开采经营等,同时在生存方式的背后,这个人群也有着自身的生存观念,我们研究井盐文化,就是试图解释清楚他们的观念系统,如何因井盐而不同。

一、吃"咸水饭"

"咸水饭"当是井盐行话,出自罗淑的小说《井工》。父亲掉进盐锅煮死后,主人公老瓜就被母亲带到盐井,"他成了小工人。他也和别的许多生活在丁厂周围的若干人一样,无论怎么总免不掉要吃这碗'咸水饭',逃也逃不脱!"⑥丁厂是井灶所在,这里有管事、管山,还雇用了赶牛的小孩,汲取卤水的筒匠,熬制盐巴的灶工等,凡是在丁厂从事井盐开采制取的都算是吃"咸水饭"。需要补充的是,盐商筹备资金联合盐工一起从事盐业,也算是吃"咸水饭"。吃"咸水饭"是从事井盐工业盐工、盐商的生存方式,符合克鲁克洪对文化的解释,因此在一定方面代表了井盐文化。

---

① 何性尧:《描写"偏僻角落"的奇葩罗淑井盐题材小说的特色及价值》,《自贡师专学报》,1990(4)。
② 王余、李树民、王小平等:《盐香风韵:井盐文化与盐都作家研究》,中国经济出版社,2016。
③〔美〕克鲁克洪:《文化与个人》,高佳译,浙江人民出版社,1986:4。
④〔美〕克利福德·格尔茨:《文化的解释》,韩莉译,译林出版社,2008。
⑤ 基辛:《文化·社会·个人》,甘华鸣等译,辽宁人民出版社,1988:32。
⑥ 罗淑:《罗淑选集》,四川人民出版社,1980:55。

吃"咸水饭"是当地人们求取生存的独特方式。四川处于内陆，井盐手工业是本土资本主义发展的最初阶段。马克思在《资本论》中说："较多的工人在同一时间、同一空间（或者说同一劳动场所），为了生产同种商品，在同一资本家的指挥下工作，这在历史上和逻辑上都是资本主义生产的起点。"①井盐生产就符合马克思所言的在盐商的带领下在同一场所盐场生产同一商品盐。因此，井盐手工业是内陆四川资本主义的原始状态。②与传统的小农经济早出晚归生产不同，盐工和盐商都在参与资本主义式的生产。比如盐工在盐井工作是日夜不断的，夜晚采取换班制。《井工》一开头就写到深夜井棚里的牛脚蹄车盘和绞水辘轳不停地转动，而周围的盐工都冷着脸，忍着困意，心里急迫地希望时间快一点，有人来接班，自己好倒在地铺上睡到天亮。《阿牛》中刚升为筒匠的小阿牛，也是得赶回盐井去接替火生的班。《自流井》中幼宜向幺母舅夸赞父亲迪三爷利用盐灶，煮了镔桶牛肉一天，也间接证明盐灶从不断火。

处在资本主义发展的原始阶段，盐工和盐商们的创业充满了艰辛。除了工作辛苦，盐工的生活环境也比较差劲。深夜加班时他们奢望倒下就睡的地铺是这样的，"空铺的正对面，躺着一条病瘫的老牛，它患了下痢，不时把脏水排泄到地上"③。盐工和病牛共处一地，环境脏乱不堪。《阿牛》中小阿牛睡着时，牛用湿软的舌头吃他身下铺着的稻草。盐工每天的伙食不过是咸泡菜和甑子饭，没有荤腥。所以《井工》中的老瓜才会趁着晚上加班前有空，出去偷病牛尸体吃。

一些盐工的收入比较微薄。《井工》中的老瓜一个月的工资才一元。他的瞎眼母亲和弟弟只能乞讨为生，盐工老瓜并不能养活家人。所以弟弟饿死在稻草堆上，老瓜会偷病牛尸体给母亲吃。《鱼儿坳》中失去土地、从自耕农沦为佃农的二爷，本来卖盐是相对种地更为体面的工作。但由于厘金上涨，取消敷水，慷慨的二爷就十分担心雨天对卖盐的影响。因为乡下人会以下雨潮湿为借口多争盐的斤两。《地上的一角》中盐贩子们对取消敷水意见很大，在公垣面前聚众反抗，也是因为取消敷水后盐价上涨，盐卖不出去，盐贩子没了敷水更是吃亏。据陈然《近代自贡盐工状况及其斗争》中统计，自贡盐工的工资从晚清到民国几乎没有变化，根本不能应付物价上升。那时的工资，一个桶子匠每月的工资是一吊到一吊几，烧盐工是四吊。④然而工资收入虽然低，但究竟比没有职业甚至种田种地好。一方面由于农民在农村并不好过，如《地上的一角》和《鱼儿坳》中主人公二爷都是因为种田不够还债才去做盐贩子生意。另一方面是在军阀混战情况下，军队拉伕蛮不讲理。农民为了逃脱拉伕，只能荒废了庄稼。并且庄稼靠天吃饭，收入不多。《自流井》中的李老幺就是因为这样不得不进城到盐井工作。虽然李老幺不适应盐井的工作环境，但他知道乡下他也回不去了。盐工们不得不与周围恶劣自然环境和社会环境抗争，力求通过井盐手工业求取生存。

---

① 马克思：《资本论》，人民出版社，1975：358。
② 秦洪平：《井盐文化视角下的四川现代小说》，四川大学硕士学位论文，2019。
③ 罗淑：《罗淑选集》，四川人民出版社，1980：47。
④ 陈然：《近代自贡盐工状况及其斗争》，《井盐史通讯》，1983（1）。

对于盐商而言，吃"咸水饭"也不容易，且需要发挥商业智慧。首先，开办盐井并非易事。在真正产出盐巴销售之前，开办盐井是暂无任何受益的一味投资。陈铨小说《归鸿》中，楚西的父亲在自流井投资的火井倒贴了本钱一万几。《自流井》中创下家业的王四大人，也是凭借聪明才智，将土地租给老陕办井，签订协约，年限一到，所有财产都归王四大人。加之遇上太平天国之乱，导致淮盐运道阻塞，川盐济楚使得自贡盐商得以在两湖地区有了销场，于是才有了富庶的家业。然而时过境迁，到了二十世纪初，迪三爷想要重振家业，利用科学办井，却遭到了失败。他利用先进的蒸汽火龙车凿井，却因为凿歪，卤水取不出来而报废。由此可见盐商创业者们办井的艰难。井盐是由于地壳运动，部分海水残留在地层之中而形成。地层深处的卤水汲取需要凿井技术。曾小萍在《自贡商人：近代早期中国的企业家》中提到，有经验的管山是备受尊敬的。因为管山能够通过山形地质状况，判断是否有开采的必要，是黑卤还是黄卤等关键性的问题。[①]盐商对盐井选址、取名等都十分看重，甚至比较迷信。《自流井》中素二伯死后，儿子斯谦和斯诚立马分家，都想通过抓阄分得来福井，因为来福井高产。迪三爷创办昌福井，有人传言"昌福"同"娼妇"，不吉利。根据《从自贡之地名看井盐开发》等相关对盐井名称的统计，我们会发现"兴""福""富""昌"等词出现的频率甚高。这些细节都表明盐商对盐井的看重，其根本原因也在于能够开办一口建功的盐井并非易事。

对于盐商而言，除了战胜自然环境的艰难，更大的难题则是与当地各种势力的周旋，尤其是来自军阀的敲诈勒索。盐税一直是国家资金来源的主要收入。自流井一带由于产盐挣钱，一直是军阀战争中抢夺的重点。陈铨《天问》中写道，辛亥革命之后，战争频繁，田赋高昂，自流井的盐滞销，有钱人破产，穷人越发凄惨。军阀走狗流氓赌徒何三当了二尺五，小小一个营副官就扬言，若是能去泸州做个查验委员，光是经过的自流井的盐船，就可以一个月捞取十几万。《自流井》中讨论分家事宜之时，邀请当地名流、军政绅商都来参与家族会议，评判王氏家族的纷争。然而张旅长考虑的不过是分了家多收一份盐税，盐场知事则是在计算是否对自己敲诈私盐贩子有所影响，盐务稽核所的洋人李约翰是个冒牌货，省外盐务代表张子高也事不关己，反正会有一笔盐款给自己充当旅费，渝沙债团的代表更是利用家族纷争赚取一笔，这样"一班明地或暗地吮吸着两厂盐膏血的人"[②]。迪三爷的亲哥哥、幼宜的伯父文二大人与渝沙债团军阀勾结，结果倒被军阀绑架。迪三爷看清巴结军阀没有好下场，也只得动员商会交钱放人。因为"先例很多，不说也明白：抓人的目的就在筹款，款不交出，人人休想跑得脱"[③]。每到军队开拔，盐商都要出血。文二大人不过是只军阀杀鸡儆猴的"鸡"。除了军阀，盐商还要应付县知事、袍哥等势力。县知事老圈儿突然抓走迪三爷，目的也是趁威望暂存讹两笔钱再走。不料迪三爷家里好不容易筹来的两千，还被搞革命的

---

① 〔美〕曾小萍：《自贡商人：近代早期中国的企业家》，董建中译，江苏人民出版社，2014：162。
② 王余杞：《王余杞文集》上卷，花山文艺出版社，2016：347。
③ 王余杞：《王余杞文集》上卷，花山文艺出版社，2016：386。

张子高瞒着迪三爷和县知事带走了一千。另外盐商还要给棒老二袍哥送钱。宋良曦在《四川军阀对自贡盐商的劫掠》一文中举例"一九一二年，川军第一师周骏部团长方斌率队进驻自贡，当他得知盐场首富，当推王李两大家族后，便设计敲诈"①。且在1917年，川滇两军在自流井打战期间。盐商王作甘由于做过滇军名义下的咨议官，等到川军团长张鹏午进入自流井后，以此为借口扬言要枪决王作甘，后来通过盐务稽核所经理张英华的说情，交了十万两才得以保释回家，又给团部的李厚芬三千两。张英华目睹这场闹剧，心有余悸，也送了三万元给张鹏午。不仅以这种敲诈勒索，各路驻军还以"追收官运局旧欠"为幌子向盐商收费。另外还有各种附加税，军阀自设关卡，任意收取税收②。导致盐商纷纷破产，难以支撑。

由此可见，四川井盐地区人们吃"咸水饭"的艰难。身在底层的盐工工作辛苦，加班加点，且由于工资较低，盐工难以维持正常的家庭生活。开办盐井的盐商固然可以免去辛勤劳作，但开创井盐工业依然辛勤，而在与军阀等势力的周旋中，盐商更是精力交瘁。处在原始资本主义发展阶段的内陆井盐手工业，是盐工盐商辛勤与智慧的表现，也是当地人们战胜自然求取生存的体现。

二、批判意识下的"咸水饭"

吃"咸水饭"是井盐地区人们的主要生存方式。如果吃"咸水饭"的艰辛是作家对盐工的勤劳、盐商的智慧的肯定，那么作家的井盐文化书写中还有一种批判与反思。

这种批判意识，直指吃"咸水饭"中的忽略人的尊严、价值等不人道的行为和观念。《井工》中的老瓜由于饥饿偷吃病牛尸体。管事人抓了现行，给老瓜一耳光，辱骂他没有良心，"这条牛是老牛，拖了二十年的车，有功劳，我把它当人待，给它一副全尸，……你挖坟盗尸，你懂你犯的什么罪吗？……你吃死尸呀，比盗尸还要罪重……"③。老瓜心里过意不去，但他一想到功劳就想到"父亲作了二十年的老灶工，他的尸首呢？——烂豆腐一块！"④父亲掉进盐锅被煮死，同样也是作了二十年，为何受到的却是非人的待遇。老瓜隐隐觉得人活得还不如一头牛。其实，管事人对盐工都没有当人看，《鱼儿坳》中二爷就看到盐场的牛比耕牛可怜悲惨。因此管事人又何以把牛当人看呢？不过还是因为在那个时候，牛的成本高于盐工的工资罢了。有盐工回忆称当时城里劳动力多，牛的价格远远高于几百个工人一个月的工资。《自贡盐场的牛》中考察了当时的牛价，"牛价约分三等：上等八十至百两以外；中等六十至七十几两；下等三十至五十几两"[15]，牛的成本价格远高于当时盐工的工资。且"对于昼夜劳累的工人的医药疗养是丝毫没

---

① 宋良曦：《四川军阀对自贡盐商的劫掠》，《井盐史通讯》，1982（1）。
② 钟长永：《西南军阀与四川盐税》，《井盐史通讯》，1984（1）。
③ 罗淑：《罗淑选集》，四川人民出版社，1980：54。
④ 罗淑：《罗淑选集》，四川人民出版社，1980：54。

有的，因为工人纵使因工致死，只有规定了的八串钱烧埋费，换不到五两银子，死牛的损失就要大十几倍"①。正因为牛的成本价格更高，人就显得贱价。王余杞在《自流井》序言中感叹："在先，人比牛贱的时候，盐井汲水便都用人，其后牛比人贱了，又才改用牛。"②由此可见盐商从利益层面来看待人、牛的价值，而非真正怀有尊重怜悯之心。

因此，"人不如牛"也就是"人不如钱"，金钱似乎才是商人衡量价值的标准。陈铨《归鸿》中楚西家里欠债七八千，由于经济窘迫，楚西只能冒险帮助军阀走狗刘团长购买军火准备四川内战，不料战死沙场。然而楚西死后，似乎并没有什么影响，教育局局长王孟椿还在奢望自己的儿子能像楚西一样挣大钱。在他们眼里，钱比人还重要。《自流井》中，每月阴历十五的月会本是家族团聚的日子，但这样的应酬却要以钱来衡量亲疏关系。"来的如果是老辈子，便一大群出去迎接着，搀扶着，让进来高高供在上面，每个人恭恭敬敬地过去招呼，俨然十足地表出一种世家风范。字辈虽然矮，私家却有钱的角色也不寂寞，那会使得年老的老辈子也要放下身份，有意无意地舔肥两句。最倒霉的当然是穷光蛋兼小辈子：穷就有罪，谁叫他穷呢？不去招呼人吧，说不定一会儿就要挨呵斥；招呼人吧，逗人家讨厌，只会看见人家翻白眼。"③有钱就有面子，老辈子会给小辈子拍马屁，倒霉的穷光蛋，为了一个打招呼就得左右为难。打了招呼会遭白眼受辱，不打招呼挨呵斥更会受辱。不只是招呼不招呼的问题，还有穿着。"如果身上穿的是布就糟心，有谁看重穿不起绸缎的人？打量完了面子再打量里子，再不能又是布！穿布面子还可以说是'自奉简约'，遵守'勤俭治家'的古训，为啥里子也不带一根丝？啧啧，又不是死了人的穿孝，难道两块钱一尺的华丝葛也买不起一件！"④同一盐商家族的亲人，却用这种标准打击对方，骂人家穿布显穷是披麻戴孝，仿若诅咒。其实，谁说外面穿布，里面穿丝就是勤俭持家呢？试想，若是一个有钱的族人也里外穿着布，恐怕就不会用披麻戴孝评判人家，而是夸赞他勤俭持家吧？由此王余杞才在《自流井》序言中认为自己所熟识的族人，"他们的信仰只有一个：钱——为了钱，我看到他们各种不同的面相：笑脸、哭脸、半笑边哭的脸。脸皮之下就埋伏嫉妒、愤恨、轻蔑、谋害、仇视、争斗、倾轧……除了自己之外，无所不用其极：兄弟间，叔侄间，以至父子间，不分亲疏，一体待遇，自少至壮，自壮至老，一生的生命，便这样消磨在一个家庭里的自相残杀中"⑤。也正因为如此，王氏家族"保皇派"中的当家人素二伯、如四为了自身利益，尸位素餐，为了保住自己的当权位置，不惜与以迪三爷为首的"维新派"作对，也不惜与渝沙债团的四位代表勾结，把家产抵佃，成为卖家奴。而"维新派"其他几位全被如四花钱收买，瞒着想要重振家业的迪三爷，

---

① 罗筱元、姜相臣：《自贡盐场的牛》，《井盐史通讯》，1980（1）。
② 王余杞：《王余杞文集》上卷，花山文艺出版社，2016：294。
③ 王余杞：《王余杞文集》上卷，花山文艺出版社，2016：313。
④ 王余杞：《王余杞文集》上卷，花山文艺出版社，2016：313。
⑤ 王余杞：《王余杞文集》上卷，花山文艺出版社，2016：294。

在抵佃契约上签字。因为钱,所以能分出家族的亲疏关系,也因为钱,能够不坚守诺言,背叛之前的约定。亲情和人格都在钱的比称下一文不值。

在人不如钱的背后,权势也成为扭曲人的价值的帮凶。《阿牛》中管事人何先生就凭借自己的权势公报私仇。小阿牛不满何管事调戏母亲,也不屑于因为这样一层暧昧关系,何管事将自己从赶牛的升职到筒匠。当他因此自觉尊严丧失忍无可忍之毅然将何管事赶出家门后,他很快就遭到了何管事的报复。没盐吃的妇人来到盐井讨口卤水,何管事当场抓住,怪罪到小阿牛头上。然而狡诈的何管事并不以此为理由惩罚小阿牛,而是以儿子打母亲违反国法的名义让管山绑了小阿牛,母亲哭诉说情全不管用,只能哭骂道"你们哪里晓得老牛皮裹包的是什么心?一句话,挟嫌陷害,我明白","牛,我的儿子,你冤枉呀,天,五十鞭,——五十鞭——这一下还有什么人呵!"①小阿牛的母亲道出了真相,何管事仗势欺人,公报私仇,就是想除掉小阿牛。《地上的一角》中,盐贩子聚集在公垣面前,表示对取消敷水的不满。王师爷用"法律"和"抗税"吓唬他们,叫巡丁拖出闹事的人来。人群中有人说了句"买卖人!——好家伙!"王师爷就气不过,主动"猛虎似的扑到人堆前面",吓倒人群。不料人堆互相拥挤,二爷被挤出来刚到撞到王师爷身上。王师爷不分青红皂白,就是一顿痛打,还把二爷抓走关押。三天后,二爷被保释,罚款四十,盐款充公,家里的景况更加糟糕。《自流井》中,斯谦霸占仆人秦桂的遗孀,儿子松六不务正业。斯谦家的来福井火龙车坏了一直未修理,结果锅炉出事砸死了盐工黄二顺的小儿子黄狗,松六则正在黄家强奸黄二顺女儿黄花。心怀仇恨的黄二顺撞见后拿起菜刀杀了松六,却很快被团练兵带走。幼宜听闻这件事后,并不关心亲戚松六,反而担心黄二顺。本来松六就不对,死了也不能让黄二顺偿命。但是"斯谦和素二婆是决不这样想的!他们有钱有势,有钱有势的人不应该受任何委屈,何况是一个堂堂的少爷被人杀死?""井里落了难不打紧,灶上的火回去了不打紧,叫他们伤心的是失掉他们的宝贝松六哥。固然人死不能复生,为了取偿万一,一定要将黄二顺抵命处死!——那还不容易?比方就像宰一只鸡!"②井里落难砸死黄狗是不打紧的事,根本不在斯谦、素二婆等人的考虑之内。松六才是人,至于黄狗、黄花、黄二顺又是什么呢,不过是待宰的鸡。有钱有势的才叫人命,没钱没势就是鸡。这便是部分盐商的价值观念。黄二顺终究还是死了,给松六偿命。在有钱有势的盐商眼里,无钱无势的盐工及其家人都是贱命。

马克思谈到劳动的异化时,提出劳动者在劳动中遭遇不幸,否定自身。井盐手工业下以金钱权势衡量的社会,已经不再是传统靠宗族血缘联系的文化,而是逐渐衍变为以追逐利益为主的原始资本主义价值观,从而扭曲了人的价值。

因此,作家对吃"咸水饭"的人们的生存观念进行了深刻的反思和批判,他们看到了井盐文化中对人的价值的扭曲和漠视。在井灶,人不被当作人看待,盐工萌生的

---

① 罗淑:《罗淑选集》,四川人民出版社,1980:84。
② 王余杞:《王余杞文集》上卷,花山文艺出版社,2016:416。

自尊被管事人掐掉。在统一的盐商家庭里,亲情近疏与否用钱来衡量,人命也用金钱和权势衡量。无权无势的普通人只能备受欺压,毫无尊严和体面。

罗淑家住简阳,她的父亲买过盐灶,她小时候在盐灶周围长大。王余杞是自贡四大盐商家庭之一王三畏堂的后人。在他的成长中,更是经历了盐商大家庭的衰败过程。《自流井》本身带有自传意味。陈铨的家乡富顺,包含了自流井、贡井等,是自古以来因为产盐较为富庶的地带。罗淑留学法国期间,还写信给父亲,把盐灶分给盐工,提高他们的待遇。罗淑幼时,就住在井灶旁边,见惯了盐工们的苦难生活。也正是对盐工充满了同情,罗淑在书写井盐文化的小说中都在揭露盐工受到的不公待遇,赞扬他们为了自尊而反抗的勇敢,批判他们受到欺压后的忍耐。所以她笔下的老瓜最终偷了盐船离开,小阿牛到底为了自尊而敢于反抗,二爷被公垣王师爷仗势欺人后只能认栽。王余杞对家乡自流井有着复杂的情愫。他为别人瞧不起自流井而感到郁闷,又为自流井盐业衰败而惋惜,当回望家族的经历,他更是充满了愤恨和不甘。他批判家族为了钱而不分亲疏关系,反目成仇,联合外人阻止重振家业的矛盾。他批判家族中的败类,仗着有钱有势欺负普通盐工和下人。所以他不断地反思家族的灭亡原因。在《我的故乡》系列散文中王余杞写道:"如此,则同是一样的人,却有了三种不同的等级:第一等人是雇用那些使用牛和使用机器的人及如牛如机器被使用的人;第二等人是受雇来使用牛和使用机器的人;第三等人才是如牛如机器般被使用的人!"[①]他看到井盐工业中人的等级区分,第一等人是盐商,第三等人就是最底层的盐工。他们不是同样的人,也没有同样的人道精神。陈铨出生在富顺盐井街,他为自流井产盐富顺富足感到自豪。他也看到军阀乱战中,自流井盐业的破败,也看到了城市富顺对钱的追求,忽视了人的价值。当三位作家走出夔门回望故乡时,他们对故乡复杂情愫都展现在笔下的井盐文化之中。他们受过五四精神的熏陶,他们有感于对"人"和人道观念的精神。也因为如此,他们对井盐文化中忽略人的尊严价值的行为和观念进行批判。

罗淑、王余杞、陈铨笔下的井盐文化,有对家乡人们靠着智慧吃"咸水饭"的辛勤的赞扬和同情,又有对井盐文化中扭曲和漠视人尊严价值的批判。三位作家在小说中对井盐文化给予的现代人的批判与反思值得我们继续讨论。

---

① 王余杞:《王余杞文集》下卷,花山文艺出版社,2016:34。

改革开放以来盐业与戏曲艺术研究综述[①]

李 爽[②]

摘　要：盐业与戏曲艺术的研究是改革开放以来，随着盐文化研究的深入而逐渐开展的。研究者多立足淮扬盐业从盐商、盐官、盐业城市等角度开展二者关系的研究，对其他盐区盐业的研究相对滞后，对盐业神祇崇拜与祭祀演剧、盐路与戏曲传播等角度的研究还比较薄弱。在进一步的研究中，对史料等多重证据的系统整理和挖掘，不断借鉴新的研究方法，开拓新思路，以问题意识为导向进行深入拓展还有较大空间。

关键词：改革开放；盐业；戏曲艺术；研究；方法

盐业历来被称为"国之大宝"，在经济史、科技史、盐业史等领域的研究扎实深入，硕果累累。从广义来讲，盐业文化不仅包括社会历史实践过程中所创造的物质财富，同时还应关注这一进程中的精神财富。基于盐业在中国古代经济构成中典型特殊的地位和作用，以此为切入点，探讨其物质领域影响的精神文化影响，并以戏曲艺术这一富有文化特色的精神现象为载体，深入挖掘其背后的社会学、人类学、艺术学、美学等方面所根植的物质基础，并从二者的弹性互动中观照社会发展历程中的生命律动和文化内涵，是十分有意义的。

自改革开放以来，学者们在诸多领域渐次开展了与盐业相关的精神文化层面的研究。其中，对于盐业与戏曲艺术的相关研究也有了一定程度的拓展。据初步统计，大约有150余篇论文就盐业文化与戏曲艺术的发展进行了相关研究。其中，在刘庆龙、蔡建《近20年清代两淮盐业研究述评》[③]，吴海波《二十世纪以来明清盐商研究综述》[④]，李传江《上世纪六十年代以来江淮盐业研究综述》[⑤]，李敏《20世纪90年代以来中国

[①] 基金项目：本文系2017年度国家社科基金重大项目"中国戏曲文物文献搜集、整理与研究"（项目编号：17ZDA244）、2017年度国家社科青年基金项目"上党地区戏曲文物文献史料的搜集整理与研究"（项目编号：17CZS063）的阶段性成果。
[②] 李爽（1978—），女，山西运城人，山西省运城学院教师，山西师范大学戏曲文物研究所博士在读。
[③] 刘庆龙、蔡建：《近20年清代两淮盐业研究述评》，《盐业史研究》，2005（02）：42-49。
[④] 吴海波：《二十世纪以来明清盐商研究综述》，《盐业史研究》，2007（04）：55-65。
[⑤] 李传江：《上世纪六十年代以来江淮盐业研究综述》，《盐业史研究》，2012（02）：52-62。

盐文化研究综述》①,李传江《江淮盐业研究六十年述评》②,赵小平、肖仕华《八十年来云南盐业史研究综述》③,王红梅《海盐文化研究综述与未来展望》④,程龙刚、邓军《"〈盐业史研究〉创刊四十周年座谈会暨多维视野下的中国盐业史研究学术研讨会"综述》⑤,孟浩《改革开放以来贵州盐业史研究综述》⑥,朱雄、纪丽真《20世纪以来清代两淮盐业研究述评》⑦等一系列综述性文章中都多少述及了二者关系,但并未引起充分的重视,既缺乏全面宏观的总体研究,在具体研究主题分布及状况等层面也未做较多关注。

盐业与戏曲艺术研究的开展是20世纪80到90年代,随着盐文化研究的兴起而逐渐进入学者视野的。曾凡英《再论盐文化》⑧《论盐文化的内涵与特征》⑨即较为明确地对盐文化研究的对象进行了界定,并认为与盐相关的包括戏曲文学在内的研究内容,使盐文化在研究过程中涉及许多社会领域和学科领域,并强调用不同领域的研究方法对盐文化进行综合的、立体的研究,能够进一步丰富盐文化的内涵。宋良曦《中国盐文化的内涵与研究状况》⑩认为盐文化是以盐和盐业为载体的一切文化事象的总和,并从人类聚居与部落形成、丰富的文学艺术、有关盐和盐业的神话传说等多方面,阐述了盐文化的内涵。以此为起点,学界也从各个角度探讨了盐业文化与戏曲艺术发展的关系。

一、盐业神祇信仰与祭祀演剧

盐是人类生存不可或缺的重要元素,盐资源的开发和利用与人类社会文明进程共振,其独特的制造业生产信仰和行业崇拜伴随其开发和利用始终,对该行业神祇信仰及其祭祀献剧的深入研究是解读盐业独特魅力的必由之路。

---

① 李敏:《20世纪90年代以来中国盐文化研究综述》,《盐业史研究》,2013(02):52-64。
② 李传江:《江淮盐业研究六十年述评》,《中国史研究动态》,2014(01):53-62。
③ 赵小平,肖仕华:《八十年来云南盐业史研究综述》,《盐业史研究》,2014(03):139-150。
④ 王红梅:《海盐文化研究综述与未来展望》,《盐城工学院学报(社会科学版)》,2015,28(03):1-4,18。
⑤ 程龙刚,邓军:《"〈盐业史研究〉创刊四十周年座谈会暨多维视野下的中国盐业史研究学术研讨会"综述》,《盐业史研究》,2016(04):74-80。
⑥ 孟浩:《改革开放以来贵州盐业史研究综述》,《贵州师范学院学报》,2017,33(01):26-31。
⑦ 朱雄,纪丽真:《20世纪以来清代两淮盐业研究述评》,《扬州大学学报(人文社科版)》,2017,21(04):99-105。
⑧ 曾凡英:《再论盐文化》,《盐业史研究》,1998(01):24-32。
⑨ 曾凡英:《论盐文化的内涵与特征》,载盐城市海盐文化研究会《汉唐社会经济与海盐文化学术研讨会论文集》,2008:8。
⑩ 宋良曦:《中国盐文化的内涵与研究状况》,载《盐文化研究论丛》第三辑,2008:7。

其中，马继云《盐宗的传说及其崇拜》①，宋良曦《中国盐业的行业偶象与神祇》②，宋良曦《中国盐业与地方会节》③，孙玥《中国民间信仰中的盐崇拜》④，于云洪、王明德《盐业神祇谱系与盐神信仰》⑤，王俊芳《盐神信仰的表现形式及深层原因》⑥等都较为系统又各有侧重地对我国盐业神祇信仰进行了梳理和探讨，在祭祀崇拜的表达上，都多少关注到了行业迎神祭祀演艺演剧的文化艺术现象，虽然还未及深入考察和研究，但不能否认的是，盐业信仰和祭祀演剧关系密切。

在此基础上，后续学者的研究着眼点更为具体。武峰《浙江盐业民俗初探——以舟山与宁波两地为考察中心》⑦、王俊芳《盐神信仰透析——以海盐盐神信仰为例》⑧从盐业民俗等角度入手，探索海盐的盐业起源、盐产崇拜及盐业祠祀、演剧。薛卫荣《山西运城盐池神庙三连戏台及演剧活动考》⑨则对我国产盐区中颇具代表性的河东盐池神庙的祭祀演剧情况进行了充分的考证。赵琪伟《甘肃盐官盐神信仰》⑩将视线聚焦于甘肃盐业信仰，从民俗、戏曲、祭祀等方面进行了调查研究。赵橹《略论阿昌族"盐婆"神》⑪，胡继民《盐·巴人·神》⑫，宋良曦《自贡盐业会馆的兴起与社会功能》⑬，邓晓、何瑛《远古三峡的盐与盐神信仰》⑭，何启波硕士论文《巴盐文化中的盐神崇拜》⑮等研究特别关注了四川井盐产区尤其是以自贡市西秦会馆为代表的盐神演剧情况以及该产区少数民俗盐业神祇崇拜的特征。赵本凡硕士论文《巫巴山地"巫盐"文化研究》⑯以宁厂古镇盐场为例，对巫盐与巫文化关系进行了深入探讨，其中第二章专门论证了巫盐文化对戏曲文化的影响。陈艳《巫溪大宁盐场的盐业信仰及其崇祀场所的演化》⑰则从盐业神祇崇拜及献艺祭祀的角度阐释了盐业与祭祀演剧的关系。李晓莉、杨甫旺《石羊盐区多元宗教的形成、融合及变迁》⑱，李陶红《云南白盐井盐业社会的传说、

---

① 马继云：《盐宗的传说及其崇拜》，《盐业史研究》，2014（02）：17-23。
② 宋良曦：《中国盐业的行业偶象与神祇》，《盐业史研究》，1998（02）：15-23。
③ 宋良曦：《中国盐业与地方会节》，《盐业史研究》，2000（04）：25-31。
④ 孙玥：《中国民间信仰中的盐崇拜》，《温州师范学院学报（哲学社会科学版）》，2006（06）。
⑤ 于云洪，王明德：《盐业神祇谱系与盐神信仰》，《扬州大学学报（人文社会科学版）》，2015，19（03）：108-113。
⑥ 王俊芳：《盐神信仰的表现形式及深层原因》，《兰台世界》，2015（34）。
⑦ 武峰：《浙江盐业民俗初探——以舟山与宁波两地为考察中心》，《浙江海洋学院学报（人文社会科学版）》，2008，25（04）：6-10，15。
⑧ 王俊芳：《盐神信仰透析——以海盐盐神信仰为例》，《兰台世界》，2014（27）。
⑨ 薛卫荣：《山西运城盐池神庙三连戏台及演剧活动考》，《中华戏曲》，2009（02）：126-136。
⑩ 赵琪伟：《甘肃盐官盐神信仰》，《寻根》，2012（06）。
⑪ 赵橹：《略论阿昌族"盐婆"神》，《民族文学研究》，1987（03）。
⑫ 胡继民：《盐·巴人·神》，《湖北民族学院学报（社会科学版）》，1997（02）：29-32。
⑬ 宋良曦：《自贡盐业会馆的兴起与社会功能》，《盐业史研究》，2001（04）：33-37
⑭ 邓晓，何瑛：《远古三峡的盐与盐神信仰》，《重庆师范大学学报（哲学社会科学版）》，2015（01）。
⑮ 何启波：《巴盐文化中的盐神崇拜》，湖北民族学院2017年硕士学位论文。
⑯ 赵本凡：《巫巴山地"巫盐"文化研究》，重庆师范大学2012年硕士学位论文。
⑰ 陈艳：《巫溪大宁盐场的盐业信仰及其崇祀场所的演化》，《长江文化论丛》，2012（00）：18-32。
⑱ 李晓莉、杨甫旺：《石羊盐区多元宗教的形成融合及变迁》，《云南民族大学学报（哲学社科版）》，2010，27（01）：62-66。

信仰与仪式》①在概括云南盐业行业神形成、演变同时谈到了行业神祇崇拜赛戏献艺的情况。吕湛华、魏军《探索潮汕民俗盐灶拖姥爷在舞台上的视觉表现》②则将潮汕地区盐业崇拜及民俗置于现代戏剧舞台的表现样式中，从而探讨当下盐文化与戏剧艺术的互动关系。

二、盐业从业人群与戏曲艺术

盐业作为国家财政中举足轻重的经济性行业，其从业人群拥有雄厚的经济实力，这个群体的艺术审美选择和投入也必然较为直接地对戏曲艺术的发展产生影响。在目前的研究中，绝大多数学者都立足于淮扬盐业，兼及其他盐区，论述了盐商、盐官、盐工等行业群体对该地区戏曲艺术的能动作用及其播迁和影响。

朱宗宙先生在这方面的研究可谓注力颇丰。《清代前期扬州盐商与地方文化事业》③便注意到了扬州盐商群体对扬州包括戏曲在内的文化艺术事业的影响，文中涉及盐商对当时扬州戏曲创作、演出风尚、班社团体等多方面的支持和帮助。《乾隆南巡与扬州》④则特别关注了乾隆南巡这一特定历史事件中，扬州盐商为接驾所做的多方面努力及其对扬州地方的影响，其中包括对苏扬戏曲中心形成的推波助澜式的作用。《清代扬州盐商与戏曲》⑤更是在上述研究的基础上，专门讨论盐商与戏曲的相互关系，文章通过论述清代扬州盐商对扬州戏曲的提倡与支持，繁荣与发展我国的戏曲事业，进而探索扬州盐商的积极的历史作用。《"嘉惠士林"的清代扬州盐商——盐商营造的扬州人文环境》⑥重点阐述了盐商群体对扬州人文环境的影响，这其中当然包括对戏曲艺术的滋养。《盐商在扬州扮演的社会角色》⑦认为盐商在扬州扮演了极其重要的社会角色并且指出在戏曲艺术领域，盐商是花雅交融的开拓者。《明清时期扬州盐商与十八世纪的中国社会》⑧分析了明清时期与山西票商、广东行商并称三大商业资本集团的扬州盐商群体，以扬州盐商最为繁华的"康乾盛世"也就是十八世纪的中国社会来探索扬州盐商对此一时期中国社会所起的作用和影响，其中便留意到了扬州盐商对扬州戏曲文化甚至中

---

① 李陶红：《云南白盐井盐业社会的传说、信仰与仪式》，《民族论坛》，2016（02）。
② 吕湛华、魏军：《探索潮汕民俗盐灶拖姥爷在舞台上的视觉表现》，《艺术科技》，2016，29（01）：387。
③ 朱宗宙：《清代前期扬州盐商与地方文化事业》，《扬州师院学报（社会科学版）》，1985（04）：13-19。
④ 朱宗宙：《乾隆南巡与扬州》，《扬州师院学报（社会科学版）》，1989（04）：136-140。
⑤ 朱宗宙：《清代扬州盐商与戏曲》，《盐业史研究》，1999（02）：44-48。
⑥ 朱宗宙：《"嘉惠士林"的清代扬州盐商——盐商营造的扬州人文环境》，《盐文化研究论丛》，2005：10。
⑦ 朱宗宙：《盐商在扬州扮演的社会角色》，《扬州大学学报（人文社会科学版）》，2011，15（01）：80-85。
⑧ 朱宗宙：《扬州盐商与十八世纪的中国社会》，《扬州文化研究论丛》，2012（02）：108-116。

国戏曲文化所产生的影响。

此外，明光《扬州盐商家班研究》[1]认为扬州以盐商家班为代表的戏剧繁荣，反映了雅部昆剧落幕前的回光返照和花部乱弹初兴时的勃勃生机。王振忠《明清两淮盐商与扬州青楼文化》[2]认为盐商财力雄厚，使"千家养女先教曲"成为扬州城市的普遍风尚。郑志良《论乾隆时期扬州盐商与昆曲的发展》[3]从戏曲角度来论述盐商爱听戏甚至养戏班子的精神文化活动对地方戏曲的繁荣起了促进作用。丘慧莹《清代扬州盐商与戏曲活动研究》[4]、秦翠红《试论明清商人对职业戏班发展的积极影响》[5]也较早地关注了扬州盐商与戏曲发展的关系。石艳艳《论清代文艺传播活动中的扬州盐商》[6]运用传播学理论从传播环境、传播观念、传播行为三个方面论述盐商对戏曲发展的作用。杨飞《乾隆南巡与扬州的戏曲供奉》[7]也同样关注了乾隆南巡事件背景下扬州戏曲崛起的现象，而盐商戏曲供奉关系无疑加快了这一进程。板俊荣《海州五大宫调概述及称谓》[8]立足盐商文化背景中探讨海州五大宫调的艺术特色及传承发展。田力、赵岚《盐文化视域下的清代扬州盐商与戏曲传播》[9]指出盐商因特殊身份、雄厚资金等多方面原因是扬州戏曲艺术创作和传播的主导力量。刘水云、郑培凯《清康乾年间昆曲复兴的盐商背景》[10]从商署、官署昆曲戏班和家乐的角度对康乾间昆曲发展的盐商作用进行了论述。梁银辉《雅士与盐商的超时空对话——明代士大夫与清代盐商的昆曲家班比较研究》[11]则将士大夫与盐商戏曲家班的组织、构成、创作、演出等进行比较研究。连赟《两淮盐商对江苏牌子曲类说唱音乐的影响》[12]探讨了盐商对江苏牌子曲类说唱音乐的影响，并进一步分析了影响产生的社会背景及文化根源。明光《戏剧家班、题咏与创作——清代扬州盐商戏剧活动研究》[13]着眼盐商戏曲活动的本体探讨了盐商群体对戏曲发展的本质性作用。芦玲《盐商的文化消费与京剧的形成——以 18—19 世纪的扬州为中心》[14]考述了特定历史阶段盐商的商业活动和文化消费使得各种地方剧种融合变化，促成了

---

[1] 明光：《扬州盐商家班研究》，《艺术百家》，1990（04）：24-30。
[2] 王振忠：《明清两淮盐商与扬州青楼文化》，《复旦学报（社会科学版）》，1991（03）：106-114。
[3] 郑志良：《论乾隆时期扬州盐商与昆曲的发展》，《北京大学学报（哲学社会科学版）》，2003（06）：99-107。
[4] 丘慧莹：《清代扬州盐商与戏曲活动研究》，《戏曲研究》，2005（01）：205-231。
[5] 秦翠红：《试论明清商人对职业戏班发展的积极影响》，《安徽史学》，2005（05）：15-20。
[6] 石艳艳：《论清代文艺传播活动中的扬州盐商》，《求索》，2007（10）：174-176。
[7] 杨飞：《乾隆南巡与扬州的戏曲供奉》，《中华戏曲》，2010（02）：183-201。
[8] 板俊荣：《海州五大宫调概述及称谓》，《音乐时空（理论版）》，2012（03）：41-42。
[9] 田力，赵岚：《盐文化视域下的清代扬州盐商与戏曲传播》，《戏剧文学》，2012（10）：73-77。
[10] 刘水云，郑培凯：《清康乾年间昆曲复兴的盐商背景》，《戏剧艺术》，2013（01）：32-43。
[11] 梁银辉：《雅士与盐商的超时空对话——明代士大夫与清代盐商的昆曲家班比较研究》，《华南理工大学学报（社会科学版）》，2013，15（06）：69-72。
[12] 连赟：《两淮盐商对江苏牌子曲类说唱音乐的影响》，《音乐创作》，2013（12）：138-140。
[13] 明光：《戏剧家班、题咏与创作——清代扬州盐商戏剧活动研究》，《浙江艺术职业学报》，2015，13（03）：17-26。
[14] 芦玲：《盐商的文化消费与京剧的形成——以 18-19 世纪的扬州为中心》，《兰州学刊》，2017（10）：108-117。

京剧作为新剧种的产生。板俊荣《论明清盐商"高文化"中的散曲曲唱艺术》①扎根田野，从盐商文化遗存的角度提出"散曲并未绝唱"。

除淮扬盐商之外，学者们对其他盐区商人与戏曲艺术的关系也有了拓展性研究。刘文峰先生在《明清时期晋商对戏曲的贡献》②阐发了包括盐商在内的晋商对戏曲艺术的贡献。柴国珍博士论文《山西戏曲剧种文化地理研究》③从文化地理的角度探寻山西戏曲剧种的发展之路，其中第五章论述了包括盐商在内的晋商对戏曲的促进作用。王福雅《晚明商贾与戏曲的传播》④考述了晚明商贾的社会身份和风尚对戏曲传播的积极作用。张春娟博士论文《晋商、移民与戏曲》⑤论证了包括盐商在内的晋商与戏曲剧种、传播、剧目、舞台、班社等之间的关系，进而对山西戏曲生存状态进行考察和思考。罗娟硕士论文《明清时期山西戏曲与晋商》⑥则从戏曲文化遗产的角度对包括盐商在内的晋商与戏曲的关系进行论证。

在盐商个体与戏曲艺术的研究方面，主要集中在江春等盐商首领身上。朱宗宙《略论清代两淮盐商江春》⑦一文便认为江春作为一个有着一定文化素养的盐商，是戏曲发展的功臣，他对于戏曲创作、班社、演出、艺人培养等都做出了值得称道的贡献。明光的《班主江春传论》⑧明确认识到单纯以附庸风雅论盐商的艺术活动有失公允，通过对江春的艺术活动的梳理，阐明了盐商艺术活动的氛围和开放心态促成了扬州戏曲繁盛。杨飞的《清代江春康山草堂戏曲活动考》⑨认为江春康山草堂的戏曲活动是扬州戏曲繁盛的表征，通过对康山草堂戏曲活动的梳理，从演出、班社、声腔、艺人等诸多因素对扬州戏曲繁盛情况做了精深的细胞式研究。夏冉硕士论文《刘清韵戏曲研究》⑩将着眼点落脚于盐商家庭出身的女性戏曲家刘清韵，对其戏曲创作进行了富有女性特质的社会关怀和书写解读。王丽娟硕士论文《"扬州二马"文学活动研究》⑪论述了盐商马曰琯、马曰璐兄弟的交游和包括戏曲在内的文学活动。夏玉瑶的硕士论文《扬州盐商七大内班研究》⑫集中研究了扬州盐商七大内班的生成土壤、政治机遇、演出特点，并以此阐明了七大内班在昆曲演出史上的重要意义。《金兆燕与两淮盐官、盐商关系述论》⑬则探讨了戏曲家金兆燕与盐业相关的创作背景。明光《康熙朝扬州盐商文人程

---

① 板俊荣：《论明清盐商"高文化"中的散曲曲唱艺术》，《淮阴师范学院学报（哲学社会版）》，2017，39（01）：47-49。
② 刘文峰：《明清时期晋商对戏曲的贡献》，《中国文化报》，2013-11-11（008）。
③ 柴国珍：《山西戏曲剧种文化地理研究》，陕西师范大学 2008 年博士学位论文。
④ 王福雅：《晚明商贾与戏曲的传播》，《求索》，2009（09）：182-184。
⑤ 张春娟：《晋商、移民与戏曲》，上海戏剧学院 2013 年硕士学位论文。
⑥ 罗娟：《明清时期山西戏曲与晋商》，华中师范大学 2013 年硕士学位论文。
⑦ 朱宗宙：《略论清代两淮盐商江春》，《盐业史研究》，1991（03）：28-36。
⑧ 明光：《班主江春传论》，《艺术百家》，1993（02）：35-40。
⑨ 杨飞：《清代江春康山草堂戏曲活动考》，《中华戏曲》，2007（02）：159-173。
⑩ 夏冉：《刘清韵戏曲研究》，华东师范大学 2007 年硕士学位论文。
⑪ 王丽娟：《"扬州二马"文学活动研究》，扬州大学 2010 年硕士学位论文。
⑫ 夏玉瑶：《扬州盐商七大内班研究》，苏州大学 2011 年硕士学位论文。
⑬ 明光：《金兆燕与两淮盐官、盐商关系述论》，《扬州文化研究论丛》，2010（01）：69-79。

庭》①重点考证康熙朝的盐商代表文人程庭，其中谈及他与孔尚任的交游与相互影响。陈凤秀的《江春交游考》②及其硕士论文《清代寓扬徽州盐商社会网络研究》③梳理了盐商江春的交游网络，而且通过对其交游活动的考证，阐述了对包括戏曲在内的扬州文化的促进作用。张朗的《从徽班进京看徽商江春的文化策划智慧》④运用现代文化策划理论对江春在徽班进京这一戏曲史重大事件中的作用进行了独特解读。明光《李斗戏曲创作与理论》⑤孙书磊《〈扬州画舫录〉作者李斗早年行实系年考》⑥梳理考证了清中叶戏曲家李斗早期与盐商及其幕僚交游的谱录，从另一角度体现了盐商对戏曲的助推促进作用。王振忠的《再论清代徽州盐商与淮安河下之盛衰——以〈淮安萧湖游览记图考〉为中心》⑦以徽州盐商程钟所著《淮安萧湖游览记图考》为切入点，分析了徽商对故籍社会发展的影响，其中特别提及徽商还通过义贞型故事为原型进行戏曲创作和演出，以完成商人自我群体归乡形象的重新塑造。此文虽着力精微，但颇显著者研究所长，突显了地方文献及文物遗存对地方文化研究的重要性。相晓燕《骚情史笔 杂剧杰构——〈四弦秋〉解读》⑧是对江春幕僚蒋士铨及其创作的《四弦秋》进行了创作、内容、搬演等多方位的精微解读。《赵翼与扬州》⑨则是对江春另一友人赵翼寓扬期间包括戏曲在内的艺术活动梳理。朱平的硕士论文《文人、戏曲、园林：清代寓扬徽商江春的生活世界》⑩比较全面地对江春的生活世界进行了解读，其第三章梨园逸乐专门论述了江春花雅兼备的戏曲活动。

对盐商家族与戏曲关系的研究也有所突破。王鑫的硕士论文《盐商郑氏家族文学文化活动研究》⑪对盐商郑元勋家族的文学活动尤其是戏曲文学活动进行了考证，体现了盐商家族在戏曲创作、演出及戏曲理论等多方面的贡献。

对盐官与戏曲关系的研究也逐渐进入学者视野。黄强《乾隆庚子扬州设局删改曲剧始末》⑫考证了乾隆年间授意盐官对戏曲创作进行官方干预的主观行为。李占鹏《陈烺及其〈玉狮堂传奇〉述论》⑬、潘融硕士论文《戏曲家陈烺研究》⑭、王安明《陈烺

---

① 明光：《康熙朝扬州盐商文人程庭》，《扬州文化研究论丛》，2012（02）：117-126。
② 陈凤秀：《江春交游考》，《内蒙古农业大学学报（社会科学版）》，2012，14（04）：341-343。
③ 陈凤秀：《清代寓扬徽州盐商社会网络研究》，安徽师范大学 2013 年硕士学位论文。
④ 张朗：《从徽班进京看徽商江春的文化策划智慧》，《华中人文论丛》，2013，4（01）：188-191。
⑤ 明光：《李斗戏曲创作与理论》，《扬州职业大学学报》，2003（03）：1-7。
⑥ 孙书磊：《〈扬州画舫录〉作者李斗早年行实系年考》，《南大戏剧论丛》，2013（00）：76-84。
⑦ 王振忠：《再论清代徽州盐商与淮安河下之盛衰——以〈淮安萧湖游览记图考〉为中心》，《盐业史研究》，2014（03）：72-80。
⑧ 相晓燕：《骚情史笔 杂剧杰构——〈四弦秋〉解读》，《云南艺术学院学报》，2015（03）：63-67。
⑨ 相晓燕：《赵翼与扬州》，《扬州文化研究论丛》，2016（02）：93-99。
⑩ 朱平：《文人、戏曲、园林：清代寓扬徽商江春的生活世界》，华中师范大学 2017 年硕士学位论文。
⑪ 王鑫：《盐商郑氏家族文学文化活动研究》，扬州大学 2010 年硕士学位论文。
⑫ 黄强：《乾隆庚子扬州设局删改曲剧始末》，《扬州师院学报（社会科学版）》，1987（03）：170-172，179。
⑬ 李占鹏：《陈烺及其〈玉狮堂传奇〉述论》，《中国古代小说戏剧研究丛刊》，2004（00）：195-209。
⑭ 潘融：《戏曲家陈烺研究》，南京师范大学 2011 年硕士学位论文。

〈玉狮堂十种曲〉研究》①、郝金艳硕士论文《陈烺〈玉狮堂十种曲〉研究》②、李秋新《论陈烺的历史剧创作》③、郑政《试论陈烺传奇的剧情构思》④等重点研究了盐务官员陈烺的戏剧创作。鲍开恺的硕士论文《扬州卢见曾幕府戏曲活动研究》⑤、俞映红硕士论文《卢见曾在扬时期的文学活动》⑥、王连琦硕士论文《卢见曾在扬州的文学活动研究》⑦、程璇硕士论文《卢见曾幕府及其戏曲活动研究》⑧不约而同又各有侧重地围绕卢见曾幕府的戏曲活动、文人构成及其代表作品分析了卢氏幕府在戏曲史上的地位。王万祥硕士论文《清代两淮盐官文学活动研究》⑨以曹寅、卢见曾、曾燠为例论述了两淮盐官以戏曲为主的文学活动及其影响。杨飞《曾燠扬州幕府戏曲活动叙论》⑩对曾燠幕府的文人构成及其戏曲创作、演出等方面进行论证，进而阐明了曾燠幕府对扬州戏曲中心形成的作用。李传江《卢见曾幕府交游及戏曲创作考》⑪、《卢见曾幕府戏曲创作及观评考论》⑫即围绕两淮盐运使卢见曾的文人交游及其戏曲活动阐述了清中期剧坛繁盛之况。《曾燠幕府戏曲观评考论》⑬则将着眼点置于曾燠幕府的戏曲活动。张宇博士论文《杨恩寿研究》⑭聚焦曾任盐运使的杨恩寿，重点考察其戏曲理论及实践贡献。彭秋溪《清乾隆朝扬州"词曲局"修曲人员考》⑮从谱牒、档案等特色文献入手考证了盐官受命管辖下的词曲局修曲人员进行了翔实考证。

由盐官、盐商生发也形成了对其幕客与戏曲的专题研究。张惠思博士论文《文人游幕与清代戏曲》⑯从扬州设局这一清代戏曲史上最大规模、最高级别的幕友修曲事件入手，全面详慎地考证了盐官、盐商及其幕客的戏曲艺术活动及其影响。曹冰青《清代文学家金兆燕研究综述》⑰对卢见曾幕客戏曲家金兆燕研究做了全面综述。顾春勇《金兆燕与伶人定郎关系述略》⑱特别关注了盐官幕客戏曲家金兆燕与伶人之间的基于同性恋关系的艺术与生活交往。顾氏硕士论文《金兆燕研究》⑲、鲍开恺《金兆燕戏曲活动

---

① 王安明：《陈烺〈玉狮堂十种曲〉研究》，福建师范大学 2011 年硕士学位论文。
② 郝金艳：《陈烺〈玉狮堂十种曲〉研究》，山西师范大学 2012 年硕士学位论文。
③ 李秋新：《论陈烺的历史剧创作》，《江苏师范大学学报（哲学社会科学版）》，2016，42（06）：47-52。
④ 郑政：《试论陈烺传奇的剧情构思》，《闽台文化研究》，2016（04）：104-110。
⑤ 鲍开恺：《扬州卢见曾幕府戏曲活动研究》，南京师范大学 2007 年硕士学位论文。
⑥ 俞映红：《卢见曾在扬时期的文学活动》，浙江师范大学 2007 年硕士学位论文。
⑦ 王连琦：《卢见曾在扬州的文学活动研究》，南京大学 2011 年硕士学位论文。
⑧ 程璇：《卢见曾幕府及其戏曲活动研究》，济南大学 2013 年硕士学位论文。
⑨ 王万祥：《清代两淮盐官文学活动研究》，扬州大学 2010 年硕士学位论文。
⑩ 杨飞：《曾燠扬州幕府戏曲活动叙论》，《求是学刊》，2011，38（06）：104-111。
⑪ 李传江：《卢见曾幕府交游及戏曲创作考》，《长江论坛》，2017（01）：91-96。
⑫ 李传江：《卢见曾幕府戏曲创作及观评考论》，《华夏文化》，2017（01）：50-53。
⑬ 李传江：《曾燠幕府戏曲观评考论》，《重庆师范大学学报（哲学社会科学版）》，2017（02）：16-20。
⑭ 张宇：《杨恩寿研究》，扬州大学 2011 年博士学位论文。
⑮ 彭秋溪：《清乾隆朝扬州"词曲局"修曲人员考》，《文化遗产》，2015（03）：62-68。
⑯ 张惠思：《文人游幕与清代戏曲》，北京大学 2011 年硕士学位论文。
⑰ 曹冰青：《清代文学家金兆燕研究综述》，《安徽文学（下半月）》，2012（02）：148-149。
⑱ 顾春勇：《金兆燕与伶人定郎关系述略》，《怀化学院学报》，2012，31（04）：65-67
⑲ 顾春勇：《金兆燕研究》，扬州大学 2013 年博士学位论文。

考述》①对卢氏幕客金兆燕及其交游和传奇作品进行了较为深入的研究。

盐工是盐业从业人群中较为特殊的一个人群，他们既是行业艺术活动的孕育者，又是行业艺术活动的践行者，对这一群体艺术活动的关注，具有丰富的文学艺术内涵。宫修建《"盐工号子"的音乐特征分析及生态现状思考》②、黄宗坛《自贡盐工号子浅析》③，宫修建《川南"盐工号子"的社会及艺术功能价值》④、《透过自贡"盐工号子"谈音乐文化的阶级属性》⑤，朱叶莉《论民俗文化的艺术内涵与生命意识——川南"盐工号子"之考据》⑥，曾静硕士论文《自贡盐工号子审美研究》⑦，罗立章《浅析盐工号子的艺术特征与价值》⑧，熊卫、王宏、王维迦《浅谈自贡盐工号子的传承与发展》⑨，黄梅《"盐工号子"的音乐审美价值和遗存价值探究》⑩，黄志勇《自贡"盐工号子"的艺术魅力及地域文化特点》⑪等都将目光聚焦于自贡盐工群体，对其富有地方特色和行业特色的艺术活动进行了较为充分的研究。潘金《川南盐场音乐结构特征研究》⑫聚焦川南盐场，阐述了盐场戏曲音乐的演出形态、演出场所及音乐结构等。宫修建、毛波《川南盐场音乐历史文化价值及保护路径探析》⑬针对独存于川南盐场的自贡川剧高腔等典型的音乐形式，分析其历史文化价值，进而探索其保护路径。

三、盐业文物与戏曲艺术

盐业戏曲文物以盐业文物研究戏曲，以戏曲艺术审视盐业，具有物质文化形态和精神文化形态的双重关注研究也有序开展。杨志烈《秦腔入川与自贡戏雕》⑭便注意到戏曲传播与盐区戏曲文物遗产的互见关系。郭广岚自1996年以来，致力于自贡西秦盐业会馆戏曲木雕研究，成果颇丰，同时启发了对盐业遗产与戏曲关系研究领域的拓

---

① 鲍开恺：《金兆燕戏曲活动考述》，《中华戏曲》，2013（01）：280-291。
② 宫修建：《"盐工号子"的音乐特征分析及生态现状思考》，载四川理工学院、中国盐文化研究中心《盐文化研究论丛（第四辑）——回顾与展望：中国盐业体制改革学术研讨会论文集》，2009：5。
③ 黄宗坛：《自贡盐工号子浅析》，载四川理工学院、中国盐文化研究中心《盐文化研究论丛（第四辑）——回顾与展望：中国盐业体制改革学术研讨会论文集》，2009：4。
④ 宫修建：《川南"盐工号子"的社会及艺术功能价值》，《四川理工学院学报（社会科学版）》，2010，25（01）：9-13。
⑤ 宫修建：《透过自贡"盐工号子"谈音乐文化的阶级属性》，《文教资料》，2011（09）：88-89。
⑥ 朱叶莉：《论民俗文化的艺术内涵与生命意识——川南"盐工号子"之考据》，《求索》，2011（12）：54-56。
⑦ 曾静：《自贡盐工号子审美研究》，四川师范大学2012年硕士学位论文。
⑧ 罗立章：《浅析盐工号子的艺术特征与价值》，《黄河之声》，2012（09）：74-75。
⑨ 熊卫、王宏、王维迦：《浅谈自贡盐工号子的传承与发展》，《音乐探索》，2012（03）：63-68。
⑩ 黄梅：《"盐工号子"的音乐审美价值和遗存价值探究》，《四川戏剧》，2013（03）：96-99。
⑪ 黄志勇：《自贡"盐工号子"的艺术魅力及地域文化特点》，《音乐创作》，201，（11）：157-159。
⑫ 潘金：《川南盐场音乐结构特征研究》，《音乐时空》，2015（10）：57。
⑬ 宫修建、毛波：《川南盐场音乐历史文化价值及保护路径探析》，《盐业史研究》，2016（03）：70-78。
⑭ 杨志烈：《秦腔入川与自贡戏雕》，《陕西戏剧》，1984（05）：61-62。

展。①2006 年 6 月，更是集多年研究之力，出版了专著《西秦会馆》，成为盐业遗产建筑研究中体例较为完备、阐释较为详尽的代表作。侯虹《自贡井盐文化与历史性文物建筑》②则对自贡盐业与盐业文物之间的关系进行关注，其中大多亦属盐业戏曲文物。李泉《从聊城山陕会馆戏楼墨记看清末民初的地方戏剧》③《清末民初聊城山陕会馆戏楼墨记与区域戏剧文化交流》④、王星荣《民国时期河南卢氏戏曲演出调查》⑤、杨飞《开封山陕甘会馆及其戏楼演剧考略》⑥《河南周口山陕会馆及其戏楼考述》⑦、王玉坤《河南晋商会馆戏楼及祭祀演剧活动考》⑧分别对以盐商作为先导及重要组成部分的山陕商人会馆及其戏曲活动进行考证。高蓉芳、胡萤《清代晋商对广西边疆地区的开发研究》⑨中也考证了广西桂林的山陕会馆及其戏曲演出状况。曾浩月《泸州市叙永县春秋祠及其戏曲雕刻、演剧考述》⑩对川盐区重要的行业会馆及其演剧活动进行了较为全面的考述。《昆明市真庆观盐隆祠戏台》⑪则介绍了云南盐区行业会馆的戏曲文物遗存。

四、盐业文化地理与戏曲艺术

由于盐在生活中的不可或缺，盐业的商业流动和发展与市镇集居、城市形成、交通分布等密不可分，因盐产、盐运、盐榷、盐贸而形成了盐道、盐城、盐镇、盐市集。同时，戏曲艺术也伴随着盐业人群的脚步在文化地理上产生了不可估量的影响。

立足"盐城"扬州，学者们对扬州因盐而兴的城市戏曲文化进行了深入系统的研

---

① 郭广岚：《自贡西秦会馆木雕赏析（一）》，《盐业史研究》，1996（02）：81；郭广岚：《西秦会馆戏雕三辨》，《盐业史研究》，1998（01）：41-45；郭广岚：《自贡西秦会馆木雕赏析（六）》，《盐业史研究》，1998（02）：51；郭广岚：《自贡西秦会馆木雕赏析（七）》，《盐业史研究》，1998（03）：49；郭广岚：《自贡西秦会馆木雕赏析（八）》，《盐业史研究》，1999（01）：1；郭广岚：《自贡西秦会馆木雕赏析（九）》，《盐业史研究》，1999（02）：49；郭广岚：《自贡西秦会馆木雕赏析（十一）》，《盐业史研究》，2000（02）：49；郭广岚：《自贡西秦会馆木雕赏析（十二）鸣锣道情》，《盐业史究》，2000（03）：50；郭广岚：《自贡西秦会馆木雕石雕研究概论》，《四川文物》，2001（01）：3-7；郭广岚：《自贡西秦会馆木雕赏析（十四）》，《盐业史研究》，2001（03）：1；郭广岚：《西秦会馆楣板木雕赏析》，《盐业史研究》，2002（03）：46-48；郭广岚：《西秦会馆木雕上的才子佳人戏》，《文史杂志》，2002（06）：54-55；郭广岚：《四川自贡西秦会馆贲鼓、金镛两阁楣板戏雕考》，《中华戏曲》，2005（01）：23-27。
② 侯虹：《自贡井盐文化与历史性文物建筑》，《盐业史研究》，2017（02）：67-73。
③ 李泉：《从聊城山陕会馆戏楼墨记看清末民初的地方戏剧》，《戏曲研究》，2006（01）：194-207。
④ 李泉：《清末民初聊城山陕会馆戏楼墨记与区域戏剧文化交流》，《东岳论丛》，2009，30（04）：90-97。
⑤ 王星荣：《民国时期河南卢氏戏曲演出调查》，《戏曲研究》，2008（01）：243-254。
⑥ 杨飞、郝金艳：《开封山陕甘会馆及其戏楼演剧考略》，《中华戏曲》，2013（01）：95-111。
⑦ 杨飞：《河南周口山陕会馆及其戏楼考述》，《中华戏曲》，2015（01）：133-147，4。
⑧ 王玉坤：《河南晋商会馆戏楼及祭祀演剧活动考》，《山西档案》，2014（04）：114-117。
⑨ 高蓉芳、胡萤：《清代晋商对广西边疆地区的开发研究》，《钦州学院学报》，2013，28（10）：90-95。
⑩ 曾浩月：《泸州市叙永县春秋祠及其戏曲雕刻、演剧考述》，《戏剧文学》，2016（07）：168-176。
⑪ 《昆明市真庆观盐隆祠戏台》，《云南档案》，2017（02）：8。

究。明光《扬州古代戏曲发展史略》①结合文物和文字记载，宏观地将扬州展现的从上古到清末，中国戏曲孕育、成长、发展的各个阶段和基本形态进行了梳理和论证。吴新雷致力于昆曲研究，其《扬州昆班曲社考》②对盐兴之城扬州的昆曲七大内班及昆曲清唱曲社进行了考证，从而对扬州昆班文化传统脉络进行了本体研究。杨飞《清代苏州昆曲艺人在扬州的流布与影响》③认为扬州昆曲中心地位的确立与苏州昆曲艺人流布关系密切。后者作为花雅之争的中坚力量，其戏曲活动的传承及创新为戏曲发展提供了新的养料。《乾嘉时期扬州文人雅集与戏曲繁盛》④比较客观地解读了文人雅集与戏曲之间的关系，认为文人雅集促进了戏曲的繁盛的同时也助长了戏曲创作的案头化倾向。其博士论文《乾嘉时期扬州剧坛研究》⑤从戏曲文化、创作、剧目、戏曲活动、声腔、理论等诸多方面对扬州剧坛进行了全方位解读。《试析清代乾嘉时期扬州剧坛的转型性特征》⑥从扬州戏曲演出中心的转移、家班的性质以及戏曲理论批评的转型三个方面进行研究，从而突出扬州剧坛转型特征。杨飞《两淮盐商的衰落与扬州戏曲中心的嬗变》⑦、相晓燕的博士论文《清中叶扬州曲家群体研究》⑧同样立足清中叶戏曲中心扬州，针对盐商观照下的戏曲艺术曲家本体进行研究，对戏曲创作主体的理论建树和戏曲实践活动给予了充分梳理和研究。在前文研究的基础上，相晓燕《清中叶扬州曲家的花部戏曲观》⑨《蒋士铨与扬州》⑩《雅俗之间的徘徊——花雅之争中的沈起凤》⑪《论赵翼的戏曲观——以〈瓯北集〉为中心的考察》⑫等还对扬州盐商助推下的曲家个体戏剧理论及实践进行了系列研究。王军明《乾隆时期扬州剧坛与戏曲禁令关系考》⑬论述了这一时期扬州盐商特殊身份和地位使得扬州剧坛很少受到戏曲禁令的影响，而得以高峰发展。明光《从单向学习到互相影响——古代扬州、苏州昆剧关系浅论》⑭盐业背景下苏、扬两地雅部发展的互动关系进行了比较研究。黄健《自贡盐场的抗战文化活动》⑮重点考证了抗战时期自贡盐场包括戏剧在内的文化活动的开展情况及其影响。

---

① 明光：《扬州古代戏曲发展史略》，《艺术百家》，1996（01）：97-102。
② 吴新雷：《扬州昆班曲社考》，《东南大学学报（哲学社会科学版）》，2000（01）：88-97。
③ 杨飞：《清代苏州昆曲艺人在扬州的流布与影响》，《苏州大学学报》，2005（05）：109-112。
④ 杨飞：《乾嘉时期扬州文人雅集与戏曲繁盛》，《南京师大学报（社会科学版）》，2006（01）：144-148。
⑤ 杨飞：《乾嘉时期扬州剧坛研究》，华东师范大学2006年博士学位论文。
⑥ 杨飞：《试析清代乾嘉时期扬州剧坛的转型性特征》，《戏曲研究》，2008（01）：121-140。
⑦ 杨飞：《两淮盐商的衰落与扬州戏曲中心的嬗变》，《中华戏曲》，2008（01）：178-186。
⑧ 相晓燕：《清中叶扬州曲家群体研究》，浙江大学2010年博士学位论文。
⑨ 相晓燕：《清中叶扬州曲家的花部戏曲观》，《浙江艺术职业学院学报》，2014，12（01）：36-42，35。
⑩ 相晓燕：《蒋士铨与扬州》，《古典文学知识》，2015（01）：89-95。
⑪ 相晓燕：《雅俗之间的徘徊——花雅之争中的沈起凤》，《吉林艺术学院学报》，2016（04）：48-52，72。
⑫ 相晓燕：《论赵翼的戏曲观——以〈瓯北集〉为中心的考察》，《浙江艺术职业学院报》，2016，14（04）：40-45。
⑬ 王军明：《乾隆时期扬州剧坛与戏曲禁令关系考》，《玉林师范学院学报》，2012，33（03）：87-92。
⑭ 明光：《从单向学习到互相影响——古代扬州、苏州昆剧关系浅论》，《扬州文化研究论丛》，2017，（01）：109-120。
⑮ 黄健：《自贡盐场的抗战文化活动》，《盐业史研究》，2005（03）：25-31。

吉喆硕士论文《近代几大戏曲剧种在天津的传播与发展》①立足近代天津的剧种发展，文中涉及天津盐业对戏曲的能动作用。

"盐路即戏路"，盐路与戏曲也呈现出交融互质的亲密关系。常贵章《运河之都与戏曲繁荣——从明清时期两淮地区的戏曲活动说起》②便注意到运河作为盐运的重要通道对戏曲传播和影响产生了不容忽视的作用。郭建丽《晋商与山西戏曲关系研究》③侧重从商路与戏路关系入手阐述二者相辅相成的关系。李传江《明清两淮盐业经济影响下的区域文艺创作与消费》④进一步指出两淮盐业经济对区域文艺创作有积极的促进作用，进而明确了盐业影响下的两淮戏曲艺术具有幕府中心制的群体性特征。

五、盐业与地方剧种

盐业与地方剧种的研究也随着地方文化研究的深入悄然拉开帷幕。肖士雄《自贡盐业与川剧》⑤、李太平《清代川剧艺术自贡盐业》⑥关注了自贡盐商、盐运河道、盐资、盐工、盐业会馆等诸多因素对川剧产生和发展的影响。李太平《试论魏明伦剧作与盐文化》⑦则将视线放在当代，阐述了魏明伦戏剧创作的盐业背景。严世善、杨秋萍《徽商与徽剧武打艺术》⑧，严世善《扬州徽商与徽班舞台美术》⑨考证了包括盐商在内的徽商对徽剧艺术的具体影响。寒声《晋商与晋剧》⑩便关注到了晋商这一特殊群体对晋剧的影响。周云《川剧资阳河流派与盐都黄氏弟兄》⑪略述了近现代自贡川剧"资阳派"与自贡盐业望族的互动关系。邓小秋《论盐阜地方戏对淮剧发展的影响》⑫较为明晰地挖掘了盐阜、盐淮地区"香火戏"融合"梆子戏""老徽班""苏北京戏""门叹词""三可子""江北小戏""南淮海""江淮戏"等各地方戏精华，进而发展成为独特的地方剧种"淮剧"的艺术发展过程。刘文峰先生宏著《山陕商人与梆子戏考论》⑬对山陕商人与梆子戏源流进行了精详考述，虽然对山陕盐商考证还可进一步深入，但无疑是

---

① 吉喆：《近代几大戏曲剧种在天津的传播与发展》，天津音乐学院2015年硕士学位论文。
② 常贵章：《运河之都与戏曲繁荣——从明清时期两淮地区的戏曲活动说起》，《江苏文艺研究与评论》，2012（03）：54-56。
③ 郭建丽：《晋商与山西戏曲关系研究》，《晋阳学刊》，2011（04）：16-17，56。
④ 李传江：《明清两淮盐业经济影响下的区域文艺创作与消费》，《求是学刊》，2017，44（01）：113-120。
⑤ 肖士雄：《自贡盐业与川剧》，《盐业史研究》，1991（02）：58-64。
⑥ 李太平：《清代川剧艺术自贡盐业》，《文史杂志》，1997（01）：14-15。
⑦ 李太平：《试论魏明伦剧作与盐文化》，《自贡师专学报》，1996（01）：34-38。
⑧ 严世善，杨秋萍：《徽商与徽剧武打艺术》，《安徽新戏》，1998（2）：27-31。
⑨ 严世善：《扬州徽商与徽班舞台美术》，《徽州社会科学》，1998（04）。
⑩ 寒声：《晋商与晋剧》，《沧桑》，2001（S2）：22。
⑪ 周云：《川剧资阳河流派与盐都黄氏弟兄》，《自贡日报》，2006-02-17（008）。
⑫ 邓小秋：《论盐阜地方戏对淮剧发展的影响》，《盐城工学院学报（社会科学版）》，2010，23（02）：1-4，9。
⑬ 刘文峰：《山陕商人与梆子戏考论》，文化艺术出版社，2011。

盐商与梆子戏艺术研究的扛鼎之作。梁威《明清晋商对山西梆子发展的积极影响》[1]考证了包括盐商在内的晋商对山西地方戏曲艺术的积极影响。李洁《吕剧在广饶、博兴、蒲台（已撤销）结合部：盐坨村一带的出现与发展》[2]、门峣峣《一个被忽略的吕剧发祥地——东营市龙居镇盐垛村》[3]在田野考察的基础上，从曲牌及其演变、命名、民间艺人演出等角度阐述了盐镇乡村盐垛村作为吕剧发祥地之一的事实。宋婧《晋商繁荣时期晋剧发展现象研究》[4]、肖宜悦博士论文《三晋地域文化与晋剧研究》[5]、邓冬丽《晋剧的起源及其在内蒙古西部地区的流传和演变》[6]则分别从地方文化、传播等角度研究包括盐商在内的晋商对地方剧种的影响。王余《荒诞川剧〈潘金莲〉与井盐文化的传播》[7]同样关注井盐文化与现代戏剧的相互影响。李瑞林《汉沽飞镲的历史、传承与嬗变》[8]、贾欣桐《散落于津港之畔的古铜音——天津汉沽飞镲的考察与研究》[9]对天津汉沽盐场的民间艺术进行了考察。项筱波《"非遗"传承要重视有地方特色的代表作——以海传俗曲为例》[10]从非遗角度论述了海州及苏北俗曲与淮扬盐业戏曲中心地位的源流关系。

另外，值得一提的是，四川轻化工大学的李树民先生坚持盐业文学研究视野，在盐业与戏曲方面进行了系列研究。《赵熙文学活动与自贡井盐文化》[11]最早关注自贡盐业文人赵熙的戏曲创作、与盐业实业家交游等艺术活动，借此探讨了盐业与戏曲艺术的相互影响。其与杜晓晶合作研究的《试论元明戏曲作品中的"盐"关目》[12]历数了元明清三代戏曲剧目中盐从话语层面参与、盐业活动展现到盐业主题剧目呈现的三个阶段的变化，从而凸显盐业与戏曲的密切关系。《盐业经济对明清时代戏曲兴盛的促进作用》[13]也将着眼点移至扬州，以代表性戏曲作品及家班阐述了盐业对戏曲的促进作用。《明清盐业对戏曲声腔及地方剧种的作用》[14]认为戏曲四大声腔与多个知名地方剧种的

---

[1] 梁威：《明清晋商对山西梆子发展的积极影响》，《黄河之声》，2012（09）：24-26。
[2] 李洁：《吕剧在广饶、博兴、蒲台（已撤销）结合部：盐坨村一带的出现与发展》，《音乐大观》，2013（01）：113-114。
[3] 门峣峣：《一个被忽略的吕剧发祥地——东营市龙居镇盐垛村》，《黄河之声》，2016（01）：125-126。
[4] 宋婧：《晋商繁荣时期晋剧发展现象研究》，《赤子》，2015（18）：34。
[5] 肖宜悦：《三晋地域文化与晋剧研究》，中国艺术研究院2016年博士学位论文。
[6] 邓冬丽：《晋剧的起源及其在内蒙古西部地区的流传和演变》，《内蒙古艺术》，2016（01）：46-48。
[7] 王余：《荒诞川剧〈潘金莲〉与井盐文化的传播》，载《中国盐文化传播学术研讨会——传承与创新论文提要》，2014：1。
[8] 李瑞林：《汉沽飞镲的历史、传承与嬗变》，载中国民间文艺家协会、天津大学冯骥才文学艺术研究院《当代社会中的传统生活国际学术研讨会论文集》，2013：12。
[9] 贾欣桐：《散落于津港之畔的古铜音——天津汉沽飞镲的考察与研究》，《天津音乐学院报》，2014（01）：69-77。
[10] 项筱波：《"非遗"传承要重视有地方特色的代表作——以海传俗曲为例》，《歌唱艺术》，2017（07）：41-43。
[11] 李树民：《赵熙文学活动与自贡井盐文化》，《盐业史研究》，2010（03）：52-58。
[12] 李树民、杜晓晶：《试论元明戏曲作品中的"盐"关目》，《盐业史研究》，2012（01）：53-59。
[13] 李树民：《明清盐业对戏曲声腔及地方剧种的作用》，《大舞台》，2012（09）：13-14。
[14] 李树民：《盐业经济对明清时代戏曲兴盛的促进作用》，《社会科学家》，2012（06）：136-139。

形成和传播都离不开盐业的催生和促发。《简论明清"盐业家乐"的剧目及伶人》①通过对盐业家乐搬演剧目及伶人高超的艺术水平的梳理，凸显盐业与戏曲密不可分的关系。其研究视野广泛，呈现出对盐业背景下的曲家、剧作、班社、扮演、地域、班社等进行了较为全面的关注，也为盐业与戏曲艺术研究向纵深发展提供了借鉴。

六、盐业与戏曲艺术研究的特点

通过对以上研究成果的梳理，盐业与戏曲艺术的研究呈现出以下几个特点：

第一，盐业与戏曲艺术的研究是在改革开放以来随着盐业史研究重心的逐渐转移和开拓以及盐文化研究的兴起而逐渐展开的。在此之前，盐业研究大多集中于从经济史、财政史、科技史等领域。20世纪中叶以后，学术研究中的人文主义倾向逐渐明晰，"有兴趣研究历史的人，又将注意力转到历史中的经济与社会方面，或者是转到那只讨论思想，而不问及国家起源及其在时代中的地位的所谓'动态的文化史'上"②。随着改革开放、经济发展，对盐业这一特殊行业的研究，逐渐体现出从行业物产到行业人群主体及其行业遗产的传承及发展这一研究路径的转移。尤其是21世纪以来，后现代研究"创造性的分析实践"的研究表述方式也对学术研究产生了影响。盐业与戏曲艺术关系的研究正是40年来学术研究理念及思路开拓与变化的体现。

第二，从现有成果看，对盐业从业人群与戏曲艺术的关系研究占总成果的53%。其中，对盐商的研究着力尤为突出，占总成果的30%。而在盐商的研究中，由于明清盐业中心的南移以及随之而来的淮扬盐业资料存世的丰富，淮扬盐商的研究可谓硕果累累，其中，既有像朱宗宙、王振忠、明光等学术功底深厚的前辈学者潜心于该领域研究，也有如杨飞、相晓燕等中青年研究学者中的杰出代表驻足其中。相比于淮扬盐商与戏曲艺术研究的百花齐放，其他盐区的盐商与戏曲艺术的研究还比较薄弱。对晋商与戏曲的研究大多关注的是晋商中后期的票商群体，对晋、陕盐业商人的研究还混融其中，并未得到应有的关注和解读。对盐官及其周边人群与戏曲艺术的关注也集中于淮扬盐官，并未涉及其他盐区官员，占总成果的14%。虽然从研究视野上仍有提升空间，对川盐区盐工这一群体艺术生活的系列关注依旧十分难能可贵，占总成果的8%。

与此相比，盐业其他领域与戏曲艺术的研究还有较大的研究空间。目前，占总成果约13.6%的对盐业行业神祇崇拜及祭祀演艺的探索和考察还停留在"阐释性研究"阶段，对其深层次的学术研究相对滞后，其向"求是性研究"的开拓还应引起学界注意。对盐业遗产与戏曲文物、文化地理的研究约占总成果的18.4%。此领域的研究目前还缺乏宏观梳理与考察，比较研究还未及开展，质化研究还未及深入。盐业与地方戏曲艺

---

① 李树民：《简论明清"盐业家乐"的剧目及伶人》，载《中国盐文化传播学术研讨会——传承与创新论文提要》，2014：2。
② Gordon A. Craig：《谈政治史与外交史》，陈华译，《食货月刊（复刊）》第6卷，1972。

术的发展占总成果的 12.2%,主要聚焦于川剧等个别剧种,对其他剧种的形成及传播研究还可进一步推进。

第三,从成果生成的时间分布来看,虽然对盐业与戏曲艺术的观照始自 20 世纪 80 年代,但此领域研究在相当一段时间内并未引起学界更多的关注,20 世纪后 20 年对该主题的研究成果共占总成果的 13.9%,其时绝大多数学者仍旧把研究精力投入到对盐产技术、盐政制度、财赋变迁等角度。进入 21 世纪之后,该领域的研究有了较大程度的开拓,21 世纪第一个十年的成果占总成果的 23%,特别是 2010 年以来的研究成果空前发展,占总成果的 63%。

第四,从成果研究的时间分布来看,现有成果集中在明清两代,占总成果的 97%,其中清代高达 79%。对戏曲形成期与盐业关系的研究仅有 1 篇。对当代盐业与戏曲艺术的关系研究有 3 篇,虽数量有限,但从中依然能看到文化学、心理学、社会学、人类学等多学科交叉对学术研究的影响。究其原因,主要是研究资料分布不均所致。较之前代,在盐业中心南移之后,清代盐业与戏曲活动的交融共生关系大量地保存在正史、笔记、方志、实录、档案等文献资料当中,物质遗产与精神遗产的文物资料也有大量留存,这都为研究提供了有利的条件。而清之后历经战乱割据的时代变迁,许多资料也难免湮没于历史长河之中,对其能够开展的研究也相应受到影响。立足基本文献史料,结合文物、口述等开展"三重证据"的进一步研究,能够为盐业文化与戏曲艺术的内涵式研究开辟新的领域和空间。

总的来说,虽然对盐业与戏曲艺术交融观照的研究有了长足进步,但相较于行业领域及其戏曲艺术本身的密切关系来说,仍旧需要在日后的研究中不断推进。

中国古代诗歌中有关盐业女性的形象描述

张银河[①]

摘　要：本文选取了二十多首古代诗歌，从中探析盐业女性在其中扮演的劳动形象、洪灾形象、思夫形象、饥饿形象、战争形象、商人形象，并通过她们了解当时的盐业历史现状。

关键词：古代诗歌；盐业；女性

中国是一个诗的王国，自上古至明清，留下的诗作数以万计。在这些诗歌中，有相当一部分是描写盐业生产及其社会现象的作品。它们从不同方面，记述了盐业生产的艰辛，战争及其自然灾害对盐业生产者身心的摧残。这种社会现象在女性身上体现得尤甚。由于她们是物质财富与精神财富的创造者，在生活内容与精神面貌方面都有别于其他阶层的妇女，笔者借助中国古代诗歌，全面客观地评述盐业妇女的各种生活形象。

一、劳动中的女性形象

在封建社会，劳动妇女无疑生活在最底层。古代不少诗人都能够关注劳动妇女的疾苦，并作一些同情劳动妇女疾苦的诗篇，揭露封建社会的阶级矛盾。人们普遍对劳动者无衣无食的极端不合理的社会现象存在着不满，而这在诗人的笔下也得到了反映。

（一）杜甫《负薪行》

杜甫（712—770）字子美，唐代诗人。开元中举进士不第，漫游各地，最后定居成都。其诗广泛反映时代社会，为我国伟大的现实主义诗人。有《杜工部集》。

夔州处女发半华，四十五十无夫家。更遭丧乱嫁不售，一生抱恨长咨嗟。土风坐男使女立，应当门户女出入。十犹八九负薪归，卖薪得钱应供给。至

[①] 张银河（1964—），笔名霄汉、宇言，河南南召人。现任河南省盐业协会秘书长、中国作家协会会员、中国盐文化研究中心客座研究员。代表作品有《中国盐文化史》等。主要研究方向：中国盐业历史文化。

老双鬟只垂颈,野花山叶银钗并。筋力登危集市门,死生射利兼盐井。面妆首饰杂啼痕,地褊衣寒困石根。若道巫山女粗丑,何得此有昭君村?

由于当时四川长年战乱不断,夔州人民生活在水深火热之中。煮盐伐薪本是男人们干的活,少数妇女为生活所迫也不得不上山砍柴来勉强维持自己的生计。作品从一个侧面反映了当时的社会现状。诗中刻画了一位女性,年已四五十岁,头发已经斑白,不仅没有结婚,而且为了维持生计,还要整天背负柴薪去换食盐贩卖来维持生活。她是夔州所有女性惨淡人生的写照。

(二)陈椿《熬波图》

陈椿,浙江天台人。元代诗人。生卒年不详。元统年间,任浙西华亭具下砂盐场司令。他在盐场前人《熬波图》遗作的基础上,详细修订字善为四十七幅,于元统二年(1334)完成刊世。后被收入《四库全书》。

1.《盖池井屋》

穿凿池井完,上盖数椽屋。老妇挽茅柴,壮丁担竹木。檐楹苦著地,难用擎天柱。固非人所居,但防天雨雨。

作者原注:"池井筑叠既完,又忌雨损,故于上造房屋以覆之。收买竹为桷椽、木为梁柱,织芦为笆,束茆为苫,工食之费,时时修葺,以防雨漏。若人生水浸淡,又须再别淋过,然后可以煎盐。"我们从中可以看到女性的角色是"老妇挽茅柴"。

2.《担灰摊晒》

海天无风云色开,相呼上场早晒灰。满场大堆仍小堆,前担未了后担催。少妇勤作亦可哀,草间终日眠婴孩。正苦饥腹鸣如雷,转头馌妇从西来。

作者原注:"灰乃垯内淋过卤水,残灰及拌内半消……每日添生灰两担,收担入淋之时,一担铺底一担盖面,灶丁每日侵晨看天色晴霁,逐担挑开于摊场上……男子妇人若老若幼,夏日苦热,赤日行天则汗血淋漓,严冬朔风则履霜,蹑水手足皴裂,悉登场灶无敢闲情。"这首诗记述了夏日里灶团内人们担灰入淋"少妇勤作亦可哀,草间终日眠婴孩"的场景。

(三)迺贤《卖盐妇》

迺贤(1309—1364),元代诗人。字易之,本葛逻禄氏,译言马,世居金山(山名,在今内蒙古东境)西。后因寓居南阳郏县,称南阳人。随兄塔海宦游江浙,卜居于鄞(今浙江鄞州区)。再至京师,以能文名。归浙东,辟为东湖书院山长。以荐授翰林编修官,出参桑哥失里军事,卒于军。有《金台集》。

卖盐妇，百结青裙走风雨。雨花洒盐盐作卤，背负空筐泪如缕。三日破铛无粟煮，老姑饥寒更愁苦。道傍行人因问之，拭泪吞声为君语。妾身家本住山东，夫家名在兵籍中。荷戈崎岖戍明越，妾亦万里来相从。年来海上风尘起，楼船百战秋涛里。良人贾勇身先死，白骨谁知填海水。前年大儿征饶州，饶州未复军尚留。去年小儿攻高邮，可怜血作淮河流。中原封桩音信绝，官仓不开口粮缺。空营木落烟火稀，夜雨残灯泣呜咽。东邻西舍夫不归，今年嫁作商人妻。绣罗裁衣春日低，落花飞絮愁深闺。妾心如水甘贫贱，辛苦卖盐终不怨。得钱籴米供老姑，泉下无惭见夫面。君不见，绣衣使者浙河东，采诗正欲观民风。莫弃吾侬卖盐妇，归朝先奏明光宫。

诗作刻画出了一位因战争而家破夫儿皆亡的妇女，最初过着噩梦般的生活。岂料，改嫁盐商后，仍然过着艰苦的贩盐生活。作者通过这位妇女的形象，揭露了战争与苛政是造成社会底层百姓不幸的根本原因。

（四）王毓奇《烟溪即事》

王毓奇，清朝人，生卒年不详。曾任云南黑井提举。《烟溪即事十首》之三写道：

井汲常常涸，编氓渐渐贫。醦煎十万釜，课办百千缗。裸体男抬卤，蒙头女负薪。元宵与除夜，谁许岁更新。

这首诗写盐工们"裸体男抬卤"的悲惨生活状况，其中"蒙头女负薪"是指女性即蒙面不愿意看到男性劳动的场景，又不得不为盐业生产工地运送煮盐用的柴草。

（五）李瑜《雷波竹枝词》

李瑜，字念南，清代浙江钱塘人。道咸间游于蜀，后官绵州知府幕僚、蕲州知府。有《李念南诗稿》。

帕帽笼头赤两跌，六环缀耳贯蕉珠。负盐驼笋屦提劫，也曳腰裙学汉姝。

雷波旧时属叙州府，在今四川雷波，属大凉山区。诗作刻画出了当地彝族姑娘忍辱负盐，不畏艰难的情形。

二、洪水中的女性形象

古代的食盐来源主要是靠海盐。由于地理及历史的原因，海盐产地遭受暴风雨及洪水的侵袭最为严重。而描写其盐产区女性遭遇洪水的诗多是在海盐产区。

(一)沈聘开《海潮行》

沈聘开(1615—?),明末清初诗人。淮南泰属安丰场人。字亦季。清顺治、康熙间以诗歌名于时,尤擅长歌行体。有《汲古阁诗存》。

> 乙巳之秋秋七月,三日食时飓风发;须史天色昏如夜,雨纵风威行杀伐。初犹拔木摧民,继则崩山震太虚;十家九家墙尽倒,十里九里烟少。屋瓦蝶散声琅琅,屋茅席卷余空梁;人尽水立夜不卧,杳无一室留灯光。此为城市尚如此,濒海之地复何似?夜夜防潮潮不来,此夜虽防人亦死。风声能使潮不声,毒龙怪鳄驱潮行;潮行迅驶有如箭,翻使风声居其殿;雨工巽二怒不戢,努力助潮如不及。海上有墩设烽火,尺计何止四五十。潮来一瞬无群墩,侧闻其上波狂奔。老者斯时甘殉屋,壮者恃强还出门;出门低徊念父母,入门复念糟糠妇;或负或挈相呼号,不知何处无波涛。远近呼号当午夜,有船之家方欲驾;其中忽满无船人,船主欲入翻无踔。可怜浪拥船难支,人人皆作水中尸;老者幼者及妇女,入水不得相携持。独有壮者犹倔强,腾出洪波十余丈;口喷乱沫如溅珠,至死犹然与波抗。有船无船等倾覆,问有逃者身附木;霞蛇羸蜡纷求生,人附什四彼什六。自南徂北西迄东,茫茫一白何终穷?畜产民舍五百里,尽化为潮掀冷空。君不见范公堤畔尸相籍,昔尝煮海皆供公家役;又不见,东海漂来木如山,昔为卤棚镂厂千万间。海水海水奈尔何,又复伤我之田禾;海禽飞飞无止所,啼上城头枯树柯。

这首诗主要描写康熙四年(1665)淮南通、泰盐区的海啸浩劫。《通州志》记载:"飓风拔树,海潮高数丈,漂没亭场、庐舍及灶丁男妇数万人,历三昼夜风始息,草木尽枯死。"海啸给人们生活造成了严重的破坏,而生活在海边的盐民更是首当其冲,盐民妻离子散,而盐场也全被海水淹没,所描写盐民四处逃散的局面更是惨不忍睹。其中"可怜浪拥船难支,人人皆作水中尸;老者幼者及妇女,入水不得相携持"描写了"壮者"对家里人的惦念和关爱。

(二)吴嘉纪《陋轩诗集》

吴嘉纪(1618—1684),明末清初著名盐民文学家。泰州安丰场人。字宾贤,号野人。祖名凤仪,字守来,泰州庠生,少师从泰州哲学家王艮,老年授学里中。一生居处破屋,号陋轩。以能诗鸣于时,著《陋轩诗集》。

1.《堤上行二首》其二

> 岸旁妇,如花枝,不妆首饰鬓低垂。达官大贾画船近,长跪欲告肠中饥。举头不觉双泪堕,隔湖望见露筋祠。

此诗写洪灾决堤后运河堤上见闻,作于康熙八年(1669)。湖,指未退尽的洪水。

贾,指盐商;露筋祠,俗称仙女庙,在高邮。相传宋时有女子露处于野,义不寄宿田家,被蚊叮咬,露筋而死,后人立祠以祀。

2.《流民船三首》其二

> 拨棹欲何之?远投烟火处。岁俭窃盗多,村村见船怒。男人坐守船,呼妇行乞去。蔽体无完裙,蔽身无完絮。娇儿置夫膝,临行复就乳。生长田舍中,那解逢人诉!一米一低眉,泪湿东西路。

《流民船三首》作于清康熙九年(1670),是年五月淮扬大水。次年二月二十四日,李宗孔上《请拨盐课赈济淮扬疏》云:"去岁淮扬两府水灾滔天漫地,如高、宝、兴、盐、江、安、山、桃等处十一州县之民,田地陆沉,房屋倒塌,牛畜种粮飘浮;父子兄弟夫妻儿女死于洪波巨浪者,不啻千百人,而无衣无食,露处江干,号泣之声,震动天地。"

3.《逋盐钱逃至六灶河作十六首》其一

> 故里水荡荡,垣倾巷无扉。吾妻此卧疴,终日谢铺糜。甑上泽蛙跃,床前秋藓肥。无金可籴米,病肠幸不饥。壮年鲜共林,衰疾更分飞。何当似莱子,织畚隐翠微?

诗作写盐民因"故里水荡荡,垣倾巷无扉"无力偿付欠债,而逃离家园躲避官府追逼的痛苦。其中"吾妻此卧疴,终日谢铺糜""无金可籴米,病肠幸不饥"以自己亲身经历生动形象地描摹出洪水下盐民的惨烈生活。

三、思夫中的女性形象

在古代,盐业活动十分活跃,这种现象在诗歌中自然会有所反映。如唐代杜甫《夔州歌十绝句》其六云:"蜀麻吴盐自古通,万斛之舟行若风。"《柴门》云:"风烟渺吴蜀,舟楫通盐麻。"《客居》云:"蜀麻久不来,吴盐拥荆门。"写的就是长江流域包括食盐在内的各种货物互通有无的现象。这其中有一些描写到盐商妻子思夫的形象。

(一)李白《江夏行》《长干行》

李白(701—762)字太白,祖籍陇西成纪(今甘肃)人。幼时随父亲迁居绵州昌隆(今四川省江油市)。二十五岁远游,在湖北安陆成家。唐著名诗人。性情放荡不羁,爱饮酒,有"诗仙"之称,一生游历了大半个中国。其诗歌雄奇豪迈,感情奔放,幻想丰富,形象鲜明,语言流畅,音律和谐多变。有《李太白集》。

1.《江夏行》

忆昔娇小姿，春心亦自持。为言嫁夫婿，得免长相思。谁知嫁商贾，令人却愁苦。自从为夫妻，何曾在乡土？去年下扬州，相送黄鹤楼。眼看帆去远，心逐江水流。只言期一载，谁谓历三秋。使妾肠欲断，恨君情悠悠。东家西舍同时发，北去南来不逾月。未知行李游何方，作个音书能断绝。适来往南浦，欲问西江船。正见当垆女，红妆二八年。一种为人妻，独自多悲凄。对镜便垂泪，逢人只欲啼。不如轻薄儿，旦暮长相随。悔作商人妇，青春长别离。如今正好同欢乐，君去容华谁得知？

此诗首四句写女主人对结婚的心理期待是夫妻二人经常团聚在一起，而事实却是夫妻分离。原来说好了分别一载，而事实上却分别了三年，丈夫还没回家。自己的丈夫过了三年还没有回家，而东家西舍同时出发的人还没到一个月就回来了。自己忍受着夫妻分居的痛苦，而人家当垆女却整天和丈夫厮守在一起。青春年少正是与丈夫同欢乐的时，而女主人却要忍受着与夫长期分别的痛苦。

2.《长干行》

忆昔深闺里，烟尘不曾识。嫁与长干人，沙头候风色。五月南风兴，思君下巴陵；八月西风起，想君发扬子。去来悲如何，见少离别多。

诗作开头表现女主人一旦嫁给长干人就把自己同丈夫的命运紧密地联系在一起了。丈夫在外行船，自己到江边观察风向。接下来描写丈夫依据不同的风向到不同的地方去做生意。嫁给商人之后，夫妻俩见面的机会少，而离别的时候多。

（二）张潮《江南行》

张潮（一作张朝），唐代诗人。曲阿（今江苏丹阳县）人，主要活动于唐肃宗李亨、代宗李豫时代。他的诗在《全唐诗》中仅存五首，除了一首《采莲词》是写采莲女的生活，其余都是抒写商妇的思想感情。

茨菰叶烂别西湾，莲子花开犹未还。妾梦不离江上水，人传郎在凤凰山。

唐代盐商经商活动的范围非常广泛，往往还会依据具体情况而改变自己原定的行程。同时，盐人重利轻离别，为了便于来往经营，一般盐业商人往往并不随带家属，这样就造成了妇人同丈夫离居现象。

（三）褚人获《吴歌》

褚人获（1625—1682），清初小说家。长洲（今江苏苏州）人。字稼轩，号石农。平生不求闻达，于书无所不阅，尤谙明代野史稗乘。雅好著述。康熙四十二年（1703）著笔记《坚瓠集》，五十八年，著成长篇小说《隋唐演义》。

> 送郎八月到扬州，长夜孤眠在画楼。女子拆开不成好，秋心合著却成愁。

这是一首爱情诗，作者用吴地民歌形式，模仿女子口吻，表达了对爱人的思念之情。情郎到扬州贩盐，女子思念爱人孤枕难眠。最后两句在"好"和"愁"两字上做文章，巧妙暗示女子思念爱人的愁苦。

丈夫出外经商后，留给离妇的只是殷切的等待。唐代水上交通十分发达，因此沿江靠水的城市很自然地成为商人妇聚居的地方。诗人写商人妇盼夫，往往在口岸，而不在闺房，便反映了这一情况。唐代诗人白居易《琵琶行》云："老大嫁作商人妇，商人重利轻离别。前月浮梁买茶去，去来江口守空船。"唐代诗人刘采春《啰唝曲》云："莫作商人妇，金钗当卜钱。朝朝江口望，错认几人船。"清道光山东淄川诗人王培荀《嘉州竹枝词》云："盐船个个似浮鸥，四望关前且暂留。贾客不知离别恨，又随明月下渝州。"这种情况，难免会引发妻子的思念。

四、饥饿中的女性形象

由于受生产环境、生产方式、生产资料和政府政策等诸多不利因素的制约，古代盐业劳动者的生活待遇、生活质量十分低下。居无定所、衣不蔽体、饭不饱腹、债台高筑的现象时常存在。这些现象往往要影响到家庭父母、妻子、儿女的生活温饱问题。不少诗人在作品中对此都有所记述。

（一）郭五常《悯盐丁》

郭五常，明嘉靖十一年（1533），任长芦盐运使。

> 煎盐苦，煎盐苦，濒海风霾恒弗雨。赤卤茫茫草尽枯，灶底无柴空积卤。借贷无从生计疏，十家村落逃亡五。晒盐苦，晒盐苦，水涨潮翻滩没股。雪花点散不成珠，池面平铺尽泥土。商执支牒吏敲门，私负公输竟何补。儿女呜咽夜不炊，翁妪憔悴衣褴褛。古代水旱伤三农，谁知盐丁同此楚。我欲挽回淳古风，深惭调燮无丝补。且以仁煦摩，且以义鼓舞；忽使心如墨，忽使政如虎。中和一致雨旸时，煎晒应务当日苦。

盐丁是明代封建制度的一种产物。其方法是按户籍编排，规定每几口人中必须有一人充当盐丁，参与政府组织的盐业生产。这首诗反映的就是长芦盐区盐丁在封建统治者压迫和剥削下，过着背井离乡、食不饱腹，衣不蔽体的生活。作者在最后不仅提醒官府和商人"苛政猛于虎"，心不要太黑，并且期盼着盐丁早日过上政通人和风调雨顺的日子。同时可以看出《悯盐丁》中，最让诗人怜悯盐的是"儿女呜咽夜不炊，翁妪憔悴衣褴褛"。

(二)吴嘉纪《七歌》《后七歌》

1.《七歌》其一

夫没三月儿出腹,我妹心苦无人告。四体饥困不得乳,儿哭母哭声满屋。纴绩一日得十钱,手作口哺到三年。昨夜灯前初学语,向舅呼爷音楚楚。儿语翻令阿母悲,急掩儿口泪如雨。呜呼五歌兮雨霏霏,孤燕将雏何处飞?

在《七歌》中,诗人以深挚感情历叙父母、兄妹、好友饱受贫贱、冤苦无告的悲惨境遇,展现清初淮南盐区平民真实生活图画,是作者最具分量的代表作品。《康熙重修中十场志》评语:"集中最著善《七歌》诸作,即起工部(杜甫)于今日,弗能易也。"此诗描写了自己妹妹及年幼外甥在饥饿面前"四体饥困不得乳,儿哭母哭声满屋"的惨境。

2.《后七歌》其四

有妹有妹颜舍里,沉疴别后今何似?饮食断绝痴儿啼,疾病不死饥亦死。门前青草昼无人,床上白骨谁收尔?呜呼四歌兮歌思长,车轮日夜转中肠。

此诗作于康熙元年(1662),在《七歌》基础上,续写兄妹稚子悲惨境遇,揭示清初淮南盐区社会不平等和政治黑暗,与《七歌》同为诗人"工为严冷危苦之词"的典范作品。

(三)冯家吉《锦城竹枝词》

冯家吉,清光绪年间在四川成都任职。有《锦城竹枝词百咏》。

年酒年糕预备周,富人欢喜窭人愁。债余七事犹堪急,柴米茶盐酱醋油。

这首诗通过年节前夕,普通百姓苦于没有"柴米茶盐酱醋油",反映了当时四川锦城贫富严重不均的社会现象,其中蕴藏的社会问题,令人震惊。

五、战争中的女性形象

战争是推动历史发展的主要动力。但是,战争对人类物质财富和肉体乃至精神上的摧残也极为可怕。由于古代战争频发,因此,描写征人妇的诗常常出现,同时反映盐业妇女因战争受到创伤的诗兼而有之。

(一)吴嘉纪《凄妇行》《难妇行》

1.《凄妇行》

凄风细雨何连绵,昼暗如夜飞湿烟。几千万家东海边,六七十日无青天。

生计断绝，老人幸先就下泉。孩提无襦，长随母眠；阿母眠醒，腹馁不得眠。壮者起望西邻，乞食尘市，不复来还。回望东邻，八口闭柴扉，扉外青草春芊芊。水响溅溅，鬼泣涟涟。官长怒然，分俸籴谷，更日夕劳苦，劝富户各出籴谷金钱。富户踟蹰聚议，此户彼户，一斛两斛商量捐。

2.《难妇行》

宁为野田荞，不为城中妇。荞生雨露培，妇命如尘埃。江头六月举烽燧，东南风吹战艘至。官长首严出城禁，娇娃艳妇缩无地。愚者争向船舱匿，覆木覆石水关出。木下石下填人肤，日蒸气塞人叫呼。舟子耳闻眼不顾，往来逻卒逢无数。短篙刺刺渐离城，岸上骨肉喜且惊。夫来挈妻父挈女，开舱十人九人死。吁嗟乎！城外天地宽如此，此身得到已为鬼！家人畏罪不敢啼，红颜乱葬青蒿里。

作者自注："壬寅六月瓜洲事。"壬寅，即康熙元年，误，应为顺治十六年（1659），是年夏六月，郑成功水师十旁破瓜洲、人镇江，盐场戒严；诗记扬州城中妇女为避兵祸潜逃出城反罹其难的惨剧。

六、商业中的女性形象

汉代以后，农业、手工业获得巨大发展，商业因而也空前繁荣。国家众多的大城市，都是商业中心，中小城市的商业活动也很旺兴。隋唐之后水陆交通事业发达，也为商业的发展创造了条件。《唐会要》卷八七《漕运》："贞元二年五月敕：漕运通流，国之大计。"这期间，由于食盐属于国家专营物品，盐商是当时最大受益者。不少盐商的物质生活非常富裕。

（一）刘禹锡《贾客词》

刘禹锡（772—842），唐代文学家。字梦得，洛阳人。贞元九年（793）进士。登博学宏词科，授监察御史。参与王叔文集团革新朝政，失败后贬朗州司马，迁连、夔、和州刺史。累官至太子宾客加检校礼部尚书。作品通俗清新，善用比兴寄托。有《刘宾客集》。

五方之贾，以财相雄，而盐贾尤炽。或曰："贾雄则农伤。"予感之，作是词。

贾客无定游，所游唯利并。眩俗杂良苦，乘时知重轻。心计析秋毫，捶钩侔悬衡。锥刀既无弃，转化日已盈。徼福祷波神，施财游化城。妻约雕金钏，女垂贯珠缨。高赀比封君，奇货通幸卿。趋时鸷鸟思，藏镪盘龙形。大

艞浮通川，高楼次旗亭。行止皆有乐，关梁似无征。农夫何为者，辛苦事寒耕。（录自《全唐诗简编》）

此诗反映的是"贾雄则农伤"。在唐朝最为受崇并获暴利的商人首先是盐商，与刘禹锡同时期诗人白居易在其《议盐法利弊，论盐商之本》一文中说："臣伏以国家盐之法久矣，盐之利厚矣。盖法久则弊起，弊起则法隳；利厚则奸生，奸生则利薄。……臣又见自关以东，上农大贾，易其资产，人为盐商。率皆多藏私财，别营稗贩；少出官利，唯求隶名；居无征徭，行无榷税；身则庇于盐籍，利尽人于私室。此乃下有耗于商农，上无益于筦榷，明矣！"

（二）白居易《盐商妇》

白居易（772—846），唐代诗人，字乐天，号香山居士。祖籍太原，迁居下邽，生于河南新郑。幼年家贫，避乱江南。历官翰林学士、左拾遗及左赞善大夫。主张"文章合为时而著，歌诗合为事而作"。作品揭发时政弊端，反映社会矛盾和民生疾苦，语言通俗晓畅。存诗三千首。有《白氏长庆集》。

盐商妇，多金帛，不事田农与蚕绩。南北东西不失家，风水为乡船作宅。本是扬州小家女，嫁得西江大商客。绿鬟富去金钗多，皓腕肥来银钏窄。前呼苍头后叱婢，问尔因何得如此？婿作盐商十五年，不属州县属天子。每年盐利入官时，少入官家多入私。官家利薄私家厚，盐铁尚书远不知。何况江头鱼米贱，红脍黄橙香稻饭。饱食浓妆倚柁楼，两朵红腮花欲绽。盐商妇，有幸嫁盐商；终朝美饭食，终岁好衣裳。好衣美食来何处，亦须惭愧桑弘羊。桑弘羊，死已久，不独汉时今亦有。（《全唐诗简编》）

劳而不获，不劳而获，是旧社会普遍存在的现象。唐代"安史之乱"后，国计仰给于盐税，而盐商遂成为"红人"。此篇描写盐商妇生活之悠闲自得，正是当时商业资本发展的反映。扬州为唐代经济繁荣的都市，系巨商富贾全集之所，许多商人乘船，每年来往江西、淮南之间，多娶扬州娼女为妾。篇末指出桑弘羊，为"不被汉世今亦有"，似指盐铁使李绮。

（三）许有壬《至止集》

许有壬（1287—1364），字可用，汤阴（今河南汤阴）人。元延二年（1315）进士。为同知辽州事。所任江南行台鉴察御史。他前后历事七朝，近五十年，官至集贤殿大学士，卒谥文忠。有《至正集》等。

鼓声震荡冯夷宫，帆腹吞饱江天风。长年望云坐长啸，稳驾万斛凌虚空。主人扬州卖盐叟，重楼丹青照窗牖。斗帐香凝画阁深，红日满江犹病酒。

及时行乐，在元代是一种社会思潮，尤其在东南城市更为流行。不合传统道德的思想观念，在文学作品中被不断表现出来。这首诗，是扬州一位盐商的生活写照。前半部分，营造出盐船在江上的辽阔画面。后半部分，重在述写老盐商在外逍遥洒脱，在家不乏金屋藏娇，整日生活在醉生梦死之中。诗作虽显消极，但充满着浪漫无限的情致。古代写船上商贾生活的诗很多，但大多数是在写其商人的辛勤劳苦及安危难卜。在这首诗中，作者摒弃了悲天悯人的内容，独辟蹊径，反映出作为盐商生活腐化堕落、浪漫袭人的一面。

中国的诗歌有着悠久的历史，它不仅是中华民族珍贵的文化遗产，也是世界文学殿堂里绚艳夺目的瑰宝。盐业，作为一种古老的行业，一直属于历代文人及诗歌关注的焦点之一，这不仅是因为食盐是广大群众日常生活中不可或缺的必需品，而且食盐在每个朝代，对国家的政治稳定及经济发展，都起着举足轻重的作用。在中国历史上，诗歌不仅与盐业结伴而行，同时不乏描写女性参与盐业生产劳动及其现实生活的作品。

◇ 参考文献 ◇

[1] 张银河. 中国盐业诗歌[M]. 北京：中国文史出版社，2004.
[2] 张银河. 中国盐文化史[M]. 郑州：大象出版社，2009.
[3] 张荣生. 中国历代文学作品选注[M]. 南京：凤凰出版社，2012.
[4] 谭正璧. 中国文学家大辞典[M]. 上海：上海书店，1981.
[5] 李坦. 扬州历代诗词[M]. 北京：人民文学出版社，1988.
[6] 萧涤非等. 唐诗鉴赏辞典[M]. 上海：上海辞书出版社，1983.
[7] 徐有富. 唐代妇女生活与诗[M]. 北京：中华书局，2014.
[8] 徐顺荣. 扬州古代盐诗文赏析[M]. 扬州：广陵书社，2014.
[9] 张秉戌. 历代诗分类鉴赏辞典[M]. 北京：中国旅游出版社，1992.

盐业遗迹与地方文化

论浙江海盐产地变迁

吉成名[①]

摘　要：历史时期，浙江海盐产地发生了很大的变化。浙江海盐生产始于杭州湾沿海地区，逐渐向其他沿海地区扩展。唐宋时期，浙江沿海各县普遍生产海盐，盐场分布以杭州湾沿海地区最为密集。后来，由于钱塘江流向改变和杭州湾海岸淤涨冲刷，浙西地区盐场逐渐衰退。乾隆十二年（1747），钱塘江改道北移，杭州湾北岸海水趋淡，两岸滩涂的演变趋势为北冲南淤，浙西诸场进一步萎缩，而余姚等地海岸不断地向北淤涨，盐场面积逐步扩大。民国时期，浙西诸场或裁或并，余姚、岱山等盐场成为主要产地。浙江海盐产地的分布和变迁与钱塘江改道、海岸线变化等自然地理因素密切相关。

关键词：浙江；海盐；产地；变迁

浙江省濒临东海，大陆海岸线和海岛岸线总计约 6 500 千米，占我国海岸线总长度的 20.3%，在全国各沿海省市中居首位，海岸滩涂资源大约有 26.68 万公顷，是我国海盐生产的重要基地。随着历史变迁，浙江海盐产地发生了很大变化。研究浙江海盐产地变迁，可以为当前盐业生产提供借鉴，对于经济建设具有重要意义。

一、先秦时期

先秦时期，浙江海盐产地有吴国、越国两处。

1. 吴国

吴国是周朝的诸侯国，是商代末年由关中地区迁徙而来的太伯所建立的，主要活动地区是今天江苏南部、浙江北部以及上海市。

《史记》卷一二九《货殖列传》曰："夫吴自阖闾、春申、王濞三人，招致天下嬉游子弟，东有海盐之饶、章山之铜，三江、五湖之利，亦江东一都会也。"这里所说的"阖闾"是指春秋晚期吴国国君阖闾，"春申"是指战国时期楚国的公子春申，"王濞"

[①] 吉成名（1963—），男，湘潭大学碧泉书院教授、博士、博士生导师，中国盐文化研究中心特约研究员，主要从事中国盐业史研究。

是指西汉文景时期的吴王刘濞。阖闾在位时间是公元前 514 年至公元前 496 年。战国初年，吴国为越国所灭；后来，楚国又灭了越国。所以，东周时期吴地统治者多次更换，先是吴国，而后是越国，最后是楚国。其中，越国统治时间最短，只有 8 年（前 473—前 465）。从"东有海盐之饶"一语可以看出，东周时期吴国的海盐生产是比较繁荣的。

吴国的海盐生产在什么地方呢？笔者认为，很可能就在今浙江海盐县及其附近地区。据《汉书》卷二八《地理志》记载：秦国灭楚国后，在这里设置了海盐县，隶属于会稽郡。根据县名推测，当时这里海盐生产较为发达，并且由来已久。后来这里大致历代都有海盐生产。

2. 越国

越国建立于春秋时期，主要活动地区是今浙江东部的绍兴地区。

《越绝书》卷八《外传记地传》曰："朱余者，越盐官也。越人谓盐曰余。去县三十五里。"①有人考证，今绍兴市北 12 千米的朱储村就是当时的朱余。②浙江东部很多古地名带着"余"字，如余姚、余暨（今萧山）、余杭等。有人推测，这些地名都与越国的盐业生产有关，③其依据便是"越人谓盐曰余"。这种说法有一定的道理。秦汉以后，绍兴、余姚、萧山、余杭都是重要的海盐产地。

先秦时期食盐产地的分布为秦汉以后食盐产地的发展奠定了基础。

二、秦汉时期

秦朝自公元前 221 年统一全国，到公元前 206 年灭亡，前后存在仅 15 年。有关这一时期的海盐产地，史籍上没有记载，具体情况目前无从得知。

两汉时期大致为统一时期，社会经济得到了很大的发展，盐业生产也不例外。

秦汉时期，今浙江地区海盐产地主要是会稽郡海盐县。

秦置海盐县，隶属于会稽郡。之所以取名"海盐"，很可能与生产海盐有关。《汉书·地理志》曰："海盐，故武原乡。有盐官。"该书卷三五《吴王刘濞传》曰："（刘濞）即招致天下亡命者盗铸钱，东煮海水为盐，以故无赋，国用饶足。"《吴录地理志》曰："吴王煮海水为盐，今海盐县是也。"④这些材料说明：秦汉时期海盐县是海盐生产重镇。

秦代海盐县治所在今上海金山区张堰镇南，西汉末年徙治武原乡（今浙江平湖市东），东汉永建二年（127）徙治故邑城（今平湖市乍浦镇东南海中），永建四年（129）改属吴郡。

---

① 《越绝书》撰于战国时期，东汉袁康整理成书。
② 陈桥驿：《浙江古今地名词典》，浙江教育出版社，1991：前言、262。
③ 陈桥驿：《浙江古今地名词典》，浙江教育出版社，1991：前言。
④ 转引自《太平御览》卷八六五《饮食部·盐》。

三、魏晋南北朝时期

魏晋南北朝时期，浙江海盐产地分布于吴、会稽二郡。

1. 吴郡海盐、盐官二县

《三国志》卷四八《吴书·三嗣主传》曰："（永安七年）秋七月，海贼破海盐，杀司盐校尉骆秀。"《建康实录》卷三有相同记载。从海盐县曾经设有司盐校尉推测，海盐县可能为海盐产地。东晋咸康七年（341），海盐县移治马嗥城（今浙江海盐县城东南隅）。

《水经注》卷二九曰："谷水又东南迳盐官县故城南。旧吴海昌都尉治，晋太康中分嘉兴立。《太康地道记》：吴有盐官县。……谷水之右有马嗥城，故司盐都尉城。吴王濞煮海为盐，于此县也。"从孙吴时期盐官县曾经设有司盐都尉推测，盐官县（治所在今浙江海宁市盐官镇以南的杭州湾）可能为海盐产地。

晋郭璞《盐池赋序》曰："吴郡沿海之滨有盐田，相望皆赤卤。"晋张勃《吴都记》曰："海滨广斥，盐田相望，吴煮海为盐，即盐官县境也。"①《吴郡缘海四县记》曰："已分海滨，盐田相望，吴煮为盐，即此典之。"②《太平寰宇记》卷九五《江南道七·秀州》载海盐县曰："本吴县武原乡，秦置海盐县。汉因之，属会稽。又按《吴郡记》云：'海滨广斥，盐田相望。'即海盐与盐官之地同也。"《吴郡记》的作者是东晋顾夷，当时海盐县属吴郡管辖。盐田是用来进行海盐生产的。根据这些材料可知，东晋时期海盐、盐官二县海盐生产相当繁荣。

2. 会稽郡钱唐、上虞二县

《晋书》卷七六《王允之传》曰："及苏峻反，允之讨贼有功，封番禺县侯、邑千六百户，除建武将军、钱唐令，领司盐都尉。"从王允之以钱唐令领司盐都尉推测，钱唐县（治所即今浙江杭州市）可能为海盐产地。

《水经注》卷四〇曰："江水东迳上虞县南，至王莽之会稽也，本司盐都尉治也，地名虞宾。"从上虞县曾经设有司盐都尉推测，上虞县（治所即今浙江上虞区）可能为海盐产地。

以上共计2郡4县，可计4处（以县计）。

四、隋唐时期

史籍对隋代浙江海盐产地缺乏记载，情况不详。

---

① 〔唐〕徐坚编《初学记》卷八《州郡部·江南道》"盐田"条注引。
② 〔唐〕虞世南编《北堂书钞》卷一四六《酒食部·盐》"海滨田"条注引。

唐代浙江海盐产地分布于苏、杭、越、明、温五州。

1. 苏州嘉兴、华亭、海盐三县

《新唐书》卷四一《地理五》载苏州嘉兴县（治所在今浙江嘉兴市南）有盐官。前引《元和郡县图志阙卷逸文》卷二所载嘉兴监应位于嘉兴县。嘉兴监产量很大，仅次于海陵监和盐城监，位列全国第三。

《通幽记》曰："贞元五年，李（伯）[白]子伯禽充嘉兴监徐浦下场籴盐官。场界有蔡侍郎庙，伯禽因谒庙。"①贞元五年即公元 789 年。徐浦下场属嘉兴监管辖，是专门从事海盐生产的盐场。场官低价收购亭户（又称"灶户"）生产的海盐，再高价批发给盐商，从中赚取高额利润。当时场官是肥缺，李伯禽能够谋到"徐浦下场籴盐官"这样一个职位，实属幸运。徐浦下场在哪里呢？《唐代墓志汇编》大和〇二七《故右内率府兵曹郑君墓志铭并序》曰：郑准"大和四年正月二日遘疾，终于苏州华亭县白沙乡徐浦场之官舍。"《云间志》曰："蔡侍郎庙在（华亭）县南白砂乡八十里，旧经云未详。据《通幽记》，贞元五年在嘉兴监徐浦下场籴盐官场界。今诸场亦有蔡庙，场未详何神。"白砂乡当即白沙乡，徐浦下场当即徐浦场。根据这些材料，基本可以确定华亭县为海盐产地。《原化记》曰："苏州华亭县有陆四官庙。元和初，有盐船数十只于庙前。"②显然，这些盐船是从事海盐贩运的。这条材料亦可佐证华亭县为海盐产地。

海盐县是一处重要的海盐产地。如前所述，秦汉至魏晋时期，这里的海盐生产一直比较发达。南朝和隋代这里海盐生产也不会停止。唐代海盐县行政区划发生了很大的变化。《元和郡县图志》卷二五《江南道一》载华亭县曰："天宝十年，吴郡太守赵居贞奏割昆山、嘉兴、海盐三县置。"据此可知，天宝十年（751），海盐县（治所即今浙江海盐县）部分地区被分割出去，成为华亭县的一部分，前述华亭县白沙乡徐浦场就在原海盐县境内。剩余地区在唐代是否生产海盐？目前尚未发现直接相关的材料，情况不明。不过，五代以后，这里海盐生产相当繁荣（后文将对此进行论述），可能在唐代就已经有了一定的基础。姑且将海盐县列为唐代海盐产地。

2. 杭州盐官县

《新唐书》卷四一《地理五》载杭州盐官县（治所在今浙江海宁市盐官镇杭州湾中）有盐官。该书同卷又载杭州有临平监。《元和郡县图志》卷二五《江南道一》载盐官县曰："本汉海盐县，有盐官。……武德七年省入钱塘县，贞观四年复置。海水，在县南七里。临平湖，在县西五十五里。"可见，盐官县临海，境内有临平湖。临平监可能因临平湖而得名。据此推测临平监位于盐官县。③

---

① 转引自《太平广记》卷三〇五《李伯禽》。
② 转引自《太平广记》卷四〇二《守船者》。
③ 参阅郭正忠：《中国盐业史·古代编》，人民出版社，1997：199。

3. 越州会稽、余姚二县

《新唐书》卷四一《地理五》载越州有兰亭监。《元和郡县图志》卷二六《江南道二》载会稽县曰："兰亭山，在州西南一十一里。大海，在州东四十里。"会稽县为越州治所所在地。从这个记载可以看出，会稽县濒临大海，境内有兰亭山。据此推测兰亭监位于会稽县。①《嘉泰会稽志》卷一七曰："唐越州有兰亭监官场五，曰：会稽东场，会稽西场，余姚场，怀远场，地心场。配课盐四十万六千七十四石一斗。"根据地名推测，会稽东、西二场位于会稽县（治所即今浙江会稽市），余姚场位于余姚县（治所在今浙江余姚市姚江北岸）。怀远、地心二场具体情况不详。

白居易《和微之春日投简阳明洞天五十韵》曰："越国强仍大，稽城高且孤。利饶盐煮海，名胜水澄湖。"②说明唐代会稽海盐生产比较发达。《新唐书》卷一六七《王式传》曰："余姚民徐泽专鱼盐之利，慈溪民陈瑊冒名仕至县令，皆豪纵，州不能制。"说明唐代余姚县有海盐生产。

4. 明州鄮县

《新唐书》卷四一《地理五》载鄮县（治所即今浙江宁波市）有盐。又，唐代有富都监，《新唐书·地理志》未载所在。宋罗浚《宝庆四明志》卷二〇曰："正监盐场，（昌国）县东南一百八十步，唐曰富都，十监之一也，以丧乱废。"宋代昌国县设在今舟山群岛，即《元和郡县图志》卷二六《江南道二》所载明州鄮县翁洲。根据这些材料推测，富都监位于鄮县。③

5. 温州永嘉县

《新唐书》卷四一《地理五》载温州有永嘉监盐官。温州有永嘉、安固、横阳、乐成四县，据监名推测，永嘉监位于永嘉县（治所即今浙江温州市）。顾况《释祀篇》曰："龙在甲寅（774年——引者），永嘉大水，损盐田。……翼日雨止，盐人复本，泉货充府。"④这条材料可以进一步证实唐代永嘉县生产海盐。

以上共计 5 州 8 县，可计 8 处。

五、五代十国时期

五代十国时期，浙江海盐产地分布于秀、明二州。

1. 秀州海盐县

据常棠《澉水志》卷一《地理门·镇名》记载：开元五年（717），唐朝政府接受

---

① 参阅郭正忠：《中国盐业史·古代编》，人民出版社，1997：199。
② 《全唐诗》卷四四九，《白居易二十六》。
③ 参阅郭正忠：《中国盐业史·古代编》，人民出版社，1997：199。
④ 《全唐文》卷五二九。

张廷珪的建议,①在海盐县设置了澉浦镇。该书卷二《山门》载,澉浦镇长墙山等十山"不种林木,官给亭户养草煎盐之所";惹山等六山"不种林木,百姓牧养牛羊处所。先是亭民、百姓互争柴山,自五代至本朝有讼,屡经御判,人以石匣贮文以藏于地二百年。初无定属,每岁交锋,山上杀死不已。淳熙十一年,仓使石硚详起宗委,干办公暇,常于公暇采舆论,参酌予夺,各分定界,永为不易之论。具奏,上悦。由是息争。"亭户(亭民)即灶户,从事海盐生产者。自五代以来,当地群众经常为争夺柴山发生纠纷,官司打到了皇帝那里,问题却一直没有从根本上得到解决。淳熙十一年(1184),仓使石硚经过充分调查研究,划定疆界,规定长墙山等十山为亭户"养草煎盐之所"、惹山等六山为百姓"牧养牛羊处所",持续两百多年的柴山之争才得以平息。从中可以看出,海盐县澉浦镇自五代至南宋海盐生产持续不断。

2. 明州定海县

《太平寰宇记》卷九八《江南东道十·明州》载曰:"定海县,海壖之地。梁开平三年(909年——引者),吴越王钱镠以地濒海口,有鱼盐之利,因置望海县,后改为定海县。"定海县(治所在今浙江宁波市镇海区)原属明州慈溪县,唐代未见产盐,吴越因其有鱼盐之利而置县,②当为一处新的食盐产地。这里所说的"后改为定海县"当指吴越时期改为定海县。

以上共计 2 州 2 县,可计 2 处。

六、宋 代

宋代浙江海盐产地分布于两浙东路和两浙西路。

(一)两浙西路

两浙西路海盐产地有临安、嘉兴、平江三府。

1. 临安府钱塘、仁和、盐官三县

建炎三年(1129),杭州升为临安府。③

---

① 《十国春秋》卷六《南唐二》曰:"帝遣阁门承旨刘承遇上表,称唐国主,尽献江北郡县之未陷者,鄂州汉阳、汉川二县在江北,亦割献焉,岁输土贡数十万;而乞海陵盐监南属,不许,后岁给赠军盐三十万石。"这里所载的汉川县,《新唐书·地理志》作"汊川县",误。据《元和郡县图志》卷二七《江南道三》,沔州有汉阳、汉川二县。
② 史为乐主编《中国历史地名大辞典》认为定海县系北宋改望海县置(第1690页),时间有误。
③ 《元丰九域志》卷五《两浙路》载临安府昌化县有一盐场,未载场名。《宋史》卷八八《地理四》载昌化县有紫溪盐场。据此可知,《元丰九域志》所载昌化县盐场就是紫溪盐场。昌化县位于临安府西部,离海很远,中间隔着钱塘、余杭、临安、于潜四县,不可能为海盐产地。紫溪盐场究竟是生产性的盐场还是销售性的盐场?不清楚。姑且存疑,暂不计入。另外,《宋史》卷一八二《食货下四》载杭州有一盐监(其实杭州盐监不止一个),不知究竟指哪个盐监。

(1)钱塘县。

《元丰九域志》卷五《两浙路》和《宋史》卷八八《地理四》均载钱塘县有一盐监,其设置时间和具体地点不详。

《宋史》卷一八二《食货下四》曰:"(熙宁)五年,以卢秉权发遣两浙提点刑狱,仍专提举盐事。秉前与著作佐郎曾默行淮南、两浙,询究利害。异时灶户煮盐,与官为市,盐场不时偿其直,灶户益困。秉先请储发运司钱及杂钱百万缗以待偿,而诸场皆定分数:钱塘县杨村场上接睦、歙等州,与越州钱清场等,水势稍淡,以六分为额;杨村下接仁和之汤村为七分;盐官场为八分;并海而东为越州余姚县石堰场、明州慈溪县鸣鹤场皆九分;至岱山、昌国,又东南为温州双穗、南天富、北天富场为十分;盖其分数约得盐多寡而为之节。自岱山以及二天富炼以海水,所得为最多。由鸣鹤西南及汤村则刮碱淋卤,十得六、七。"方勺《泊宅编》卷三、姚宽《西溪丛语》卷上、《长编》卷二三〇"熙宁五年二月戊辰"条也有同样记载,文字大同小异。从这段话可以看出,两浙路东部沿海地区自杭州至温州,海盐产地有杨村场、汤村场、盐官场、钱清场、石堰场、鸣鹤场、岱山场、昌国东监、昌国西监、双穗场、南天富场、北天富场十二个盐场。这十二个盐场卤水浓度由北向南逐步增高,温州的最高,杭州的最低。①其中,杨村场位于钱塘县,可能是在今浙江杭州市西湖区转塘镇。

《中兴会要》所载绍兴三十二年盐额提到钱塘催煎场。②《咸淳临安志》卷五五载钱塘场位于钱塘县浮山(今浙江杭州市西湖区转塘镇)。吴自牧《梦粱录》卷一八《物产》提到浮山场。笔者认为,浮山场很可能就是钱塘场。

(2)仁和县。

前引《宋史》卷一八二《食货下四》提到熙宁五年(1072)仁和县有汤村场。《元丰九域志》卷五《两浙路》载仁和县有一盐场,很可能就是指汤村场。

据《咸淳临安志》卷五五记载,咸淳年间(1269—1274)临安府有汤镇场(即汤村场)、仁和场、许村场、盐官场、南路场、茶槽场、钱塘场、新兴场、蜀山场、岩门场、上管场、下管场,共计12场。其中,汤镇、仁和二场在汤镇(今浙江杭州市余杭区乔司镇),许村、蜀山、岩门三场在许村(今浙江海宁市许村镇),盐官、南路、新兴、上管、下管五场在盐官(今浙江海宁市盐官镇),茶槽场在仁和县界端平桥(今浙江杭州市余杭区乔司镇附近)。③《中兴会要》所载绍兴三十二年(1162)盐额提到上管、蜀山、岩门、下管、南路、新兴六场,据此可知上述六场设置时间是在绍兴三十二年以前。仁和、许村、盐官、茶槽四场设置时间可能稍晚。

《淳祐临安志》卷九《山川》载赭山曰:"旧《图志》云仁和旧治东北六十五里,滨海产盐,有盐场。"可见,赭山附近有盐场。姑且称之为赭山盐场(今浙江杭州市萧

---

① 为什么会出现卤水浓度由北向南逐步增高的现象?史籍记载不详,这里仅仅谈到可能是以得盐多少来定分数的。笔者推测,这一现象可能与海水所含盐分多少、制卤技术高低有关。
② 本文所引《中兴会要》均出自《宋会要辑稿·食货》。
③ 关于端平桥,史籍记载不详。既然《咸淳临安志》说在仁和县界,当在离仁和县与盐官县交界处不远的地方,而且濒临大海。据此推测,端平桥可能就在汤镇附近。

山区赭山镇）。

仁和县还有盐监。据《咸淳临安志》卷二一记载，仁和县汤镇有盐监北桥、盐监南桥。根据这两个地名推测，仁和县曾经有过盐监，而且就设在汤镇。该书卷五四载汤镇有买纳支盐厅，《中兴会要》亦载临安府有仁和买纳场。仁和买纳场很可能是由仁和监演变而来的（因为仁和监消失了）。叶唐稽曾任仁和监盐官。①

（3）盐官县。

《元丰九域志》卷五《两浙路》载盐官县有一盐监。盐官县是否有盐场呢？《元丰九域志》《宋史·食货志》《宋史·地理志》都缺乏记载。不过，根据现有文献资料分析，盐官县是有盐场的。

曾任盐官买纳场监官的王墀，对庆元年间（1195—1200）盐官买纳场所辖催煎场有过详细记载："盐官有监，肇自太平兴国，所以总纳诸场之盐课，如上管、下管、蜀山、岩门、南路、袁花、黄湾、新兴，皆隶于此。其厅治在县南一里许。考之《图经》，旧曰'临平监'，而后改今名。总催煎场十，而今只存八。至其所以更废之故，则阙焉不书。岁合八场之额，以石计者，凡十三万九千有奇。"②盐官买纳场所辖催煎场原来有十个，庆元年间只有八个，除前面提到的上管、下管、南路、蜀山、岩门、新兴六场以外，还有袁花（今浙江海宁市袁花镇）、黄湾（今浙江海宁市黄湾镇）二场。显然，这八个盐场都在盐官县境内。

前引《咸淳临安志》卷五五载咸淳年间（1269—1274）盐官县有许村、盐官二场，这两个盐场也许就是王墀所说庆元年间（1195—1200）已经停产的盐场。至于这两个盐场何时恢复生产，则不清楚。不过，咸淳年间正在从事海盐生产，则是大致可以肯定的。该书卷三九还载盐官县有大朱桥盐场，原文曰："鱼山渡在大朱桥盐场两岸，相望不远，潮势已杀，浙东士大夫惮于渡渔浦者多由此。"从中可以看出，大朱桥盐场位于浙江（今钱塘江）口外、盐官县境内，濒临大海。不过，该书卷五五所列临安府十二个盐场并无大朱桥盐场，可能是由于这个盐场生产规模较小的缘故。关于大朱桥盐场，元代以后没有记载。后来，这里的海岸线发生了较大的变动，大朱桥盐场很可能早已坍入杭州湾中。

2. 嘉兴府嘉兴、华亭、海盐三县

庆元元年（1195），秀州升为嘉兴府。③

（1）嘉兴县。

《太平寰宇记》卷九五《江南七》曰："嘉兴监，本秀州嘉兴县煎盐之所，皇朝升为监。"嘉兴监设于嘉兴县（今浙江嘉兴），是生产海盐的场所。这条材料充分说明：北宋

---

① 〔宋〕程俱《北山集》卷三〇，《叶唐稽墓志铭》。戴裔煊《宋代钞盐制度研究》认为仁和县无盐监（第21页），其依据是《元丰九域志》未载仁和县有盐监。笔者认为这种说法欠妥，不能因为《元丰九域志》缺乏记载就认为仁和县没有盐监，该书漏载的可能性极大。
② 〔宋〕王墀撰《买纳厅题名记》，《两浙盐法志》卷二九《艺文三》。
③ 《宋史》卷一八二《食货下四》载秀州有一盐监。其实，秀州盐监不止一个，不知究竟指哪个盐监。

前期，嘉兴监是存在过的，嘉兴县是海盐产地。但是，《元丰九域志》《文献通考》《宋史》《长编》等史籍都没有提到嘉兴监，这就说明北宋中期以后，嘉兴监很可能不再存在了。

（2）华亭县。

《元丰九域志》卷五《两浙路》载华亭县有一盐监，浦东（今上海市金山区张堰镇）、袁部（今上海市奉贤区柘林镇）、青墩（今上海市奉贤区奉城镇）三盐场。《长编》卷一〇四"天圣四年十一月"条载："甲子，以太子中舍李余庆为殿中丞。余庆同判秀州，请置海盐、华亭两县盐场。至是，岁收缗钱七十八万七千，特迁之。"据此可知，浦东、青墩、袁部三盐场设置时间为李余庆任秀州通判期间。关于李余庆就任秀州通判时间，史籍缺乏记载。根据北宋时期通判任期三年的规定和天圣四年（1026）十一月期满离任来看，①李余庆任秀州通判时间应为天圣元年至四年（1023—1026），浦东等三场设置时间就在此期间。

据《云间志》（上）记载，南宋时期华亭监辖有浦东、袁部、青村、下砂（今上海南汇区下沙镇）四个盐场，每个盐场都有子场。浦东盐场子场有浦东场、金山场、遮山场、柘湖场、横浦场，②袁部盐场子场有袁部场、六鹤、横林场、蔡庙场、戚潦场，③青村盐场子场有青村南场、青村北场，下砂盐场子场有下砂南场、下砂北场、大门场、杜浦场。④其中，青村盐场当即青墩盐场。《中兴会要》所载绍兴三十二年盐额也提到了浦东、袁部、青墩、下砂四个催煎场。根据这些材料可以断定，下砂盐场虽然为后设，但是设置时间不会晚于绍兴三十二年（1162）。

《读史方舆纪要》卷二四《苏州府·嘉定县》曰："又县东南四十里曰大场镇，宋尝置盐场于此，因名。"《嘉庆重修一统志》卷一〇三《太仓州一》载大场镇曰："在宝山县西南三十六里，宋时尝置盐场于此。"对于大场盐场，现存宋元文献都没有记载。《上海地名志》释"大场"曰："相传宋时曾在此置大场盐场，故名。"⑤从这个解释来看，前引《读史方舆纪要》和《嘉庆重修一统志》所载很可能是根据口碑资料写成的。大场盐场位于今上海市宝山区大场镇，可能出现时间较晚。

（3）海盐县。

《元丰九域志》卷五《两浙路》载海盐县有一盐监，海盐（今浙江海盐县海塘乡）、沙腰（今浙江海盐县海塘乡）、芦沥（今浙江平湖市新仓镇）三盐场。《宋史》卷八八

---

① 《宋史》卷一六三《百官三·吏部》曰："凡内外官，计在官之日，满一岁为一考，三考为一任。"
② 金山、遮山、柘湖、横浦四子场位于今上海市金山区金山卫镇。其中，横浦子场位于横浦村。
③ 六鹤、横林、蔡庙、戚潦四子场位于今上海市奉贤区柘林镇。据《两浙盐法志》卷六《场灶一》记载，清代袁浦场（即宋代袁部场）有戚潦、横林、陆鹤等盐团，延袤二十余里。显然，这些盐团就是由上述宋代有关子场演变而来的。
④ 〔宋〕朱端常等纂《云间志》（上）曰："下砂南场在县东南九十里，下砂北场在县东南九十里，大门场在县东南一百里，杜浦场在县东南八十里。"从这个记载来看，大门、杜浦二子场离下砂场都只有十里，且均位于华亭县东南。据此可知，大门、杜浦二子场分别在今南汇区下沙镇南、北。元代以后，由于海岸线东移，这两个子场渐渐消失了。《读史方舆纪要》卷二四《松江府·上海县》释"周浦镇"曰："一名杜浦，元置下沙盐场及杜浦巡司于此。后盐场既迁，巡司亦废，民物则繁阜有加。"今南汇县西北部有周浦镇（下沙镇之北），宋代杜浦子场很可能就在这里。大门子场可能位于今南汇县航头镇（下沙镇之南）。
⑤ 《上海地名志》，上海社会科学院出版社，1998：242。

《地理四》曰："海盐，上。有盐监，沙腰、芦沥二盐场。"与《元丰九域志》相比，少了海盐一场。《两浙盐法志》卷二《图说·海沙场图说》曰："宋立场于沙腰村，明道时罢，景祐间复置。又分为海盐场，以海盐监兼管。元并为一，名海沙场。"从这个记载来看，海盐场确实存在过。从前引《长编》卷一〇四"天圣四年十一月甲子"条所载李余庆任秀州通判期间请置海盐、华亭两县盐场一事来看，海盐、沙腰、芦沥三盐场设置时间为李余庆任秀州通判期间（1023—1026）。

《中兴会要》所载绍兴三十二年盐额提到海盐县有海盐买纳场、沙腰催煎场、鲍郎催煎场和芦沥催煎场，与《元丰九域志》相比，多了鲍郎一场。海盐买纳场很可能是由海盐监演变而来的。鲍郎场可能为后设，但也在绍兴三十二年（1162）以前。

鲍郎盐场位于秀州海盐县澉浦镇（今浙江海盐县澉浦镇）。《澉水志》对于鲍郎盐场的创建和变迁记载甚详。该书卷三《水门》曰："鲍郎浦在（澉浦）镇西北十二里。古老云：'昔盐场开基于此，有姓鲍者凿浦煮盐，因名。'曰鲍郎者，吴俗女夫之通称也。后沙涨，移入东浦侧，绍兴经界为田。"从这个记载可以看出，鲍郎盐场最初建场于澉浦镇西北十二里鲍郎浦。后来由于泥沙淤涨，导致海岸线东移，鲍郎盐场只好改在东浦建场，而原位于鲍郎浦的场地在绍兴年间（1131—1162）被开垦为农田。该书又曰："鲍郎盐场东亭元（原）五灶、南亭四灶，缘东亭人贫额重、南亭人多盘少，嘉定十四年十二月申明仓台，移东亭一盘过南亭，添作五舍，东亭减作四舍。"可见，宋代鲍郎盐场共有二亭、九灶。

海盐县还有独山场。独山位于海盐县城东五十里。南宋鲁应龙《闲窗括异志》曰："（海盐）县治去海无三百步，而独山一带，岁岁咸潮透入，可以晒卤，耕种者苦之。前政史宰亚卿亲督畚锸，移入数百步，别筑一塘。"可见，独山附近是适宜于海盐生产的。《郡志》曰："孤峰嶙峋，不与诸山相接，故名独山。其上置烽堠，以防海寇。旧又置盐场于此。"①根据以上两条材料推测，宋代海盐县独山（今浙江平湖市东南独山）附近可能有过盐场。

3. 平江府昆山县

史籍对于昆山县为海盐产地并没有直接记载。通过分析有关材料，笔者发现昆山县有江湾（今上海市虹口区江湾镇）、南跄（今上海市浦东新区顾路镇）②、黄姚（大致在今上海市宝山区月浦镇北，清初坍入江中）三个盐场。

---

① 转引自天启《海盐县图经》卷三《方域篇》，原书已佚。
② 《云间志》（上）曰："南跄盐场在（华亭）县东北一百二十里，去县既远，江湾场受纳人户产税则属本县。"可见，南跄场离江湾场很近。至元《嘉禾志》曰："在府东北百里。"正德《松江府志》卷二曰："南跄浦，按顾或志在上海东北三十六里。其支流为东沟浦、西沟浦、马家滨。今县东北有水曰跄港，曰大跄浦，其南近都台浦，疑即南跄浦之故迹也。"《读史方舆纪要》卷二四《松江府·上海县》和乾隆《江南通志》卷六一《河渠志·水利》所载基本相同。同治《上海县志》卷三曰："南跄浦故在东虹江东，通东西沟、马家滨。"从这些材料来看，南跄浦虽早已湮没，其故道入海口应当位于今上海市浦东新区顾路镇，南跄盐场肯定也是在这里。参阅《上海地名志》上海社会科学院出版社，1998：82。

《中兴会要》所载绍兴三十二年盐额提到平江府有江湾买纳场、江湾催煎场、南跄催煎场、黄姚买纳场。江湾、南跄两个催煎场无疑都是海盐产地。黄姚买纳场也应视为生产性的盐场。虽然史籍没有记载这里有催煎场,但是这里肯定有海盐生产,否则,黄姚买纳场不可能收购到食盐,南宋政府也就不可能设置这个机构了。当时平江府仅有昆山县濒临大海,因此,只有昆山县才能成为海盐产地。据此断定,江湾、南跄和黄姚三场都在昆山县境内。

(二)两浙东路

两浙东路海盐产地分布于绍兴府、庆元府、瑞安府和台州。

1. 绍兴府会稽、山阴、余姚、萧山四县

绍兴元年(1131),越州升为绍兴府。

《文献通考》卷一五《征榷考二》在谈到北宋前期两浙路海盐生产情况时说:"越州旧有盐润监,岁煮三千余石,后罢。"从这个记载来看,越州曾经设有盐润监,但是产量较少,存在时间也不长,具体位置缺乏记载,也许是在越州治所会稽县。

北宋中期,越州有钱清(今浙江绍兴市钱清镇)、石堰(今浙江慈溪市横河镇石堰村)二场。前引《宋史》卷一八二《食货下四》"熙宁五年"那条材料可以说明这一点。据《嘉泰会稽志》卷一二记载,钱清盐场位于山阴县城西北五十里,石堰场距余姚县城二十里。据此推测,钱清场位于山阴县,石堰场位于余姚县。南宋时期,石堰场分为石堰东场和石堰西场。①

南宋时期,绍兴府又有曹娥、三江、西兴三场。

据《嘉泰会稽志》卷一二记载,曹娥盐场位于会稽县城东南七十二里。今浙江上虞区百官街道有曹娥村,宋代曹娥盐场可能就在这里。该书又曰:"监三江盐场廨在(山阴)县东北二十里。""监三江盐场廨"是指三江盐场的场部。据此推测,三江盐场(今浙江绍兴市斗门镇三江村)位于山阴县。

《中兴会要》所载绍兴三十二年盐额提到绍兴府有西兴催煎场。《咸淳临安志》卷五五在谈完临安府盐场以后说:"外有西兴、钱清二场,系在绍兴府界。"据《元丰九域志》卷五《两浙路》记载,绍兴府萧山县有西兴镇。据此推断,西兴盐场位于萧山县西兴镇(今浙江杭州市滨江区西兴镇)。

2. 庆元府鄞、慈溪、定海、象山、昌国五县

绍熙五年(1194),明州升为庆元府。

(1)鄞县。

据《宝庆四明志》卷一二记载,鄞县阳堂乡有大嵩场。大嵩场位于今浙江宁波市鄞州区瞻岐镇,设置时间不详。

---

① 《黄氏日抄》卷八〇,《还外扛雇募钱》。

（2）慈溪县。

前引《宋史》卷一八二《食货下四》提到熙宁五年（1072）明州慈溪县有鸣鹤场（今浙江慈溪市鸣鹤镇）。南宋时期，慈溪县有鸣鹤东、西二场，①显然是由鸣鹤场析置的。

《开庆四明续志》卷五载庆元府沿海地区自招宝山至向头山共有九铺，其中有云："施公山约十八里至周家塘盐场周太家前一铺，周家塘盐场约二十里至下泽山头林太家前一铺。"周家塘盐场濒临大海，很可能是海盐产地。《宝庆四明志》等史籍之所以没有记载，可能有两个原因：其一，周家塘盐场出现时间较晚；其二，生产规模较小，产量较少。周家塘盐场位于今浙江慈溪市掌起镇周家段，②宋代这里属慈溪县辖地。

（3）定海县。

定海县有清泉、龙头、穿山、长山四场。

《中兴会要》所载绍兴三十二年盐额提到明州清泉场。据《宝庆四明志》卷三记载，清泉场位于定海县。

《宋会要辑稿·食货》二八之五〇曰："（开禧元年）十一月十六日，提举浙东茶盐章燮言：'乞就庆元府定海县龙头地名洪店创置盐场，每岁以一千八百八十四袋立额，辟差临官。'从之。"这个新创建的盐场就是龙头催煎场。《宝庆四明志》卷六亦载开禧元年（1205）于定海县创建龙头场。龙头场位于今浙江慈溪市龙山镇龙头场村。

《宝庆四明志》卷六曰："穿山场，乾道中立为清泉子场，分太邱、海晏两乡隶焉。开禧二年改为正场。"可见，穿山场由太邱、海晏两乡组成，原系清泉场子场，是乾道年间（1165—1173）开始建立的，开禧二年（1206）立为正场。穿山场位于今浙江宁波市北仑区柴桥街道穿山村。

据《宝庆四明志》卷六记载，长山场最初属清泉场管辖。"亭户以陟岭路遥，绍兴三年率钱就长山买地建廨屋，号长山场，请清泉运盐官及时前来买纳。嘉定四年立为正场，移建石湫埭下。"长山场位于今浙江宁波市北仑区大碶街道芦山社区。

清泉场设置时间不详。根据长山场初设时间推测，清泉场创建时间应在绍兴三年（1133）以前。清泉场位于今浙江宁波市北仑区小港街道衙前村。

（4）象山县。

象山县有玉泉、玉女二场。《宝庆四明志》卷二一载象山县盐场曰："玉泉盐场：绍兴初置，县东北三十里。又有子场曰瑞龙、曰东村。玉女盐场：县南九十里，本玉泉子场，以监官往来迂远，嘉定四年立为正场。"可见，玉泉场设于绍兴初年，本来有

---

① 《黄氏日抄》卷八〇，《还外扛雇募钱》。
② 《浙江古今地名词典》载施公山位于慈溪市区东26千米，属田央乡。《开庆四明续志》载施公山至周家塘约十八里。今三北镇田央乡西北十余里有周家段（属掌起镇）。根据这些材料推测，宋代周家塘盐场可能就在今掌起镇周家段。《宝庆四明志》卷一六：："向头山，县西北八十里海滨，亦名西龙尾，东望伏龙山，与龙头迤。龙头以东属定海，龙尾以西属余姚，各有海塘。塘每为潮所损，二山扞潮其中，涨涂渐与山相接，古有海塘闸柱，屹然中存，今尽为渔盐之地。"从中可以看出，该书虽然没有记载周家塘盐场，但是提到这一带为渔盐之地。据此推测，周家塘很可能就是海塘，盐场在其附近。

瑞龙、东村、玉女三个子场，嘉定四年（1211）玉女场立为正场。据《宝庆四明志》卷六记载，玉女场又名玉女溪场。

玉泉场位于今浙江象山县涂茨镇。[①]玉女场位于今浙江象山县石浦镇五爱村。[②]

（5）昌国县。

昌国县有昌国正监、芦花场、东江场、岱山场和高南亭场。

《宝庆四明志》卷二〇曰："正监盐场：（昌国）县东南一百八十步，唐曰富都，十监之一也，以丧乱废。皇朝端拱三年八月十五日复建。"离县治只有一百八十步，作为盐场场部是可以的，场区可能要远一点。唐朝曾在此设富都监，后废。北宋端拱三年（989）设置昌国监。《大德昌国州图志》卷五曰："唐有十监，富都居其一，今正监是也。宋熙宁六年析监为三：曰正监，曰东江，曰芦花。"[③]这次"析监为三"并非将正监盐场分成了三个盐场，而是增设了东江、芦花两个子场。为什么这样说呢？《宝庆四明志》卷六曰："芦花场，本昌国西（盐）[监]子场，名曰东监，月额二百二十五袋。嘉定四年，提盐司差官相视，增为三百袋。五年，立为正场。"可见，芦花场立为正场的时间是嘉定五年（1212），在此以前仅仅是昌国西监（即昌国正监盐场）的子场，又称"昌国东监"。昌国西监位于今浙江舟山市定海区城关镇。芦花场位于今舟山市普陀区沈家门镇西北5千米（属勾山镇）。

《宝庆四明志》卷二〇曰："东江盐场：县东八里。又有子场曰晓峰，在县西十二里。"东江盐场及其子场晓峰场位于今浙江舟山市定海区。

该书同卷又曰："岱山盐场：（昌国）县北海中一百五十里，熙宁六年置。"岱山盐场位于今浙江岱山县东沙镇。

《宝庆四明志》卷六曰："高南亭场，高亭、南亭二甲元（原）隶岱山场，相阻一岭，舟行则经大洋。嘉定元年立为正场。"据此可知，高南亭场是由高亭、南亭二甲组成的，原系岱山场子场，与岱山场场部相隔一座山，往来不便，于是在嘉定元年（1208）独自成为一个盐场。高南亭场位于今浙江岱山县高亭镇。

---

① 《读史方舆纪要》卷九二载玉泉场在象山县东南十五里。《浙江古今地名词典》第149页认为该场故址在今象山县东北涂茨乡玉泉寺一带。这里参考前引《宝庆四明志气》卷六所载玉泉场位置，取后一种说法。

② 嘉靖《宁波府志》卷六《山川》释玉女溪曰："（象山）县西南九十里，源出版场坑玉女山，合流至五眼桥入海。"据此可知，玉女场位于五眼桥附近。《象山县地名志》释"五爱村"曰："辖6自然村。……原称五眼桥，解放初开展'爱祖国、爱人民、爱科学、爱劳动、爱护公共财物'的五爱活动，遂改称'五爱'。1951年属五爱乡，1956年属昌国乡。1958年建生产队，1961年称大队。1983年改为村，次年划入石浦镇。"又释"五眼桥"曰："自然村。在洋下山南0。15公里、石浦北2公里处，玉女溪南岸，呈东西向长形分布。……由玉女溪上五眼桥得名，习称五眼。企业单位及商店均设此。随着城区扩大，塘头港居民区已与之相连。"（第256页）现已不再生产海盐。

③ 〔元〕郭荐纂《大德昌国州图志》卷五下文又曰："又有三子场：晓峰则隶正监，甬东则隶东江，桃花则隶芦花，此与州连陆场分也。"三子场都在今舟山市定海区。

3. 瑞安府永嘉、平阳、瑞安、乐清四县

咸淳元年（1265），温州升为瑞安府。

永嘉县有永嘉盐场（今浙江瓯海县永兴镇）。《文献通考》卷一五《征榷考二》、《宋史》卷一八二《食货下四》在谈到北宋前期温州海盐生产情况时提到永嘉场。可见，永嘉场设置时间较早，北宋前期已经存在。

平阳县有天富南监（今浙江平阳县鳌江口海滨）。《宋史》卷一八二《食货下四》在谈到北宋前期温州海盐生产情况时提到天富南监，后来又提到南天富场。《元丰九域志》卷五《两浙路》和《宋史》卷八八《地理四》都提到平阳县有天富盐场。《中兴会要》所载绍兴三十二年盐额提到天富南监买纳场。从这些材料来看，天富南监设于北宋前期，后来又称天富盐场。

瑞安县有双穗盐场（今浙江瑞安市场桥镇埭上村）。《元丰九域志》卷五《两浙路》载瑞安县有双穗盐场。据此可知，双穗盐场设置时间是在元丰以前。①

乐清县有天富北监（今浙江玉环市）和长林场（今浙江乐清市盐盆镇）。《宋史》卷一八二《食货下四》在谈到北宋前期温州海盐生产情况时提到天富北监，《元丰九域志》卷五《两浙路》提到乐清县有天富盐监，《中兴会要》所载绍兴三十二年盐额提到天富北监买纳场。从这些材料来看，天富北监设置时间是在北宋前期。据监名推测，天富南北监很可能是同时设置的。《中兴会要》所载绍兴三十二年盐额提到长林场。《大清一统志》卷二三五《温州府》载长林场曰："在乐清县西四十里白塔山，地名塔头，宋政和中置盐场。"从这条材料来看，长林场设置时间是在政和年间（1111—1117）。

《宋史》卷一八二《食货下四》在谈到北宋前期温州海盐生产情况时提到密鹦场。《浙江省盐业志》认为密鹦场位于今浙江省玉环市环城乡，设置时间是太平兴国三年（978）。②宋叶适《水心集》卷二一《李宜人郑氏墓志铭》曰："天富北监在海玉环岛上。"该书卷二九《题潘刑曹郎帖》又曰："潘公之孙傅监天富盐场，……傅善于盐事，玉环人甚爱之。"从这两条材料来看，天富北监也是在玉环岛。联系前述密鹦场的位置推测，天富北监可能是由密鹦场演变而来的。

4. 台州临海、黄岩、宁海三县

临海县有杜渎盐场（今浙江临海市杜桥镇）。据《嘉定赤城志》卷三六记载，杜渎盐场位于临海县东北一百二十里，创建于熙宁五年（1072）。③

黄岩县有于浦盐场（今浙江台州市黄岩区东南）。据《嘉定赤城志》卷三六记载，

---

① 魏嵩山主编《中国历史地名大辞典》释"双穗场"曰："即今浙江瑞安市东北双穗场。产盐。北宋政和中置。"（第201页）此说有误。政和年间是公元1111—1117年，元丰年间是公元1078—1085年。双穗场设置时间是在元丰以前，而非政和年间。
② 《浙江省盐业志》，中华书局，1996：454。玉环岛宋代属乐清县。《两浙盐法志》卷七《场灶二》亦载："天富北监场在太平县之玉环乡，明初隶乐清。"
③ 《元丰九域志》卷五《两浙路》载黄岩县有于浦、杜渎二盐场。这个记载有误。杜渎场不是在黄岩县，而是在宁海县。

于浦盐场位于黄岩县东南七十里，创建于咸平三年（1000）。①

宁海县有长亭盐场（今浙江宁海县长街镇）。据《嘉定赤城志》卷三六记载，长亭盐场原来在港头，大观三年（1109）迁至宁海县东一百二十里。其初设时间不详。

《文献通考》卷一五《征榷考二》、《宋史》卷一八二《食货下四》在谈到北宋前期和中期台州海盐生产情况时都提到黄岩监。后来黄岩监情况如何？史籍阙载。《中兴会要》所载绍兴三十二年盐额提到黄岩买纳场、杜渎场和长亭场。黄岩买纳场很可能是由黄岩监演变而来的。

归纳起来，两浙西路有海盐产地3府7县，已知盐监5个、盐场30个；两浙东路有海盐产地4州（府）16县，已知盐监5个、盐场26个。其中，大多数盐场是南宋出现的。

这一地区唐代海盐产地有嘉兴、华亭、海盐、盐官、会稽、余姚、鄞、永嘉、黄岩、宁海、临海十一县，五代十国时期有定海县。宋代除以上各县生产海盐外，又有钱塘、仁和、昆山、山阴、萧山、象山、昌国、平阳、瑞安、乐清十县成为海盐产地；②其中，象山县为南宋时期出现的产地，其他产地北宋时期已经出现。

七、元　代

《元史》卷九一《百官七》载两浙都转运盐使司所辖盐场有34个：仁和场，许村场，西路场，下（沙）[砂]场，青村场，（表）[袁]部场，浦东场，横浦场，芦沥场，海沙场，鲍郎场，西兴场，钱清场，三江场，曹娥场，石堰场，鸣鹤场，清泉场，长山场，穿山场，（袋）[岱]山场，玉泉场，芦花场，大嵩场，昌国场，永嘉场，双穗场，天富南监，长林场，黄岩场，杜渎场，天富北监，长亭场，龙头场。《元典章》卷九《吏部三》曰："浙东盐司场二十五处：三江，曹娥，芦花，石堰东，石堰西，（岱）[大]（嵩）[嵩]，龙头，东江，鸣鹤东，鸣鹤西，黄岩，双穗，长亭，天（福）[富]南，天（福）[富]北，清泉，永（和）[嘉]，杜渎，昌国正监，岱山，穿山，长林，玉女溪，高南（泉）[亭]，长山玉泉。浙西盐司场十一处：江湾，黄窑，浦东，横浦，袁浦，鲍郎，下（沙）[砂]，青（林）[村]，芦（历）[沥]，沙腰，海沙。杭州盐司场九处：茶槽，仁和，北栅，许村，南路，西兴，钱清，钱塘，西路。"总计45个盐场。仅从数量来看，比《元史·百官志》所载多出11个盐场，实际上只多出9个（石堰东、西二

---

① 《大清一统志》卷二二九《台州府一》释"黄岩场"曰："在黄岩县东南六十里，宋曰迁浦，元改名。"《中国古今地名大辞典》释"黄岩场"曰："在浙江黄岩县东南六十里。宋时曰迁浦，元改今名。"魏嵩山主编《中国历史地名大辞典》释"黄岩场"曰："在今浙江黄岩市东南。宋为迁浦盐场。"（第1002页）显然，后面两种解释是抄袭《大清一统志》而来。"迁浦盐场"当为"于浦盐场"之误。以上三种解释都把于浦盐场当作黄岩场。

② 五代梁开平二年（908），吴越将鄞县改称鄮县。据《宋史》卷八八《地理四》记载，熙宁六年（1073）鄮县析置昌国县。

场和鸣鹤东、西二场显然是分别由石堰场、鸣鹤场析置而来的）。《元史》卷九二《食货二》曰："两浙之盐：至元十四年立运司……（至元）三十一年，并煎盐地四十四所为三十四。"可见，《元典章》所载两浙盐场大致为至元三十一年（1294）合并以前的情况。以上所列盐场都是宋代就有的。其中，下砂、江湾、黄窑、浦东、横浦、袁浦六场所在地今属上海市管辖，其他盐场所在地今属浙江省管辖。

八、明　代

记载明代两浙盐区海盐产地的史籍有《寰宇通志》《明一统志》《明史·地理志》《明史·食货志》《明实录》《明会典》《重修两浙鹾志》等。

《寰宇通志》卷一四载松江府土产有盐，"盐场凡五处"。卷二三载杭州府土产有盐，"各县出"。卷三一载台州府土产有盐，"有场在临海曰杜渎，在宁海曰长亭，在黄岩曰黄岩"。

《明一统志》卷九载松江府土产有盐，卷三八载杭州府土产有盐，"海宁县出"。卷三九载嘉兴府土产有盐，"海盐县出"。卷四七载台州府土产有盐，"黄岩等县有场"。

《明史》卷四〇《地理一》载松江府华亭县"东南滨海，有盐场"。又载上海县"东滨海，有盐场"。卷四四《地理五》载明代两浙9县有盐场。嘉兴府：平湖县有芦沥盐场；海盐县，"东北有汤山，又有独山，旧置盐场于此。……东北有吕港，港口有盐场。西南有鲍郎市，有盐课司"。宁波府：慈溪县，"西北有鸣鹤盐课司"。定海县，"南有清泉等盐场"。象山县，"南有玉泉盐场"。台州府：临海县有杜渎盐场，黄岩县"东南有盐场"。温州府：乐清县有长林盐场，平阳县南有天富南盐场。实际产地不止这些。

《明史》卷八〇《食货四》曰："两浙所辖分司四：曰嘉兴，曰松江，曰宁绍，曰温台；批验所四：曰杭州，曰绍兴，曰嘉兴，曰温州；盐场三十五，各盐课司一。洪武时，岁办大引盐二十二万四百余引。弘治时改办小引盐，倍之。万历时同。"

以上记载太简略。

《明太祖实录》卷二二"吴元年二月癸丑"条曰："置两浙都转运盐使司于杭州，设芦沥、鸣鹤、鲍郎、（清）[青]浦、黄岩、昌国正监、清泉、大嵩、穿山、钱清、三江、龙头、曹娥、玉泉、天富北监、岱山、袁浦、下砂、芦花、杜渎、长林、长山、西路、横浦、天赐、双穗、天富南监、青村、石堰、仁和、海砂、长亭、永嘉、浦东、许村、西兴等三十六场，岁办盐二十二万二千三百八十四引有畸，每引重四百斤。"吴元年，1367年。

《明会典》卷三二载两浙都转运盐使司辖有许村场、仁和场，嘉兴分司辖有西（安）[路]场、鲍郎场、芦沥场、海沙场、横浦场，松江分司辖有下（沙）[砂]场、青村场、袁浦场、浦东场、天赐场、青浦场、下（沙）[砂]二场（正统五年添置）、下（沙）[砂]三场（正统五年添置），宁绍分司辖有西兴场、钱清场、三江场、曹娥场、龙头场、石堰场、鸣鹤场、清泉场、长山场、玉泉场、穿山场（旧有昌国正（盐）[监]场盐课，正统五年并此）、大嵩场（旧有岱山、芦花二场盐课司，正统二年并此），温台分司辖有永嘉场、双穗场、长林场、黄岩场、杜渎场、长亭场、天富南监场、天富北监场。该书注明两浙都转运盐使司为洪武初置，此说并不确切，应依《明太祖实录》置于吴元年（1367）一说。

王圻《重修两浙鹾志》共有 24 卷，现存卷三至二二。①该书卷三记载了明代晚期两浙盐区 35 个盐场的位置、界域，现整理如下（括号内为笔者所注今地名）：

仁和场　　位于仁和县，临江。东至海宁县九十里，南至钱塘江，西至富阳县七十里，北连仁和县民里。

许村场　　位于海宁县安化坊。东至西路场十里，南至大海，西至仁和场四十里，北至海宁县民里。

西路场　　位于海宁县。东至海盐县谈山界三十里，南至海，西至陈坟路二十里，北至桐乡县界三十里。

鲍郎场　　位于海盐县澉浦镇。东至海沙场十里，南至海，西至西路场十五里，北至海盐县三十里。

芦沥场　　位于平湖县武原乡。东至横浦场界二十五里，南至海塘十八里，西至广陈镇十二里，北至华亭县山塘界十二里。②

海沙场　　位于海盐县十六都。东至乍浦千户所界二十里，南至大海，西至与城界四十里，北至海盐县界二十里。

横浦场　　位于华亭县六保。东至袁浦场界十八里，南至大海，西至芦沥场界四里，北至张泾堰界十九里。

浦东场　　位于华亭县仙山乡。东至漕泾镇界三十里，南至海，西至横浦场界六里，北至张泾镇界十二里。

袁浦场　　位于华亭县柘林镇。东至青村场三十六里，南至海塘一里，西至浦东场五十四里，北至华亭县七十二里。

青村场　　位于华亭县十五保。东至大海，南至袁浦场八里，西至青村高桥锁[镇]二里，北至下砂场十八里。

下砂场　　位于上海县新场镇。东至大海，南至青村场二十四里，西至黄浦三十六里，北至下砂二场三十六里。

下砂二场　　位于上海县四灶港。东至海二十里，南至下砂场六里，西至民田六里，北至下砂场界二十里。

下砂三场　　位于上海县三灶（巷）[港]北。东至海十三里，南至下砂二场界四十里，西至各民灶田地十三里，北至青浦场界四十里。

---

① 《四库全书存目丛书·史部》第 274 册，吉林大学图书馆藏明末刊本。
② 《读史方舆纪要》卷一九一《浙江三》载平湖县芦沥市曰："宋、元时俱置盐场于此。明初吴元年，并盐场于县东南十五里之独山盐场，改置嘉兴盐运分司于此。洪武元年复置芦沥场盐课司。"

青浦场　位于嘉定县。东至海十里，南至下砂三场界三里，西至吴淞江十八里，北至吴淞江千户所四十里。

天赐场　位于崇明县（今上海崇明区）。东至海，南至海，西至海，北至崇明县（治）四十里。①

西兴场　位于萧山县西兴镇。东至萧山县十里，南至诸暨县界四十里，西至钱塘江，北至钱塘江。

钱清场　位于萧山县凤义二十四都。东至夹灶三十里，南至兴塘埠二十里，西至批验所四十里，北至海塘十里。

三江场　位于山阴县陡门镇，东至车家浦五十里，西至青墩三十里，南至鹿山运盐河十里，北至大海五里。

曹娥场　位于会稽县曹娥镇。东至曹娥江四十里，南至三界八十里，西至绍兴府八十里，北至百家渡十里。

石堰场　位于余姚县龙泉一都二保。东至鸣鹤场三十里，南至余姚县二十里，西至上虞县六十里，北至海三十五里。

鸣鹤场　位于慈溪县市镇。东至龙头场四十里，西至石堰场四十里，南至车厩驿六十里，北至观海卫十五里。

龙头场　东至定海县六十里，南至雁门岭十五里，西至鸣鹤场四十里，北至大海五里。

清泉场　位于定海县崇丘一都。东至小港口十里，南至徐家洋十五里，西至杨木堰三十五里，北至海十里。

长山场　位于定海县槎东团。东至穿山场三十里，南至育王岭二十里，西至清泉场三十里，北至大海。

穿山场　位于定海县海宴二都。

东至霩䨲所三十里，南至海三十里，西至长山场四十里，北至海一里。

大嵩场　位于鄞县十一都。东至大海七里，南至湖头渡二十里，西至韩岭五十里，北至定海县界五十里。

玉泉场　位于象山县十六都。东至爵溪千户所二十五里，南至昌国卫八十里，西至象山县十里，北至湖头渡四十里。

温台分司场分：

长亭场　位于宁海县。东至象山县三十里，南至大海，西至临海县一百六十里，北至奉化县一百二十里。

杜渎场　位于临海县。东至大海十里，西至分水岭五十里，南至海门卫五十里，北至蛟湖巡检司三十里。

---

① 原文为"北至崇明县肆拾里"，指距崇明县治所四十里。

黄岩场　位于太平县十都。[①]东至海十里,南至松门卫界四十里,西至太平县界三十里,北至海门卫界五十里。

天富北监场　位于乐清县永康乡。东至窑岙驿界五十里,西至馆头驿界五十里,南至大海,北至凤凰山界一厘[里]。[②]

长林场　位于乐清县六都。东至大海,西至馆头驿界四十里,南至大海,北至天富北监场界三十里。

永嘉场　位于永嘉县华盖乡。东至海,南至中界山巡检司界十二里,西至茅竹岭界三十里,北至宁村千户所马道江十五里。

双穗场　位于瑞安县五都。东至海,南至襄阳江口十八里,西至海安千户所并官铺小河一带,北至梅头山十里。

天富南监场　位于平阳县东乡。东至大海五里,西至福宁州界一百里,南至蒲门所界一百里,北至平阳县界四十里。

归纳起来,明代两浙盐区盐场主要有以下变化:

其一,与元代相比,盐场数有所增加。《重修两浙鹾志》载明末两浙有35个盐场,比至元三十一年(1294)34场增加1场。明代不仅将元代34场全部继承下来,而且把某些盐场合并了,增设了数个盐场。因此,明代两浙盐区实际增加的盐场数并非1个。例如,下砂二场和下砂三场都是新设的。天赐场也是新设的。该场位于崇明县,南宋嘉定年间曾经设有盐场,后废。明代重新设置。

其二,由于社会因素的影响,既有新开辟的滩荡,也有荒废的滩荡。《重修两浙鹾志》卷三记载了部分盐场新、旧荡地情况,现整理列表如下(见表1):

表1　明末两浙盐区部分盐场新旧荡地对照

场名	旧熟荡	新耕荡	荒荡
鲍郎	872亩5分1厘	757亩1分4厘	7 641亩4厘
芦沥	40 406亩4分	47 521亩4分4厘	8 520亩4分8厘
海沙	4 557亩6厘	18 468亩2分7厘	30 725亩4分4厘
横浦	4 777亩	15 295亩4分7厘	955亩4分
长山	1 209亩8分6厘	1 977亩8分[③]	
长亭	4 107亩7厘	1 582亩7分9厘	
杜渎	11 917丈	3 942亩8分7厘	1 589亩5分

该书对于其他各场新、旧荡地记载较为混乱(有些盐场仅载荡地总数,没有新、旧之分),难以整理,只好略去。从上表可以看出,既有旧熟荡,也有新耕荡,还有荒

[①]《明史》卷四四《地理五》载太平县曰:"成化五年十二月以黄岩县之太平乡置,析乐清地益之。"
[②] 原文"北至凤凰山界壹厘","厘"字疑为"里"字之误。
[③] 该书同卷又载长山场有告垦税荡281亩5分,丈出荡134亩6分6厘。

荡，各场情况不尽相同。旧熟荡是原有的荡地，新耕荡是新开垦的荡地，荒荡是待开垦的荡地。从中可以看出这些盐场荡地的变化情况。

其三，随着海岸线的推移，盐场滩涂也会发生扩大、缩小乃至于消失的变化。该书卷三在谈到仁和场滩荡时说："滩荡、滩场、草荡濒江坍涨不常，以今言之，自西徂东，延袤壹佰余里。"在谈到许村场滩荡时也说："滩荡、滩场坍涨不常，原无定数。"仁和、许村二场都在钱塘江口，江海相接之处，滩荡盈缩幅度较大。天赐场位于崇明岛南部，与青浦场隔江相望，二场都在长江口，受海潮的影响极大，滩荡盈缩变化比仁和、许村二场更大。天赐、青浦二场都曾一度由于滩荡坍毁而被裁革。①又如，该书卷三载曹娥场曰："今查旧熟荡地、新涨沙涂共叁万柒千壹佰柒拾壹亩叁分伍厘。"又载永嘉场曰："续涨官沙田地壹千贰百肆亩肆分。"所谓"新涨沙涂""续涨沙田地"都是指由于海岸线向大海推进所形成的新滩涂。这些变化说明，海盐产地的变迁与海岸线的推移有着密切关系。

九、清　代

清代两浙盐区各场分布在江苏、浙江两省。

清初，两浙盐场沿袭明代，有 32 个盐场。顺治十八年（1661），裁永嘉场，并入双穗场。同年，清朝政府认为郑成功部屡犯沿海与沿海居民接济有关，强迫沿海居民内迁三十里。这就是所谓迁海令。温州、台州、宁波等地盐场纷纷弃灶停煎，灶民流离失所。后来渐渐恢复，生产规模比原来减小过半。康熙三年（1664），裁杜渎场，并入黄岩场。康熙十八年（1679），裁玉泉场，并入大嵩场，名嵩玉场。二十六年（1687），裁天富南监，并入双穗场。三十九年（1700），裁天富北监，并入长林场。四十一年（1702），裁下砂三场，并入下砂二场。雍正二年（1724），裁下砂二场，并入下砂头场；裁西兴场，并入钱清场。七年（1729），复设下砂二场、杜渎场和永嘉场，浦东场并入横浦场。乾隆五年（1740），复设浦东、龙头二场；析嵩玉场为大嵩、玉泉二场，从西路场分出黄湾场，从三江场分出东江场，从曹娥场分出金山场；以天赐场坍地复涨，增设崇明场；复设下砂三场，与下砂二场合并为下砂二三场。宣统三年（1911），西路场并入黄湾场，龙头场并入清泉场，石堰场改名为余姚场，增设岱山场。总计清末两浙盐区盐场为 31 个。②

宋代两浙盐区主要海盐产地是在浙西。元代以后，由于钱塘江水系流向改变和杭州湾海岸淤涨冲刷，浙西芦沥、鲍郎、黄湾、盐官、许村、仁和等场以及浙东西兴、三江、曹娥等场逐渐衰退。乾隆十二年（1749），钱塘江水系流向北移改道，沿海宁塘

---

① 《重修两浙鹾志》卷六，《天赐场因革》。
② 《盐法通志》卷一，《疆域一》。

入海，北岸海水逐渐变淡，南、北两岸滩涂演变趋势为北冲南淤，浙西诸场更趋萎缩，而余姚"三北浅滩"则不断地向北淤涨。清朝末年，龙头、鸣鹤二场废盐改农，石堰场随海涂淤涨而逐渐转移，宣统三年（1911）改称"余姚场"，是全省面积最大的盐场。①

《盐法通志》卷一《疆域一》和卷二《疆域二》载有两浙盐区各场场署位置及场界，现整理如下：

仁和场　场署位于省城清泰门外会保五图观音堂。场界：东至海宁州，西至富阳县界，南至萧山县，北至许村场。东西一百九十里，南北五十里。

许村场　场署位于海宁州安化坊。场界：东至陈坟港接黄湾场，西至翁家埠接仁和场，南以海塘为界，北至石门县界。东西七十七里，南北三十九里。

钱清场　场署位于萧山县钱清镇。场界：东至三江场，西至闻家堰，南至海塘，北至南沙案地。东西七十里，南北四十里。

三江场　场署位于山阴县陡亹老闸。场界：东至东江场孙家团，西至钱清场任家桥，南至山阴鹿山，北至大海。延袤二十里。

东江场　场署位于会稽县曹娥镇。场界：东至曹娥江，西至小金团，南至曹娥村，北至舜江。东西五十里，南北五里。

金山场　场署位于上虞县百官镇。场界：东至民地，西至沥海所，南至曹娥场，北至余姚场。东西三十里，南北六十里。

余姚场　场署位于余姚县石堰镇。场界：东至鸣鹤场杜家团，西至金山场，南至大古塘，北至大海。延袤一百一十里。

鸣鹤场　场署位于慈溪县北五十里。场界：东至黄家路，西至新浦沿，南至大古塘，北至白涂。东西五十里，南北三十里。

龙头场　场署位于镇海县灵绪乡。场界：东至清泉场，西至鸣鹤场，南至慈溪县达蓬山，北至大海。延袤四十里。

清泉场　场署位于镇海县崇邱。场界：东至小港口，西至杨木堰，南至象鼻山，北至龙头场。延袤三十五里。

穿长场　场署位于镇海县灵岩乡大碶头。场界：东至定海县界，西至镇海县界，南至象山县界，北至大海。东西一百三十里，南北六十里。

大嵩场　场署位于鄞县大嵩城。场界：东至大海，西至奉化县界，南至象山县界，北至于育王岭。东西五十里，南北四十里。

玉泉场　场署位于象山县王家桥。场界：东至柱峚，西至南堡，南至金鸡山，北至洋心。东西五十里，南北七十里。

岱山场　场署位于定海县岱山岛桥头镇。场界：东至长涂，西至东沙角，南至南浦，北至新道头。东西五十里，南北二十里。

长亭场　场署位于宁海县长街镇。场界：东至隔洋塘，西至南庄，南至煎坑塘，

---

① 《浙江省盐业志》，中华书局，1996：70、459。

北至大成塘。东西九十里，南北八十里（计水路）。

黄岩场　场署位于太平县南监庄。场界：东至黄岩县海域，西至大溪庄，南至乐清县大津，北至临海县界。东西一百里，南北一百里。

杜渎场　场署位于临海县北下桥。场界：东至大海，西至椒江老鼠屿，北至北涧四淋。东西八十里，南北三十里。

双穗场　场署位于瑞安县崇泰乡长桥。场界：在飞云江北岸者，东至大海，西至梅安所，南以飞云江为界，北至永泰河；在飞云江南岸者，东至大海，西至孟姜浦，南至沙园城，北以飞云江为界。东西十里，南北六十里。

长林场　场署位于乐清县翁垟。场界：在西乡者，东至大海，西至翁垟街，南至崎头山，北至盐盘山，东西三里，南北二十五里；在东乡者，东至清江渡，南至大海，西至蒲岐，北至大塘路。东西三十五里，南北五里。

永嘉场　场署位于永嘉县永兴堡。场界：东至大海，西至塘路，南至梅岗，北至瓯江。延袤三十里。

以上各场为宁绍分司所辖。其中，双穗场横跨瑞安、平阳二县，飞云江以北属瑞安，飞云江以南属平阳。

黄湾场　场署位于海宁（县）[州]新仓镇。场界：东至鲍郎场，西至许村场，南以海塘为界，北至新仓。东西六十里，南北五里。

西路场　场署位于海宁（县）[州]西堰。场界：东至掇转庙，西至陈坟路，南至大海，北至海宁州水塘界。延袤十五里。

鲍郎场　场署位于海盐县澉浦西门外（今浙江海盐县澉浦镇）。场界：东至秦驻山，西至潭仙岭，南至大海，北至通元镇南岸。东西十八里，南北十六里。

海沙场　场署位于海盐县沙腰村。场界：东至芦沥场，西至鲍郎场，南至大海，北至海盐县民地。延袤六十五里。

芦沥场　场署位于平湖县全公亭镇。场界：东至金山县接横浦场，西至乍浦镇，南至海塘，北至新仓镇。延袤五十里。

横浦场　场署位于松江县西仓镇。场界：东至青龙港接浦东场，西至平湖县接芦沥场，南至大海，北至于张泾堰。延袤九里。

浦东场　场署位于金山县北仓镇。场界：东至漕泾镇接袁浦场，西至青龙港接横浦场，南至大海，北至张泾镇。延袤十八里。

袁浦场　场署位于华亭县柘林镇。场界：东至青村场夏家路团，西至浦东场三岔墩，南至海塘，北至奉贤县界。延袤二十四里。

青村场　场署位于奉贤县青村港。场界：东至下砂场，西至高桥镇，南至袁浦场，北至下砂场。延袤八十五里。

下砂头场　场署位于南汇县南二墩。场界：东至大海，西至南汇县民田，南至青村场，北至下砂二三场五团。延袤一百里。

下砂二三场　场署位于南汇县川沙堡。场界：东至大海，西至黄浦，南至四团头场，北至宝山县。延袤十二里。

崇明场　场署位于崇明县花洪汛。场界：东至大海，西至海门厅，南至宝山县，北至通州吕四场。延袤八十里。

以上各场为嘉松分司所辖。其中，横浦、浦东、袁浦、青村、下砂头场、下砂二三场、崇明场位于江苏省境内（崇明场位于太仓直隶州，其余位于松江府），这些盐场所在地属今上海市管辖，其他盐场所在地今属浙江省管辖。

《清盐法志》载有两浙盐区课荡、团灶、锅盘数额，现整理如下（见表2）：

表2　清末两浙盐区各场课荡、团灶、锅盘表

场　名	课　荡		团　灶		锅盘（副）
	原　额	现　额	原额	现额	
仁和	74 181 亩 9 分 8 厘 7 毫 1 丝 5 忽	26 199 亩 8 分 2 厘 3 毫 5 丝 8 忽	5 团	4 团 83 灶	83
许村	93 720 亩 7 分 1 厘 7 毫 2 丝 1 忽		8 团	21 团 195 灶	195
西路	1 348 亩 6 厘 5 毫 6 丝 1 忽		39 团	18 团 198 灶	198
黄湾				16 团 138 灶	138
鲍郎	10 290 亩 3 分 4 厘 7 毫 5 丝 2 忽	10 290 亩 3 分 4 厘 7 毫 5 丝 2 忽	19 团	20 团 161 灶	161
海沙	24 275 亩 6 分 8 厘 5 毫 7 忽	24 275 亩 6 分 8 厘 5 毫 7 忽	21 团	23 团 141 灶	141
芦沥	94 306 亩 4 分 9 厘 4 毫 5 丝 3 忽	94 306 亩 4 分 9 厘 4 毫 5 丝 3 忽	13 团	13 团 105 灶	105
横浦	20 876 亩 8 分 7 厘 6 毫 5 微 6 纤	20 781 亩 3 分 1 厘 4 毫 8 忽 3 微 6 纤	5 团	5 团 49 灶	49
浦东	43 222 亩 2 分 8 厘	40 883 亩 7 分 8 厘 2 毫	3 团	2 团 15 灶	15
袁浦	6 098 亩 9 分 9 厘 4 毫	5 783 亩 4 分 9 厘 1 丝 2 忽	10 团	18 团 124 灶	124
青村	32 653 亩 6 毫 2 丝 5 忽	31 388 亩 6 分 4 厘 9 毫 3 丝 9 忽	28 团	5 团 268 灶	268
下砂头	100 524 亩 7 分 9 厘 8 毫	97 407 亩 9 分 1 厘 6 毫 5 丝 5 忽	15 团	20 团 107 灶	107
下砂二	106 814 亩 8 分 7 厘 3 毫	99 595 亩 3 分 2 厘 6 丝 2 忽 6 微			
下砂三	83 740 亩 8 分 9 厘 2 毫 9 忽 6 微 9 纤	64 660 亩 5 分 1 厘 8 毫 4 丝 7 忽 3 微 9 纤			
钱清	7 532 弓 6 寸	3 566 弓 8 分 5 毫 9 毫 2 丝 8 忽		10 团 76 灶	76
西兴	7 669 亩 3 分		6 团		
三江	9 281 亩 7 分 2 厘 5 丝 3 忽	41 亩 4 分 7 厘 2 毫 8 丝 5 忽	8 团	4 团 153 灶	153
东江	7 886 亩 1 分 1 厘 4 毫 6 丝 6 忽	2 054 亩 1 分 3 厘 6 毫 4 丝 3 忽		4 团 96 灶	96
曹娥	10 250 弓 2 寸 8 分		7 团	2 团 16 灶	17
金山	87 027 弓 9 尺 7 寸 2 分			4 团 31 灶	31

续表

场 名	课 荡		团 灶		锅盘（副）
	原 额	现 额	原额	现额	
石堰	70 937亩3分5厘2毫6丝7忽	70 937亩3分5厘2毫6丝7忽	5团	7团30灶	30
鸣鹤	26 123亩1分1厘6毫4丝	26 123亩1分1厘6毫4丝	6团	4团24灶	24
清泉	3 487亩7分	3 487亩7分	15团	15团160灶	160
龙头	12 956弓	12 956弓	13团	13团63灶	63
穿长	1 906弓9分	1 906弓9分	11团	10团57灶	57
大嵩	652弓2分	652弓2分	4团	4团29灶	29
玉泉			3团	3团16灶	16
长亭			4团	5团20灶	20
黄岩			11团	13团50灶	50
杜渎			5团	5团121灶	121
双穗	980亩	98亩	5团	5团39灶	39
长林			5团	10团95灶	95
永嘉	851亩6分	851亩6分	4团	26团110灶	110

资料来源：《清盐法志》卷一六一《两浙二·场产门二·灶地》、卷一六三《两浙四·场产门四·团灶》。崇明场阙载。

十、民国时期

民国时期，浙江海盐产地发生了很大变化。

1912年1月，中华民国成立，今上海地区属江苏省，有上海、华亭、嘉定、宝山、川沙、南汇、奉贤、金山、青浦、崇明十县。横浦场、浦东场、袁浦场、青村场、下砂头场、下砂二三场、崇明场均位于上海诸县。12月，废除浙江省盐政局，复设两浙盐运使署。[①]

民国二年（1913），在杭州设立两浙盐务稽核分所，作为浙江盐务管理机构。民国五年（1916），余姚场场署迁至庵东镇（今浙江慈溪市庵东镇）。为了降低成本、提高产量，民国五年（1916）和民国十八年（1929），两浙盐务稽核分所两次改煎为晒，裁废了仁和等15个购卤煎盐和管理不便的盐场，保留余姚等17场。[②]

民国二十六年（1937），撤销盐运使和稽核分所，成立两浙盐务管理局。10月，浙西沦陷。1941年，日军侵扰浙东，余姚等场相继沦陷，全省仅存黄岩、杜渎、长亭、

---

① 浙江省盐业志编纂委员会：《浙江省盐业志》，中华书局，1996：12。
② 唐仁粤：《中国盐业史》（地方篇），人民出版社，1997：31。

双穗、长林、南监、北监七场,年产量只有 1 万余吨,靠收购敌占区海盐供应百姓。1942 年,两浙盐务管理局迁至龙泉。汪伪政府在杭州设立伪两浙盐务管理局,在余姚、岱山等场设立伪公署。

抗战胜利后,浙东游击队解放了庵东盐区。1945 年 8 月 20 日,浙东盐务管理局在庵东成立。[①]1945 年 10 月 20 日,两浙盐务管理局迁回杭州,下辖余姚、钱清、定岱、玉泉、黄岩、北监、南监、长林、双穗九场。另设浙西、宁属两个分局。浙西分局位于平湖县乍浦,下辖黄湾、鲍郎、仁和三个办事处。宁属分局位于宁波,下辖穿长、大嵩、镇海三个办事处。[②]1947 年 1 月,黄湾、鲍郎、海沙三场因产低本高,且管理不便,分期裁废。5 月,钱清场坍入钱塘江,盐户迁入仁和已废场区晒盐。[③]

1949 年 5 月至 1950 年 5 月,浙江盐区各场先后解放。从此,浙江海盐生产历史翻开了新的一页。

总之,随着时代变迁,浙江海盐产地发生了很大的变化。浙江地区海盐生产始于杭州湾沿海地区,逐渐向南部沿海地区扩展。唐宋时期,浙江沿海各县普遍生产海盐,盐场分布尤以杭州湾沿海地区最为密集。后来,由于钱塘江流向改变和杭州湾海岸淤涨冲刷,浙西地区盐场逐渐衰退,有些盐场消失。乾隆十二年(1747),钱塘江改道北移,沿海宁塘入海,北岸海水趋淡,两岸滩涂的演变趋势为北冲南淤,浙西诸场更进一步萎缩,而余姚等地海岸不断地向北淤涨,盐场面积逐步扩大。民国时期,浙西诸场或裁或并,余姚、岱山等盐场成为主要盐场。可见,浙江海盐产地的分布和变迁与钱塘江改道、海岸线变化等自然地理因素密切相关。

---

① 唐仁粤:《中国盐业史》(地方篇),人民出版社,1997:314-315。
② 唐仁粤:《中国盐业史》(地方篇),人民出版社,1997:315。
③ 浙江省盐业志编纂委员会:《浙江省盐业志》,中华书局,1996:20。

商业发展对盐神信仰的影响阐论

——以罗泉盐神庙为例

王启春[①]

摘　要：四川省资中县罗泉井的产盐历史悠久，可追溯到公元前221年，然其盐业至清中后期才达到顶峰，由此带来了当地的商业繁荣，盐神信仰亦在此社会环境中应运而生。至民国后期，随盐业式微后，盐神信仰衰落，而盐神庙亦徒为陈迹。盐神信仰的兴衰和盐神庙的独特格局等都与当地商业尤其是盐业的兴替密切相关。

关键词：盐；罗泉；商业；盐神信仰

一、罗泉盐业起源与发展

民以食为天，菜以盐为先，中国古代把盐称为"百味之祖"。宋应星在《天工开物》有云："口之于味也，辛酸甘苦，经年绝一无恙。独食盐，禁戒旬日，则缚鸡胜匹，倦怠恢然。"[②]可见盐之于人们生活和生理的重要性。盐的来源据曾仰丰《中国盐政史·产源》："或出于海，或出于池，或出于井，或出于山，要其体质皆为水气之所成。《尚书·洪范》：'水曰润下，润下作咸。'此盐之根源也。"[③]有对盐之需，便会产盐，也就渐而有盐业之兴。中国很早就产盐，不同地方据地势、资源之异，就地取材生产不同类型食盐，所以有了海盐、池盐、井盐、矿盐的区分。而"四川之盐，全出于井，井之创始，始于秦代。秦孝文王以李冰为蜀守，冰于广都县穿凿盐井，其后识泉脉者逐渐增辟，遂善大利"[④]。

罗泉镇位于距资中县城51千米的西北方向，处于仁寿、威远二县交界的深丘中，隐藏在沱江支流珠溪河旁。清代称罗泉井，民国三年改为罗泉镇，有千年盐城之称，

[①] 王启春（1989—），女，四川资中人，四川省图书馆参考咨询部助理馆员，中国古典文献学硕士，现从事地方文献工作与研究。
[②] 《天工开物》上卷《作咸第五卷》，参见潘吉星《天工开物译注》，上海古籍出版社，1998年版，第31页。
[③] 曾仰丰：《中国盐政史》，上海书店出版社，1937：49。
[④] 曾仰丰：《中国盐政史》，上海书店出版社，1937：78。

是全国现存的 100 个千年古镇之一。清《四川盐法志》记载："资州罗泉井，古厂也，创于秦，沿于两汉晋、隋，兴旺于唐、宋、元、明。"又据《资中县志》："罗泉建镇距今有 1 700 多年历史，凿井产盐始于秦，兴于宋，衰于明，复于清。"①与《盐法志》略殊。依《盐法志》之说，罗泉从秦到明，盐业从未中断。然对其产盐的具体情况，史书少有直接描述，间有相关记载。《新唐书·地理志》卷四十二《地理六》对资州的井盐状况有如下记载："内江县……有盐；龙水县……有盐；磐石县……有盐；资阳县……有盐。"②《新唐书》卷一百四十五《食货四》："黔州有井四十一，成州、巂州井各一，果、阆、开、通井百二十三，山南西院领之。邓、眉、嘉有井十三，剑南西川院领之。梓、遂、绵、合、昌、渝、沪、资、荣、陵、简有井四百六十，剑南东川院领之。"③《元和郡县志》卷三十一《剑南道上》："内江县……盐井二十六所，在管下；银山县……盐井一十一所，在管下。"④这两部唐书均提到资州产盐，而内江和银山为主要产盐地，可见此时的罗泉还未达到它的盐业发展鼎盛期。到明朝有何宇度《益部谈资》云：

> 盐井，各州邑多有之。大小不一，深可数十丈，上孔仅杯盂大，用竹作长筒，垂下取水而煎晒，即成盐。业此有成富者，亦有家为之累者，随其所遇。然开井只凭堪舆家言，不知何术得此。⑤

何宇度对四川井盐的描述甚是简单和笼统，然亦可见明朝四川各地的井盐生产仍是十分兴盛的。而《中国盐政史》对四川产盐地却有明确记载：

> 明洪武间，以井分区，凡十五处，曰上流、曰永通、曰郁山、曰涂甘、曰云安、曰通海、曰福兴、曰广福、曰华池、曰新罗、曰富义、曰罗泉、曰黄寺、曰仙泉、曰大宁，各设盐课司，专司办盐征课。清代以厂统井，设厂二十二，曰富荣、犍为、乐山、三台、绵州、蓬中、蓬遂、乐至、胖镇、西盐、南阆、射洪、射蓬、简州、资州、井研、仁寿、云安、大宁、开县、奉节、盐源。⑥

于此，我们可见明朝的罗泉井已被记载，并设有盐课司，以司办盐征课税。至清朝，罗泉镇的盐业发展到顶峰，清光绪年间，罗泉已有盐井 1 515 口，"井灶相连，长十里，盐区面积方圆覆盖 100 多公里，极盛时年产盐 2 252 吨。"⑦而这种盛况在民国继续发展，并于民国十四年（1925）获法国巴黎世界博览会金奖。随着制盐业的蓬勃

---

① 《资中县志》，巴蜀书社，1996：18。
② 〔宋〕欧阳修、宋祁：《新唐书·地理志》卷四二五《地理六》，中华书局，1975：1082。
③ 〔宋〕欧阳修、宋祁：《新唐书》卷一四五《食货志四》，中华书局，1975：1377。
④ 〔唐〕李吉甫：《元和郡县图志》卷三一五《剑南道上》，中华书局，1983：785-786。
⑤ 〔明〕何宇度：《益部谈资》卷上，四库全书本，第 592 册，第 738 页。
⑥ 曾仰丰：《中国盐政史》第二章第二节第十目"四川"，上海书店出版社，1937：78。
⑦ 《资中县志》，成都：巴蜀书社，1996：200。

发展，罗泉井商贾聚集，马嘶驼鸣，五里长街上坐落着多家外省会馆，会聚着各地各色的贩盐客商，饭铺、茶房、旅舍比比皆是，逐步成为今资中、威远、仁寿、井研和资阳等地政治、经济和文化中心。为了有效地管理产销和课收盐税，清朝雍正七年（1729），资州府设立罗泉分州府，辖今仁寿、威远、资中等三个县。

二、罗泉盐神信仰的兴起与没落

"一定区域内的民间信仰是区域文化的重要特征。历史时期民间信仰的形成是与地理环境、生产力水平、经济形式等密切相关的。"[①]中国食盐很早便生产了关于盐的起源和开发有很多自然和人文神话传说，《礼记·曲礼下》曰："凡祭宗庙之礼……韭曰丰本，盐曰咸鹾。"可见，盐早已运用在宗庙的祭祀中。在盐业发展过程中，逐渐形成了自己独特的信仰，它与民俗进行互动和碰撞，产生了更多的文化内涵。李乔在其论著《中国行业神崇拜》饮食类中谈及盐业行业神时，比较具体地分析了海盐、池盐、井盐等盐种中全国各地的盐神信奉情况。一方面，不同的盐种有不同的盐神信仰，另一方面，同一盐种也会选择不同的盐神信仰，简而言之，就盐神祭祀的对象来说，可分为赐盐的神灵（人类或虚构神）、盐业的发现者、生产者、推行者等。现举几例：

（1）盐业发现者的崇拜。云南白族有叫"谷女"的盐神，她原是牧人的女儿。有一天于山上放牛时，发现了一股咸泉水，带回去烧菜发现味道变好了，从此白族人开始用盐。后谷女不幸遇难，白族人为纪念她，每逢农历四月初八都要举行隆重的迎神赛会来祭祀她。

（2）开凿盐井功臣的信仰。如自贡地区的梅泽、陵井的井神张道陵等。明曹学佺《蜀中广纪》引《文同奏避张陵名状》："按陵本沛人，世有别传载其异事者尤多，臣不敢以闻，然观其为井之功，实非常人所能建置。此州之民既赖之以为生，复畏之以为神，凡遇其祠庙，及道其所以昔日为井之事，皆慎然如肃不敢少懈，如在其上与其前后，若是之恭也。"[②]"张道陵祠在县西南一里，陵开凿盐井，人得其利，故为立祠。"[③]陵井位于今四川仁寿县，张道陵被当地传为最初凿井的盐业鼻祖，奉为盐神。

（3）赐盐之神灵。重庆巫溪县大宁监是宋代川东著名的产盐区。早在五代时，当地便传说"盐井水中往往有龙，或白或黄，鳞鬣光明"[④]，至宋代便衍化为"龙神"，于盐泉出口嵌以铁龙头，龙口下有"龙池"，并立"龙君庙"，庙内奉祀三位龙神。[⑤]

资中县罗泉镇信奉的盐神，是中国历史上曾推动盐业发展的功臣管仲，从类型上

---

① 李清清：《唐代西南地区盐的产销及其在经济社会中的作用》，重庆：西南大学，2010：38。
② 曹学佺：《蜀中广纪》卷六六《方物记第八》，四库全书第6本，第6592册，第104页。
③ 清嘉庆：《四川通志》卷三七《祠庙四》，第1501页。
④ 〔宋〕孙光宪：《北梦琐言》，上海古籍出版社，1981：168。
⑤ 参见林振翰：《川盐纪要》，商务印书馆，1919：204。

可归为盐业的推行者。"三代之时，盐虽入贡，与民共之，未尝有禁法。自管仲相桓公，始兴盐策，以夺民利，自此后盐禁方开。"①管仲制定了中国盐政的首部大法《正盐策》，创设了计口授盐法、专卖制和禁私法。在此后两千余年中，各朝各代统治者对盐业的管理基本上直接或间接取法于《正盐策》，利用管仲之术，政府专控食盐产销，即实行盐业专买专卖制度，从这个意义上说，管仲是盐政管理的鼻祖，尤其为盐商推崇。明清时期江苏淮盐区的盐商几乎都拜管仲，甚至在家里挂上管仲的画像，祈求盐利。罗泉井作为四川井盐的代表，却也奉盐商喜爱的管仲神，这是一个值得说明的问题。

经济的发展能带动商业文化的兴起，罗泉的盐神信仰并非自古就有，而是随着商业的发展逐渐形成，罗泉的盐业顶峰在清代，而盐神信仰也是在清代才具规模。现今罗泉镇子来桥东边仍有全国迄今唯一保留完好，专门供奉盐神的庙宇——盐神庙。盐商钟达仁出面筹资 18 000 两白银，集众人之力修了这座庙宇，占地 1 964 平方米，建筑面积 2 700 平方米，初衷是"盐商们为了祈求神灵永保盐业发达，方便集会。在清同治七年（1868）筹资建庙"②以谢盐神。于此，管仲作为罗泉镇的祭祀盐神便不难理解了。民国 14 年（1925）罗泉井盐荣获巴黎世界博览会金奖后，民国政府曾拨白银 200 两，官制贴金粉字"盐神庙"大匾一块悬挂。直至民国晚期，此地每年举行的盐神节，祭祀规模宏大，全镇甚至周边各地的盐商、百姓均会聚集。

庙门内楼顶是戏楼，共 132 平方米，由 8 根浑圆硕大的木柱托起楼顶，两侧店铺的木楼各有五间小屋。内里中间是宽敞的露天坝，面积 305 平方米，露天坝东西两侧扶环廊，经店铺的木楼回廊可至戏楼，露天坝后面是 13 级石阶，随阶而上，可直登正殿。正殿坐落在盐神庙最高处，均布着四根金龙缠绕的大木柱，管仲、关羽和火神祝融的神像就巧妙地被供奉在四根龙柱的正中央。③主供为盐神管仲，关羽和火神则作为管仲的辅佐相伴左右，不但神像位置居后，而且塑像小，明显作为管仲的陪衬神像站在正殿两侧。

这座神庙，亮点有三：庙内供奉的主神是盐神管仲，而又由道士住持，性质实为一座道观；庙内有附属建筑戏台，并与正殿遥相呼应；正殿不仅供有盐神，更加有火神和武圣陪伴左右。首先春秋战国以后，中国道教对盐十分钟情，不仅记载流传下来许多含有食盐原料的灵丹妙方，而且记载有许多与道人有关的神话传说。如《蜀中广记》有载：

> 陵井监图经汉时有山神，号十二玉女，为道人张陵指陵上开盐井，因此陵上有井故名陵州。《云笈七笺》云："张天师经行陵州，山中有十二玉女来谒，愿奉箕帚，天师知其地下阴神也。谓之曰：'汝等何以为献？将观厚薄而纳焉。'玉女各献玉环，径皆数寸。天师曰：'献同奈何？'乃化十二环为一

---

① 参见元马端临：《文献通考》卷一六。
② 参见今罗泉盐神庙石刻碑记。
③ 参见林大如、林彬：《奇特的盐神庙》，中国档案报，2006-2-24。

环，径尺投入地，约曰：'有得者即纳之。'投地，地陷成井，玉女争脱衣入井，以探环。天师取其衣，藏石匮中，玉女遂不得出，即陵井也。"[①]

据此看来，道教与盐渊源甚早，张陵即张道陵也，五斗米道创立者。前文已举例，陵州人甚至为张道陵修祠，奉为盐神，地位极高。此则神话发生的地点在陵州（今四川仁寿县），从地理位置上来看与罗泉相邻，如此看来，罗泉所设盐神庙，性质为"道观"，乃受此影响。其次，古戏台建于庙、观内本属正常搭配，如浙江省桐乡市乌镇修真观内有戏台、山西省高平市王报村二郎庙内有戏台等。罗泉盐神庙内戏台风格仍为翘角飞檐，只是布局稍显不同，观察其建筑设计可以发现，戏台正对大殿，两侧均为商铺，可见此处真发挥了"方便集会"之功用，庙里有如此重的商业气息应是受了当时整个氛围的影响。镇上共有九宫八庙一寺，另有数十家戏楼、十多家茶馆、十多家赌场和二十多家妓院，而盐神庙也正是在这样的环境中应运而生，商业文化与盐神信仰融合交织，相互并存、影响。关于最后一个亮点，从四川井盐的生产流程来看，井盐的生产技术主要包括：凿井、汲卤、煎盐三种工艺，第三项必离不开火。《华阳国志》载："取井火煮之，一斛水得五斗盐，家火煮之，得无几也。"[②]根据重庆市博物馆编《四川汉画像砖选集》的解释："这个熬盐的长灶，是以柴为燃料，灶门可见火光，一人正在加柴扇风以增强火力，火焰通过五锅，最后由'曲突'出烟。"[③]火对于产井盐可谓相当重要，火旺盐出，供奉火神当然是为了保佑盐产稳定，这与盐业经济又紧密联系着。关公作为重情尚义的代表，民间向来是崇敬有加，经商之人要想财富广聚，必定是重情尚义的，同时也反映了制盐人希望以忠义制约利害矛盾的道德诉求。三者的同时供奉，恰是宗教祈福、教化、实用功能的巧妙融合，可谓独具匠心。

在人类盐业发展史上，盐业生产经营者为方便经营之故很多就地营造各种庙宇或会馆，或以炫耀郡邑，或显示文化内蕴，或突出宗教信仰。世界因盐业而建的庙宇和会馆一万余处，中国最有代表性的盐业会馆首推原自贡西秦会馆，由当时陕西商贾集资所建。这些文化痕迹无不与商业发展有关，而当繁华过尽，留下的遗迹不仅是历史的记录，更是文化的承载。中华人民共和国成立后，持续2000年的井盐开发使得罗泉镇矿盐资源走向枯竭，昔日商贾云集、马嘶骡叫、人声鼎沸的景象再也没有重现。罗泉盐井日趋式微，繁华一如珠溪河畔渐次消失的井架，不知不觉间退出了古镇。如今，盐神庙和五里长街又经历了一百多年的风雨，虽然盐神庙已些许破落，支撑大殿的基石已有明显土黄色风化痕迹，庙内仅有一个老道士，每天做着简单重复的工作，而来此朝拜的人越来越稀少，但罗泉盐神庙是社会发展、盐业兴衰和盐文化发展的见证，具有重要的历史意义和考古价值。

---

① 曹学佺：《蜀中广记》卷六六《方物记第八·盐谱》，四库全书第6592册，第103页。
② 〔晋〕常璩撰，任乃强校：《华阳国志校补图注》卷三《蜀志》，上海古籍出版社，1987：157。
③ 白广美：《关于汉画像砖"井火煮盐图"的商榷》，《中国盐业史论丛》，中国社会科学出版社，1987。

三、结　语

关于商业对文化的影响，无须多言，就罗泉这个小镇而言，盐神信仰兴起、衰落与盐业的发展息息相关。罗泉的产盐历史虽可追溯到公元前 221 年，时代久远，但是井盐的生产和开凿是直到清中后期才达到极度兴盛，盐业的顶峰给这个地方带来了经济利益，同时文化也在悄然涌动和不断发展，而主要体现在信仰方面。

隋唐时期，巴蜀地区经济飞速发展，井盐的盛产发展对区域经济作用更加重要，逐渐形成了独特的区域性盐神信仰，"或由统治者敕封，或由民间自发，把与井盐生产密切相关的历史人物、神话人物等作为盐泉、盐井神加以崇拜。并被奉为祭祀礼拜的神灵，或修筑庙宇供奉，或塑筑神像祭祀"，[①]逐步形成了陵州井研井镬山神、陵州仁寿玉女庙和张道陵祠、梓州郪县唐时新罗僧等盐神，他们的形成不能完全归功于商业发展，但或多或少受其影响，信仰文化不断丰富。罗泉盐神庙的三个亮点足以说明商业对信仰文化的影响和支配。至民国后期，罗泉盐业逐渐式微，商业的繁荣也随之没落，盐神信仰在此之后竟也衰退了。如今的罗泉盐神庙再也不见商人们去朝拜和祭礼，而这种信仰在当地人们生活中已然无存。综上可见，盐业兴衰对盐神信仰文化的影响是相当大的。

◇ 参考文献 ◇

[1]〔宋〕欧阳修，宋祁．新唐书：地理六[M]．北京：中华书局，1975．
[2]〔明〕宋应星著，潘吉星注．天工开物译注[M]．上海：上海古籍出版社，1998．
[3]〔明〕曹学佺．蜀中广记：方物志[M]．卷六六《盐谱》．
[4] 曾仰丰．中国盐政史[M]．上海：上海书店出版，1937．
[5] 资中县志[M]．成都：巴蜀书社，1996．
[6] 李清清．唐代西南地区盐的产销及其在经济社会中的作用[D]．重庆：西南大学，2010．
[7] 孙玥．中国民间信仰中的盐崇拜[J]．温州师范学院学报（哲学社会科学版），2006（6）．
[8] 王俊芳．盐神信仰的表现形式及深层原因[J]．兰台史话，2015（12）．
[9] 半夏．罗泉：为盐文化保存记忆[J]．四川文学，2010（6）．
[10] 林大如，林彬．奇特的盐神庙[N]．中国档案报，2006-2-24．

---

① 李清清：《唐代西南地区盐的产销及其在经济社会中的作用》，西南大学 2010 年硕士学位论文，第 38 页。

大宁河输卤栈道始建年代推证

佘 平[①]

摘 要：大宁河输卤栈道位于大宁河西岸悬崖峭壁上，起于重庆市巫溪县宁厂古镇，止于重庆市巫山县龙门峡口，全长约80千米。据考证，山体崩塌、滑坡、泥石流等自然灾害导致的大宁河河道多处堵塞断航，是修建或重新启用输卤栈道的根本原因，并进而影响到沿河地区（巫溪、巫山、大昌等县）行政建制区划的调整。其次，大宁河输卤栈道很可能始建于秦汉时期（最有可能在秦代或汉武帝时期），并一直营运到东汉末年北井县设立之时，持续时间约300~400年。自北周初至宋端拱年间，输卤栈道很可能再次部分恢复使用，持续时间约为400余年。自此后的宋、元、明、清四朝1000余年时间里，再没有全程或部分恢复使用过输卤栈道。

关键词：大宁河输卤栈道；始建年代；推证

大宁河为渝东三峡库区长江第一大支流，源自重庆市巫溪县，自北而南，在巫山县罗门口注入长江，全长202千米。大宁河中游巫溪县宁厂古镇至下游罗门峡口段，在其西岸悬崖绝壁上，有一排呈直线排列规整的石孔，20余厘米见方，深约50厘米，间距一般在1.5~3.5米，高出水面数米，绵延80余千米，现存石孔6 800余眼[②]，这就是闻名中外的大宁河输卤栈道遗址。

---

① 佘平（1966—），男，重庆巫溪人，1990年毕业于四川师范大学数学系，主要从事地方历史民俗文化研究和部门志的编修工作。重庆市作协会员，中国诗歌学会会员。编辑出版了《巫溪县旅游文化丛书》、《巫溪县建设文化丛书》、《巫溪民居》、《巫溪历史文化》（中学乡土教材），以及长篇小说《古镇》、诗集《外婆家的吊脚楼》、《油灯下的花窗》等。
② 三峡水库蓄水后，巫山段石孔已被全部淹没。

由于有关该栈道的历史文献记载非常稀少，故大宁河栈道的功用、始建年代、修建原因、建造者、建造方法、使用情况等均扑朔迷离，成为著名的历史之谜。近年来，通过文史界的长期研究、争论，对其功能用途的认识基本统一，即输送大宁河上游宁厂古镇宝源山盐泉至下游之大昌古镇、巫山县城等处熬盐，大宁河古栈道（宁厂至巫山段）为输卤栈道。但其确切的始建年代、修建原因、建造者等问题，仍是待解的悬案。笔者现主要就其始建年代做一个大致的推论，以为抛砖引玉，求证于诸位方家。

（一）

在探讨大宁河输卤栈道始建年代之前，我们先来探讨一个最根本的问题，即输卤栈道的修建原因。从古至今，尤其在古代技术条件下，水运是最便利，运费最低廉，应用最广泛的交通运输方式，此为常识。但在自古就有大宁河航运之便利的情况下，为什么还要违背最基本的常识，劳民伤财，大费周章地修建输卤栈道呢？自古巴人擅长驾舟航运，并据此垄断三峡地区食盐运销，进而崛起称霸一方，此为学界主流观点。但为何他们又舍弃其专长之航运而兴建大宁河输卤栈道呢？（该问题亦为大多数研究大宁河输卤栈道的专家学者所忽略）

我们先来对比分析一下古代巫盐运至巫山的几种方式的利弊。

第一种方式：水路航运。在宁厂古镇制盐，再将成品盐通过大宁河船运至巫山县城。运输速度相对较快，运载力较大，成本低，经济效益好。有沉船、翻船的风险；夏季遇暴雨、洪水则停航，运输中断；冬季水枯运载力下降，触礁搁浅等风险增大。

第二种方式：陆路运输。在宁厂古镇制盐，再将成品盐全程通过人力背（挑）运至巫山县城。因山路陡峭狭窄，翻山越岭，崎岖难行，无法使用牲畜（骡马）驮运，只能靠人力贩运。故运输时间长，运载力低，成本高昂，受灾害天气、匪患影响较大，但总的风险还是较小。

第三种方式：水陆联运。即第一与第二种方式的组合，在河道畅通的河段采用船运，河道堵塞不能通行之处则采取人力（背、挑）转滩翻运。运输成本较大，速度也慢。

第四种方式：栈道输卤。将宁厂宝源山盐卤通过大宁河输卤栈道输送至巫山县城，再在巫山煮卤成盐（制盐）。大风、暴雨、洪灾等对其损害较大（因栈道高于洪水线，故洪灾对岩壁上的栈道没有影响，但对跨越河道的栈道是毁灭性的破坏)，可靠性较低。同时，栈道开凿建造投资巨大，营运中的日常维护、保养作业量巨大，且输卤笕管须每年更换，增加了营运成本；受技术制约，输卤管线沿途难免跑冒滴漏，资源浪费较大，故运输成本巨大。

第五种方式：栈道输卤+船运。即第四种方式与船运的组合，比如将宁厂宝源山盐卤通过输卤栈道输送至大昌古镇，煮卤成盐（制盐），再通过船运将成品盐运至巫山县城。运输成本比第四种低一些。

第一至第三种方式的共同之处是在宁厂煮卤成盐，即制盐工场设于盐泉所在地宁厂古镇，然后将成品盐通过水路或陆路运至巫山。

第四、第五种方式的共同之处，是通过栈道输送盐卤而不是成品盐，到目的地后再煮卤成盐（制盐）。制盐工场不在宁厂古镇。

巫盐运输五种方式的对比：

方式	综合运输成本指标（经济性）	运载量	维护作业量	可靠性	每年有效利用时间	应用性
第一种方式	1	大	少	较高	较多	最常规的方式
第二种方式	12~15	小	较少	较高	较多	几乎不被采用
第三种方式	3~10	一般	较少	较高	较多	特殊时期采用
第四种方式	7~10	较大	巨大	较差	较少	特殊时期采用
第五种方式	3~8	较大	很大	较差	较少	特殊时期采用

注：综合运输成本指标涉及较为复杂的成本项目、数据评估、测算，笔者另文专门论述，此处仅列出综合测算结果（估算数据）。以第一种方式的综合成本指标为基准1，其他方式的综合成本指标为其倍数。

古今中外，货物运输选取何种方式（陆路、水运、航空、管道等），最重要的因素，还是运费的高低。巫盐外运，亦是如此。从上述对比分析可知，第一种方式综合运费最低，且可靠性较高，故为最普遍常见的方式。第二种运费最高，为第一种的10~13倍，故几乎不被采用。当大宁河两岸山体发生垮塌、滑坡、泥石流等灾害，导致河道被堵塞，航运中断，就只好采取第三至第五种方式了。若同一时期只有1~2处堵塞，尚可采取第三种方式，即水陆联合，转滩接运。但若同一时期有2~3处山体垮塌、滑坡（尤其峡谷地段）等，或更多处垮塌堵塞，造成较长时间多处河道断航，则只好采取第四种或第五种方式，即开凿大宁河输卤栈道了，这显然是无奈之举，是特殊情况下巫盐外运的特殊方式。因为虽然其开凿建造工程艰难浩大，须动员巨大人力，耗费巨资，且营运维护成本也高，导致综合运输成本非常高昂，但仍低于全程人力背（挑）运的陆路运输（第二种方式）。

那么，大宁河沿岸山体垮塌、滑坡、泥石流等自然灾害导致同一时期多处河道堵塞断航，在历史上真的发生过吗？尽管历史记载缺失，但考察大宁河河道，在两河口至巫山罗门峡口约100千米的主干道上，民国时期仍有大大小小激流险滩170余处，其中著名的险滩有猫儿滩、旧老漕、木沟口、麻矮子、撩爷湾、浅滩、谭家墩、石灰窑、观音阁、溪口、门洞（前河）、锅底石（大湾上面）、南门湾、洋雀滩（马兰溪下面一点）飞包石、新滩（庙峡里）、硫磺滩、庙峡口（白龙过江上面）、龙溪、磨角滩、银窝子（龙门峡）、七里嘴、大罗滩、小罗滩、西里滩等数十处，最危险的是磨角滩、七里嘴和银窝子，经常发生船翻货沉、人员死亡的事故，被船工们视为生死鬼门关。民间有"船到银窝子，吓得打摆子""银窝滩，丧命滩，十船到此九船翻"的谚语，诗人曾叹曰："险绝昌溪水（大宁河），如何亦问津。命分毫发地，利役古今人。"民国三十二年（1943）、三十四年（1945），巫溪、巫山两县政府曾联合组成打滩委员会，数次疏浚险滩，收效甚微。这些险滩其实就是由历次山体崩塌、滑坡、泥石流等地质灾害产生的壅塞体、淤积物，经数百千年河水冲蚀后形成的。

其中，在庙峡硫磺滩右（西）岸，有一处大罩岩（当地人称为"老龙皮"），很能说明问题。为研究大宁河输卤栈道，2007 年 2 月 4 日，笔者曾随县志办原主任汤绪泽老先生一行人，乘船对该处进行过实地考察勘测。大罩岩由上下两层构成，罩崖顶部悬空伸出，上层罩崖分为北、南两段，下层罩崖略呈三角形，剖面呈侧立的 W（锯齿）状。其内凹的岩壁上凿有 2 排栈道孔。其中，下排 11 个孔为直线排列的输卤栈道孔。很明显，大罩岩系以前山体崩塌后形成的，崩塌下来的巨量岩体、砾石，曾经堵塞河道数百米，造成航运中断。而后，在罩岩绝壁上开凿了输卤栈道孔。经过数百千年的河水、洪流的冲击、侵蚀，该河段堵塞物逐渐被冲走，最后形了被称为"硫磺滩"的险滩。

最典型的例证要数猫儿滩。猫儿滩位于大宁河（主干道）上游，宁厂古镇以北约 5 千米处。清咸丰八年（1858）八月，持续暴雨导致猫儿滩山体垮塌滑坡，瞬间将村落掩埋，死亡 1 000 余人。同时，巨量的破碎岩体冲入河道，堵塞 500 余米，形成堰塞湖和落差 4~5 米的激流险滩，河水从石缝奔涌而出，发出巨大的吼声。经过 160 余年的河水、洪水的自然冲刷，淤塞物体逐步冲走，形成新的河道，但礁石林立，水流湍急，上下船只概莫能过，只能转滩接运（下行船只至猫儿滩北端，将货物卸下，由人力挑运 500 余米至猫儿滩南端，再装船接运。上行亦然），成本昂贵。为此，民国时期至解放初期，政府曾多次组织人员整修疏浚河道，每次疏通，一遇洪水则又回复如初，至今仍不能通航。

古代典籍中有关大宁河沿岸山体崩塌滑坡，堵塞河道的记载非常稀少，笔者能查到的仅有前述"猫儿滩山陷"的记载[①]。民国时期，1932 年 7 月 6 日，大宁河支流西溪河的安里坝（半溪乡）红岩崩塌，垮塌断面 600 余米，摧毁民房 6 间、纸厂 1 家，死亡 6 人；1933 年 8 月 8 日，大雨导致大宁河支流东溪河檀木坪长堑子大岩崩，崩体高 120 余米，堵断东溪河水，毁房屋 11 户，死亡 6 人。中华人民共和国成立以来，大宁河及各支流沿岸岩崩、滑坡等自然灾害依旧频繁。1963 年 4 月上旬，中坝公社桃园大队发生泥石流，堵塞东溪河，河水回灌淹没上游的白鹿街道；1982 年 7 月，久雨导致全县滑坡 1 316 处，民主公社桂花大队（大宁河支流柏杨河上游）大滑坡。尤以 1987 年南门湾岩崩最为惨烈，死亡 98 人，河道堵塞百余米（只是有了爆破、大型工程机械等现代疏浚技术设备，才很快恢复通航）。其后，1988 年大宁河支流西溪河中阳村岩崩，死亡 26 人，堵塞河道数百米；2017 年，西溪河沈家段数百米宽的山体滑坡，虽有预警，仍造成 6 人死亡，堵塞河道数百米。由此可推断，在古代，大宁河沿岸岩崩、滑坡等地质灾害是十分频繁的，由此造成诸多河段被堵塞淤积。若仅仅凭借河流、洪水的自然冲刷，非数百年，乃至上千年时间，不能将堵塞体、淤积物完全冲走，恢复通航。

---

① 清光绪《大宁县志·灾异》载："咸丰八年戊午秋八月，猫儿滩久雨山陷，毙民千余人。"

此种情况下，为保障巫盐供应，开凿（或使用）大宁河输卤栈道，就成为必然的选择。

关于大宁河输卤栈道，曾有"分卤煮盐"的说法，即在同一时期，通过栈道将盐卤引至前河、大宁古城、大昌古镇、巫山县城等地煮卤制盐，原因是宁厂古镇地势狭窄，容不下众多盐灶作坊。此种说法是不正确的，因为"分卤煮盐"在历史上根本就不存在。首先，该说法与实际不符，清乾隆时期为宁厂古镇盐业最鼎盛之际，有盐灶336座，锅口1 008口，号称"万灶盐烟"，灶房全在宁厂峡谷两岸3千米范围之内，盐产量超过万吨的民国时期亦然。而之前各朝各代，盐灶数量、盐产量远不及乾隆时期，怎么会"容不下众多制盐作坊"？其次，"分卤煮盐"增加了管理难度。历代对食盐生产、运销都采取严格的监管，将盐灶集中到一个地方，当然更便于生产管理和征税、缉私。若分置于宁厂、大宁古城、大昌等处，且相距数十里远，则会大大增加监管难度和管理成本。三是大大增加了食盐生产运输的综合成本。若大宁河航道堵塞，不得已需修建（使用）输卤栈道，则应尽可能缩短输卤距离，减少成本开支。比如宁厂至大宁古城段河道堵塞，航运中断，则输卤栈道只需修到大宁古城，在此煮卤制盐，再将成品盐船运至大昌、巫山等地，此为最佳方案，而没有必要再将输卤栈道延伸到大昌、巫山等地。因为输卤栈道每延伸1里，食盐综合成本便会增加不少。

（二）

在大宁河剪刀峡景区，有一介绍栈道孔的铭牌，谓大宁河输卤栈道"始建于汉永平七年"。笔者还曾在重庆市编写的中小学乡土历史教材中，见到其断言输卤栈道是始建于汉永平七年的。这是一流传甚广但错误的论断。

这一错误论断，其实源自曾被广泛引用的清光绪版《大宁县志·盐茶》的一段记载①。原文曰："汉永平七年，尝引此泉于巫山，以铁牢盆盛之，水化为血，卒罢其役。"注意，原文是说"汉永平七年，尝引此泉于巫山……"，初中生就知道古文"尝"是"曾经"的意思。"汉永平七年，尝引此泉于巫山……"意思是说，在汉明帝永平七年（64）的时候，曾经（用筧管）将此盐泉输送到巫山（熬盐）。而栈道最初的修建时间，自然要早于汉永平七年。故断言"大宁河输卤栈道始建于汉永平七年"，实在是一个令人惊讶的低级错误。

"汉永平七年，尝引此泉于巫山……"最早出自《舆地广记·图经》，后被《舆地纪胜·大宁监景物·咸泉》引用，再被清光绪《大宁县志》引用。但该段记述，却是一个推断，而不是史实的客观记载，其缘由来自宋代的一个著名掌故。宋靖国元年（1101）春，宋代著名诗人、书画家黄鲁直（黄庭坚）自戎州（今四川宜宾市）顺江东下，途径巫山，特地来看望在巫山当县官的堂弟黄嗣直。兄弟久别重逢，甚为高兴，便在县衙寓住了几日。他看见县衙大堂有一个种莲藕的"铁牢盆"（即汉代煮盐的铁锅，

---

① 《大宁县志》引《舆地广记·图经》。

由官方统一铸造，分发给盐场灶户煮盐）。甚为好奇，便叫人洗去污泥，仔细查看，发现牢盆上面还铸有铭文"汉永平七年"，于是作《汉盐铁盆记》。其石刻云："余弟嗣直，来摄邑（巫山）事。堂下有大盐盆，有款识，盖汉时物也。其末曰永平二（疑为'七'之误）年。即巴官盐铁铭永平七年。"几十年后的宋乾道六年（1170），著名诗人陆游入蜀任夔州判通，十月抵达巫山，在县衙里也看到了该牢盆，遂将其记入了《入蜀记》："县廨有故铁盆，底锐似半瓮状，极坚厚，铭在其中，盖汉永平中物也。缺处铁争光黑如佳漆，池画淳质可玩。有石刻，鲁直作盆记……"其后，宋代王象之《舆地碑目》（卷四）、明代曹学佺《蜀中广记》（卷二十二）、明代周复俊《全蜀文艺志》（卷五十二）、清代雍正《四川通志》（卷二十六）、清代李雨村《蜀碑记补》、清代倪涛《六艺之一录》（卷一〇八）等均有所载，也均出自鲁直之《汉盐铁盆记》和陆游之《入蜀记》。

　　不论黄庭坚之《汉盐铁盆记》，抑或陆游之《入蜀记》，均只是记载了当时（宋代）的巫山县官、文物收藏家黄嗣直在巫山县衙大堂收藏了一个汉代的文物——铁牢盆，而未言及该铁牢盆出自何处——是出土于巫山本地，还是从其他地方淘来的？即便是巫山本地出土，也不一定就是巫山本地使用过（从而证明巫山本地在汉代有制盐工场），因为还有多种可能。朝廷统一铸造的铁牢盆，经长江水道运至巫山，再经大宁河转运至宁厂盐场，所以，巫山发现的铁牢盆也可能是存放于巫山的仓库而流传下来的，也可能是在运往宁厂盐场途中丢失在巫山境内的。故将该记载作为现在的巫山县城（或周边）在汉代有制盐工场的论据，是缺乏说服力的，因为它只是一个推论。另一方面，制盐所需的盐卤来自何方？若无盐卤，岂不成了无米之炊！今巫山境内自古均无盐泉（盐井）的记载。故唯一的来源，只能是其上游 80 余千米的宁厂之宝源山盐泉（今巫山、巫溪二县在汉代统属于巫县）。但问题是，宁厂之宝源山盐泉距巫山制盐工场——今巫山县大昌镇或县城等地，尚有数十千米距离，如何将盐卤自宁厂运输到大昌古镇或巫山县城来呢？无论是船运还是人力背运，均不可能，因为成本太高，故而推论大宁河输卤栈道承担了该项输卤重任，故也才有了"汉永平七年，尝引此泉于巫山……"的记述，将宋代发现的"汉永平七年"的铁牢盆与大宁河输卤栈道联系了起来。由此可见，在未发现其他更多相关的确凿史料或考古证据的前提下，笔者认为"汉永平七年，尝引此泉于巫山……"只是宋人依据大宁河栈道（或栈道孔遗迹）和"巫山发现'汉永平七年'铁牢盆"所做的一个联想和推论，而非史实的客观记载，尤其"以铁牢盆盛之，水化为血，卒罢其役"之说，更是杜撰的传奇故事。因为长期用铁牢盆盛卤水，必定会生锈，致卤水化为"血"水，此为常识，断不会因之"卒罢其役"，轻易废弃耗费巨资修建的输卤栈道，停止在巫山煮卤制盐。而由此断言大宁河输卤栈道"始建于汉永平七年"，则更是断章取义的推衍。

（三）

　　那么，大宁河输卤栈道究竟始建于何年何代？我们可以从栈道开凿建造技术（包括笕管制作技术）、巫盐的历史地位（不可替代性）与市场竞争力（生产成本）、巫溪县与巫山县（含大昌县）建制沿革、历代盐政管理体制变革等方面进行推论。

1. 开凿建造技术

中国西南地区大规模开凿建造栈道，始于秦汉时期，这是学界比较一致认同的。"明修栈道，暗度陈仓"即是发生在秦汉之际。著名的川北剑阁栈道也是该时期开凿的。《鄐君褒斜道碑》云："汉明帝时，汉中太守鄐君开通褒斜栈道"，"作桥阁六百二十三间"，"为道三百二十八里"。其时，铁制工具广泛使用，使在坚硬的岩壁大规模上开凿栈道孔变得比较容易，日趋成熟的古代测量方法和技术也能支撑该工程的精确实施。同时，近年来出土的汉代画像砖上的"盐场"图案，就描绘有输卤笕管"跨山越涧"，将盐井的卤水输送到数百上千米的盐灶作坊熬盐的场景。这表明在秦汉时期，将竹管内部竹节打通，首尾连接起来，形成绵延数公里的输卤管道的笕管制作和安装技术已经成熟。大宁河输卤栈道与之相比有两点区别，一是笕管架设在悬空栈道上，而不是陆地上；二是笕管铺设的距离更长，达到近100千米，创造了古代管道输送工程技术的世界之最！但其制作技艺和铺设安装工艺并无本质区别，故大宁河输卤栈道在秦汉时期开凿建造，在技术上是没有任何障碍的。

有人质疑输卤栈道过河的问题。考察大宁河输卤栈道，起始于宁厂古镇后溪河（大宁河支流）之北岸的宝源山盐泉。输卤栈道首先须跨越后溪河，沿南岸下行至溪口，再转大宁河主干道西岸下行。其后，还须再跨越大宁河诸支流——柏杨河、桥头河、庙溪河、长溪河、龙雾沟等。而"绞篊"挂载笕管渡河的技术，直到北宋大宁监官孔嗣

宗才发明出来，才彻底解决了该问题。故大宁河输卤栈道不可能始建于秦汉时期。其实，在孔嗣宗发明"绞篊"之前，已有解决办法，即在河床架设"四足支架"，再将笕管置于支架上过河。但大宁河及支流洪水频发，尤其春夏汛期，每遇洪水，则将支架、笕管冲得无踪无影。故每次洪水后，须重建如初，故频繁的重建维护，导致输卤成本浩大则是无疑的。

2. 巫盐的历史地位（不可替代性）与市场竞争力（经济可行性）

宝源山源泉系地面自溢的天然盐泉，因而是中国西南地区最早发现和大规模开发的井盐产地。年代越久远，其历史地位（不可替代性）越重要，食盐销区和市场份额越大。西汉时期位列西南地区设有盐官的五个最大的产盐县之首注④①。之后，随着井盐开采技术的发展，川西、川南诸地食盐产量增长较快，但仍不能撼动巫盐西南之首的地位。到了唐代，大昌监为西南地区唯一一个位列全国"四场十监"的产盐基地。遗憾的是唐代及以前，没有食盐年产量的相关记载。宋熙宁年间（1068—1077），岁产盐额400余万斤，约占全川盐产量1 225万斤的三分之一，仍居川盐产地之首。及至明代，市场份额有所下降，洪武二十五年（1392）岁办（盐额）一万零六百二十三引，占到全川盐产量的近四分之一。②之后，才逐渐被云安、自贡等地超越。其次，巫盐系地面自溢盐泉，取之无费工本，故成本最低（即便到了民国三十一年，由官方核定的大宁场的食盐出厂价仍然只有其他大多数川盐产地食盐出厂价的一半③）。而云安盐泉，系河底溢出，旋被河水混合冲淡，要开采盐卤须分隔河水，成本较高；自贡等井盐，钻井取卤，深达千米，投资浩大，风险亦巨，故成本更高。但随着技术的进步，云安、自贡等地盐卤开采成本逐渐降低，竞争力逐步增强，巫盐的相对优势逐步降低。综上所述，年代越早，巫盐的成本相对越低，竞争力越强，市场占有率越高，对朝廷税收贡献越大④，地位越重要，可替代性就越小，故朝廷对巫盐的依赖就越大，修建和使用大宁河输卤栈道的可能性就越高。笔者认为，若仅考虑巫盐的成本和市场份额，明初以前，均有可能修建（或使用）大宁河输卤栈道。光绪《巫山县志》就载曰："（栈道）石孔，沿宁河山峡俱有，唐刘晏所凿，以引盐泉。"⑤因修建和使用输卤栈道虽极大地增加了巫盐运输成本（最高可能达到10倍），但其生产、运输综合成本最高仅增加0.8

---

① 五个盐产地为：南郡巫县（今重庆巫溪、巫山县）、蜀郡临邛（今四川邛崃县）、犍为南安（今四川乐山市）、益州连然（今云南安宁县）、巴郡朐忍（今重庆云阳县）。见郭正忠：《中国盐业史（古代编）》，人民出版社，1997。
② 《洪武实录》："洪武二十五年（1392）冬十一月，四川所属地方盐井五十七处，煎办岁额四万五千一百七十五引……大宁县盐井泉涌，易为煎办，已有灶丁九百六十人，岁办一万零六百二十三引。"
③ 参见《四川省志·盐业志》，四川科学技术出版社，1995；《巫盐史志》，四川美术出版社，2010。
④ 明代四川井盐课税情况：大宁场，每引俱征银2两，弘治十五年至十八年，其他盐场每引征税银0.6～1.5两不等；嘉靖三十七年，云安等14场，每引征税银0.7543 5两。（郭正忠：《中国盐业史（古代编）》，人民出版社，1997）由此可见大宁场对朝廷税收的巨大贡献。
⑤ 刘晏，唐肃宗、代宗时期的盐铁转运使，对改革盐法，促进唐代盐业繁荣卓有功勋。他将大昌（今宁厂盐场）列入全国盐产地十监之列。

倍①，可能仍小于其他盐产地，或与之相差不大，所以经济上是可行的。加之市场份额巨大，其他盐产地无法弥补其停产所造成的市场缺口，故必须不计成本，通过输卤栈道维持其生产。而明、清及民国时期，川盐产量大增，省内食盐市场竞争激烈，虽有销区划定，但各食盐产地仍想尽办法侵蚀别人的销售地盘。并越出省界，浸灌两湖淮盐销区，朝廷不得不多次饬令川盐"唯不得出川峡。"故巫盐的不可替代性大大降低，因而此时再耗费巨资修建大宁河输卤栈道的可能性就非常非常小了。

3. 那么，在自秦汉（秦代以前尚不具备修建输卤栈道的技术条件）至明初的1500余年间，到底是哪一个朝代始建的输卤栈道，或使用过输卤栈道的呢？

这个问题可从巫溪县与巫山县、大昌县之建制沿革的变迁来思考。

大宁河输卤栈道，不仅工程浩大、技术难度高，而且涉及盐场设置与迁址、盐卤资源争夺、盐税归属等尖锐矛盾。制盐工场是设于宁厂古镇（盐泉所在地），还是大昌古镇，或巫山县城等处，牵涉到巨量的就业岗位及配套产业群，能极大地增加县域GDP总量，带动一方工业生产、商品贸易、交通运输、城镇建设、社会文化等的发展。巨额财政收入（盐税分成），也是地方争夺的焦点。故盐场的选定或迁址，关乎地方的兴衰和官员的前程。同时，输卤栈道的投入使用会完全替代大宁河船运行业，又会影响到数千民众的衣食生计。如此巨大的利益归属或利益调整，怎不争得你死我活，头破血流！除非盐泉所在地（宁厂）、输卤栈道所经之地、制盐工场（盐场）设置地为同一行政区域，即同一个县，上述各利益之争才可能予以协调，各种尖锐之矛盾纠纷也才能得以最大限度地平息解决。所以，围绕输卤栈道的兴废、制盐工场的设置或迁址，包括今巫溪、巫山（含大昌）这一地域的行政建制也随之发生着变化，导致巫溪、巫山、大昌三地分分合合。即制盐工场设于宁厂古镇（盐泉所在地），还是将输卤栈道修建到大昌，在大昌设立制盐工场，或将输卤栈道修建到巫山县城并设立制盐工场，是巫溪与大昌、巫山三县建制沿革变迁的主要动因。故而，我们可以通过巫溪、巫山、大昌的建制沿革变迁来反向推论大宁河输卤栈道的兴建和使用情况。

秦汉及以前，巫溪、巫山、大昌统于一处，或曰巫郡、或曰巫县（前277年，秦取楚之巫郡，并废巫郡立巫县），治大昌古镇。东汉建安十五年（210），刘备始分巫县立北井县，治今巫溪县大宁古城，"以盐利制荆州"，北井县为巫溪县独立建县之始。西晋泰始五年（269），析巫县、北井县置泰昌县，治今巫山县水口场。同时，迁巫县县治于今巫山县巫峡镇。北周初，改泰昌县为大昌县，迁治于今巫山县大昌镇。天和后期（568—571），裁北井县并入大昌县。隋开皇三年（583），改巫县为巫山县，同时，迁大昌县治于大宁古城。北宋开宝六年（973），设大宁监，治门洞（今巫溪县前河乡），辖大昌县。端拱元年（988），迁监治于大宁古城（监治、县治皆在大宁古城）。嘉定八

---

① 在1950年前后，1担（包）盐100斤，生产成本折算约10个工日，自宁厂船运至巫山的运输成本折算约1个工日。按此计算生产运输总成本11个工日，而经输卤栈道引卤水至巫山制盐，生产成本仍为10个工日，运输成本最多10个工日（最多为船运的10倍），总成本约18个工日，增加不到1倍。

年（1215）徙大昌县治于巫山县水口场。元至元二十年（1283）大宁监升为大宁州，裁大昌县为大宁州直属地。明洪武九年（1376），降大宁州为大宁县。十三年（1380），分大宁县复设大昌县。清康熙六年（1667），撤大宁县并入奉节县。九年（1670），废大昌县并入巫山县。雍正七年（1729），复设大宁县。民国三年（1914），因与山西省大宁县同名，遂改名巫溪县。[①]

由上分析可以推断，大宁河输卤栈道的始建时间，最有可能为秦汉时期，因为今巫溪、巫山当时同属巫县，修建宁厂至巫山县城的输卤栈道，将制盐工场设于巫山县城，阻力最小，亦不存在盐卤资源争夺、盐税归属等矛盾，也便于组织施工材料、动员民工，协调解决工程建设中的各种问题。输卤工程投入运营后也便于统一维护、保养，发挥最大效益。盐泉所在地宁厂可能也设置了部分盐灶，所产食盐供当地及周边民众食用，同时通过北上的陆路盐道输往今陕西、湖北诸县，但规模比巫山县城的制盐工场要小许多。

这一状况持续了 200~400 余年。秦汉时期因山体崩塌、滑坡而堵塞的数段河道，经过这数百年河水、洪水的不断冲刷、侵蚀，淤积物被逐步冲走，河流逐步畅通，大宁河又恢复了通航。宁厂古镇生产的食盐经大宁河船运直抵巫山长江口岸，其到岸价格（制盐成本＋船运成本）不足巫山本地所产食盐价格（制盐成本＋输卤成本）的三分之二。巨大的市场差价就是巨大的破坏力，使巫山县城的制盐产业迅速破产，各盐灶作坊争先恐后回迁宁厂，这一过程是包括官府在内的任何势力所不可阻遏的。短短数年时间，巫山制盐工场人去屋空，200 华里输卤栈道被废弃，无人维护保养而最终消失得无影无踪，只在大宁河沿岸岩壁上留下了一个个栈道孔。而宁厂古镇因数十上百家制盐作坊的回迁落户，几乎在一夜之间，又恢复了"上古盐都"的繁华景象。

这一历史性的时点，正是东汉建安十五年（210），雄才大略的刘备，当机立断，调整行政区划，分巫县北部（今巫溪县地盘）立"北井"县，治大宁古城，就近管理盐务。这既顺应了新情况下巫盐生产力要素重新组合的市场要求，同时，也暗中实现了"以盐利制荆州"的政治目标。因为将制盐工场全部迁回群山环抱的宁厂古镇，使之获得了 200 余里的为高山深壑阻隔的腹地，相对于长江边的巫县（今巫山县城），大大增强了军事防护能力，而免于今后吴国（孙权）的进攻。而巫盐综合成本的大大降低，无形中增加了盐税收入，也为其"以盐利制荆州"提供了坚实的经济基础。

随着制盐业的快速发展，带动了巫盐贸易的繁荣，地处巫盐销往湖北之交通要道的大昌一带，经济迅速发展起来。西晋泰始五年（269）分巫县、北井县置泰昌县（后改称大昌县）。之后近 300 年，改朝换代，世事纷扰，所幸大宁河平安无事。大约北周初期，大宁河中上游又发生了几次岩崩、滑坡之类的地质灾害，河道宁厂至大昌段被堵塞。不得已，朝廷拟恢复废弃 300 多年的输卤栈道（宁厂至大昌段），将宁厂的盐泉引至大昌古镇煮卤制盐。为此，北井县将失去庞大的制盐产业和丰厚之盐利，这导致

---

① 参见邓显皇：《渝东北地区政区建置沿革述略》。

两县官民矛盾冲突不断，输卤栈道复建工程因遭到北井盐民蓄意破坏，不能按期竣工投产，严重影响了食盐生产。天和后期（568—571），朝廷干脆裁撤了北井县，将其合并入大昌县成为统一的行政区域，希望借此平息纠纷，协调矛盾。但因战乱不止，官府软弱无能，十多年过去了，两县结下的矛盾仍不能消除，盐业生产陷入停顿。趁改朝换代，万象更新之际，隋开皇三年（583），为安抚北井县民日益不满的情绪，新皇帝下旨将合并后的大昌县治迁到大宁古城（原北井县治），才算基本平衡了原北井、大昌两县的利益，消除了巫盐产业重新布局和行政建制调整所引起的诸多矛盾纠纷，使巫盐生产（包括输卤栈道的维护）逐渐步入了新的正常发展轨道。此格局至少延续到唐刘晏任盐铁使的时候（757—761），而且制盐业发展到了一个高峰，其设立的大昌监位居全国"十监"之列，故光绪《巫山县志》载："（栈道）石孔，沿宁河山峡俱有，唐刘晏所凿，以引盐泉。"实际上只是恢复了秦汉时期修建的（宁厂至巫山县城）输卤栈道的一部分（宁厂至大昌段），而不是新开凿栈道。

在其后的200余年时间里，被淤塞的河道经洪水逐年冲蚀，至迟在宋开宝六年（973）以前某个时期①，门洞（今巫溪县前河村）以下河段全部恢复通航，随之制盐工场自大昌古镇回迁至门洞，门洞至大昌的输卤栈道自然被废弃。到了宋开宝六年（973），在门洞设立大宁监。不久，辖大昌县，并迁监治于大宁古城。

自此大宁监治、大昌县治均设于大宁古城（大昌县治于1215年才迁回巫山水口场），故宋代大宁古城极度繁华，建有凝香堂、朝阳楼、清风阁、埭云馆、飞泉亭、凤山白塔、凤山书院等，歌舞兴会，政通人和，"吴蜀之货，咸萃于此"，被誉为"峡郡桃园"。但历代有关大宁古城的典籍和诗词中均没有任何关于煮盐作坊的信息，似可推断大宁古城没有设置过制盐工场。

自端拱元年（988）大宁监治从门洞迁至大宁古城之时，或之后不久，宁厂至门洞被堵塞的河道亦被贯通，随之制盐工场全部迁回宁厂古镇，最后一段（宁厂至门洞）大宁河输卤栈道再次被废弃。

再补充一段推论。仔细分析前文引述的《舆地广记·图经》"汉永平七年，尝引此泉于巫山，以铁牢盆盛之，水化为血，卒罢其役"一段话可知：① 该文并未提及"输卤栈道"，② "尝引此泉于巫山"——曾经引此泉于巫山，③ "卒罢其役"——最终停止在巫山煮卤制盐。说明至少作者在编撰《舆地广记》时，即宋徽宗政和年间（1111—1117），在当时的巫山县境内，煮卤制盐早已停止，输卤栈道早已废弃了上百年了，已经无法调查考证其具体的停止（废弃）时间和原因，只能杜撰一个"水化为血，卒罢其役"的传奇故事。且前述宋代著名文学家黄庭坚、陆游，在记述巫山"铁牢盆"时，只字未提"输卤栈道"，故而可以推断，至迟大约在公元1000年前，当时巫山县境内的输卤栈道就被废弃了。

---

① 《寰宇记》载："山南东道夔州路大宁监，本夔州大昌县前镇煮盐之所也。在县西南山岭峭壁中，有盐泉，置镬煮盐。开宝六年置监，以收课利。"即开宝六年在门洞设置大宁监以前，门洞就已经是"煮盐之所"（即制盐工场）了。

元代一朝国祚仅 100 余年，升大宁监为大宁州，治大宁古城，裁大昌县为大宁州直属地，并管辖陕南之旬阳、石泉、平利、隆化等 4 县。似乎表明该时期巫盐主要北向发展，即向陕南等地拓展市场空间（故南向的大宁河输卤栈道似乎更不受重视）；同时，将主管盐政的"监"改为普通的"州"，表明盐业在地方事务中的地位大为下降，巫盐的产运销与地方牵涉越来越小，业务更为简单，故可推断该时期恢复过输卤栈道的可能性微乎其微。明洪武九年（1376），降大宁州为大宁县，治大宁古城，辖地为原北井县与大昌县的地盘。十三年（1380），大昌县独立出去，直至清康熙九年（1670）并入巫山县。而大宁县在清初曾短暂地并入奉节县，至雍正七年（1729）重新恢复设立大宁县，再至民国初年（1914）更名为巫溪县。此段时期，更不可能重启横跨大宁县、大昌县或巫山县的输卤栈道了（明、清有关史籍，尤其地方志均无记载）。

4. 关于秦汉始建大宁河输卤栈道的具体时间，我们还可依据当时的盐政管理体制变革来做一个分析推断

秦汉时期盐政管理大体可分为四个阶段。一是秦代严禁山泽，山海之利，食盐为官府垄断经营，实行"食盐官营"，持续约 15 年时间；二是汉初至武帝元狩四年，政治上推崇无为而治，与民休养生息，盐政"驰山泽之禁"，准许民间煮盐贩运，为"食盐私营"时期，持续约 85 年；三是汉武帝至王莽时期，前后约 140 年，重禁山泽，严法推行食盐官营，组织有力，成效显著；四是东汉期间 180 余年，皇权旁落，地方军阀并起，朝廷重驰山海之禁，准许民营，但盐利多落入地方豪强之手。由此可推断，秦朝时期，食盐官营，且中央集权十分有效，实行军事化管理，组织了许多著名的大型基础工程建设，如长城、灵渠、驰道等，故在此期间修建输卤栈道可能性最大。其次为汉武帝及以后一段时期，朝廷重禁山泽，推行食盐官营，有动机，有魄力，有力量动员组织大规模的输卤栈道建设。其他时期，食盐私营，各顾自己蝇头小利，官府乏力，民心涣散，很难组织起工程浩大的输卤栈道修建工程。

综上所述，因山体崩塌、滑坡、泥石流等自然灾害致大宁河河道多处堵塞断航，可能是修建（或重新启用）古输卤栈道的根本原因，并进而影响到沿河地区（巫溪、巫山、大昌等县）行政建制区划的调整。其次，大宁河输卤栈道很可能始建于秦汉时期（最有可能在秦代或汉武帝时期），并一直营运到东汉末年北井县设立之初，持续时间约 300~400 年。自北周初北井县并入大昌县至宋端拱年间设立大宁监，这一时期输卤栈道很可能再次部分恢复使用，持续时间约为 400 余年。自此后的宋、元、明、清四朝 1000 余年时间里，再没有全程或部分恢复使用过输卤栈道。它完成了其历史使命，成为人类历史文化遗产。但其所创造的古代工程技术的辉煌成就，将永远铭刻在大宁河沿岸山崖上，成为"绝壁上的史诗"。

◇ 参考文献 ◇

[1] 四川省志：盐业志[M]．成都：四川科学技术出版社，1995．

[2] 大宁县志[M]．巫溪县志编纂委员会重印，1984．
[3] 巫溪县志[M]．成都：四川辞书出版社，1993．
[4] 巫山县志[M]．成都：四川人民出版社，1991．
[5] 巫盐史志：巫溪县盐厂志[M]．四川美术出版社，2010．
[6] 巫溪县档案局．巫溪县史料文献集成[M]．2017．
[7] 郭正忠．中国盐业史[M]．北京：人民出版社，1999．
[8] 任桂园．从远古走向现代：长江三峡地区盐业发展史研究[M]．成都：巴蜀书社，2006．
[9] 九江．巴盐与盐巴[M]．重庆：重庆出版社，2007．
[10] 安生．秦巴古盐道[M]．武汉：长江出版社，2008．
[11] 吉成名．宋代食盐产地研究[M]．成都：巴蜀书社，2009．
[12] 显皇．三峡方舆考[M]．北京：中国社会出版社，2010．

盐源盐旅游资源与地域文化的整合思路[1]

陶 箭[2]

关于盐文化，著名学者二月河这样说道："盐是人类的命根子。"[3]事实上，的确如此。盐是人类生活中根本无法或缺的生命要素！他还说"盐有三大功能。其一，盐是食肴之将，是生命咽喉。"事实上，也的确如此！当我们吃美味佳肴，如果没有盐味，那是无法成为美味佳肴的。"其二，盐是国之大宝，是立国之本。"可见盐的地位之高。"其三，盐是神赐之物，是白色货币。"可见盐的价值之重要。

说到盐文化，并不是所有的人都十分清楚，从古至今，有"食盐神话""仓颉与盐字""盐诗歌"等。如虞舜与《南风诗歌》、楚辞中（屈原、宋玉）的辞赋中的盐文化、李杜等名人的盐业诗歌，还有"传承不习的食盐习俗""盐屋""盐桥""盐博物馆"等，盐文化博大精深，内涵丰富。我国民国期间有一位著名的人类学家——任乃强先生，他极力主张盐与文明的共生关系。他说："人类有火有石器、有食物之后，虽无追求食盐之意识，但在偶得咸水可饮，或岩盐可吮之处，必相与密集以依之。从而容易发展成为原始的群落，又从而形成氏族集团及民族文化。苟非有知此，或其他类此具有吸引力之条件，人各散漫生活，漂流不聚，则不可能有突出先进之文化集团。是故，上古民族文化最先形成之地区，即必为自然产盐之地区，或给盐便利之地区。"

自两千多年前一位美丽的摩梭牧羊姑娘发现了盐泉，被后人尊为"开井娘娘"，盐源就开始有了产盐的历史。有词赞美盐源"扼山川之胜，据湖海之览，拥盐铁之利，具林木之长"，盐源县名顾名思义是产盐之地，又是"盐铁之利"之地、"南方丝绸之路"之途。现在，还伴有母系社会活化石的摩索人婚俗、宁静清澈的泸沽湖、苹果基地等蜚声国内外。围绕"都（润盐古都）、湖（泸沽湖）、道（西泸旅游风景道）、山（公母山），"这四大旅游亮点，已形成了颇具特色的"润盐古都·摩梭家园"旅游。

盐源不仅资源丰富，而且景色秀美、山清水秀，是香格里拉生态旅游区和攀西阳光度假旅游区的重要节点。通过盐源盐旅游资源与地域文化的整合，提高内部凝聚力，实现民族团结，促进多民族文化和地方文化的交流融合，推动各民族文化的繁荣和发展。即盐源盐文化、南方丝绸之路、茶马古盐道、丰富多彩的独特民俗文化地域文化

---

[1] 基金项目：四川省哲学社会科学重点研究基地、四川省教育厅人文社会科学重点研究基地——四川轻化工大学中国盐文化研究中心资助项目"盐源盐文化研究"（编号：YWHY15-02）之阶段性成果。
[2] 陶箭（1962—），男，四川邛崃人，西昌学院外国语学院副教授，主要研究方向为文化社会学。
[3] 赵启林、张银河：《中国盐文化》，大象出版社，2009：前言。

的整合，肯定能够大力促进地域经济建设更快发展，特别是旅游资源开发。研究少数民族地域的盐文化不仅能够积极有助于促进民族地域经济发展，而且对于社会和谐、民族团结，共同进步也起着非常重要的作用。

一、盐源的盐旅游资源

盐源是盐文化历史悠久的古里。盐源自古以来就有丰富的盐业资源，它地处中国四川省西南部凉山彝族自治州的县城，北纬：$27°07'\sim 28°17'$，东经：$100°42'\sim 102°02'$，海拔2 000多米，位于青藏高原的东南边缘，系横断山脉的南延，雅砻江下游在县境内南北向流过，雅砻江下游西岸，东西长132.6千米。南北宽129.4千米。历史上，盐源享有"金盆宝地"的盛誉。盐源被称为"白珍珠"的岩盐储藏量高达31.8亿吨，是四川省第二大盐业基地。而且盐源县地域辽阔，资源丰富，是攀西资源综合开发的主要组成部分。一位女诗人在《盐源颂》写道："盐之源，在盐源，石头草木都姓盐，盐源的盐全都开出来，能把地球都泡咸。"盐源是绚丽多彩的旅游资源。与生活息息相关的盐业遗迹，依旧藏掖着遥远的岁月滋味！盐源以"润盐古道""盐铁之利""南方丝绸之路""巴拿马博览会盐源巨金金矿遗址""绿色长廊"原始生态珍稀植物动物、"三江"水能资源、平川铁矿、盐源苹果、高原牦牛等而闻名于世。

盐源距今已有两千多年的历史。据史书记载，汉武帝元年（135）即设置了定筰县，唐更置为昆明，宋时羁縻为贺头甸，元为柏兴府，明为盐井卫，清朝时定名为盐源县。盐源盐业开采的历史很早，秦灭蜀后秦将张若即夺取此地，汉代设定筰县，以盐的占有而安定这里的筰族。筰人《华阳国志·蜀志》说："定筰县（今四川凉山彝族自治州盐源县）筰，筰夷也。汶山曰夷，南中曰昆明，汉嘉、越嶲曰筰，蜀曰邛，皆夷种也。"三国蜀将张嶷与少数民族夷帅狼岑再次争夺，竟使盐泉一度荒废，元代，忽必烈攻占大理后，在这里设润盐州，从此形成专因盐而命名的古道——润盐古道，盐的生产和贩运催生了与盐有关的城镇和道路。在中国西南的崇山峻岭之中，一些古盐道至今仍在使用。这些古道由盛产井盐的巴蜀地区出发，抵达云贵川藏的诸多城镇村落，它们影响着巴蜀地区的政治格局，也串接数千年的文化交流、经济血脉和民族风情，被学者们称为中国井盐的"大运河"。盐道好似一条生命线，融入了人们的生活，当时没有像今天的公路与汽车，由于川滇两省高山峻岭峡谷和盘缠山路特定环境，盐的运输是用马驮，润盐古道主要干线是从四川西昌马道镇（马帮汇集之地）经盐源，牵马走艰难崎岖的盘山路到达云南宁蒗，丽江，在禄马堡古驿道的悬崖上，至今仍然保留着明代地方官朱篡手书题刻的"润盐古道"四个大字。可见，食盐流通的古道上，不仅有驮盐的马帮，还有中原与地方以及民族之间因盐而战的铁骑，为盐马古道踏出了纷乱的回响。云南丽江到四川盐源泸沽湖目前已经成为旅游者最喜欢的线路，远古的盐道奠定了今天风景时尚。在川滇高山峡谷，许多并不适合人类居住的地理环境中，盐业的聚合功能尤为突出，两省分界线上的盐源、盐边和盐津三个城市，充当起川滇的纽带和盐业地理标志。盐津是专以运盐闻名的渡口，秦开五尺道，汉修南夷道，隋造偏桥阁，唐建石门道，自秦朝开始，中原文化、巴蜀文化、古滇文化在这里融合，四川的盐与云南的山货、药材从这里出入，号称"川滇第一关"的豆沙关（石门关）控制着川滇门户，古道上凹凸的马蹄印仿佛细数着时间的年轮。可以说，盐业开辟了南方丝路的先机，又成为其重要的组成部分，今天，盐津城里经商的人们大多说着盐都自贡的方言，便是盐道上文化迁移的"盐证"。有诗为证："蜀云滇月共青山，梦里还家又出关。"从四川盐边县继续南行，进入云南楚雄地区，也是云南重要的盐产区，最有名的当属禄丰县的黑井和大姚县的白井。黑井是云南的盐都，相传在唐代，彝族姑娘阿诏牧牛于山野，发现黑牛在舔食一处岩缝的盐卤，人们开发后便把这口井称为黑牛井，阿诏姑娘也成了黑井的美丽化身。由于煮盐烧薪，黑井被称为"烟溪"，但这氤氲的山谷也被诗意成古镇的风景——"烟溪叠翠"，黑井在一片弹丸之地上浓缩出一方盐镇的图像，一口古盐井、一座盐神庙、一排作坊、一个会馆、一座牌坊、一座孔庙、一座石桥，一条古道，无论从山顶或者河口进入古镇，都能看见盐道上由马蹄踩出的褐彩，这些若隐若现的凹凸，给黑井增添了一份莫名的感伤，五马桥的大气显示出南来北往商客的荣耀，但旁边的牌坊则有些肃穆，坊上刻有 87 位节妇的名字，黑井的繁华没有风尘，守住的是一方的身心净土，难怪朝野感动，光绪皇帝亲赐"节孝总坊"御笔。一座牌坊守着出发的古桥，旌表下的声誉伴随着黑井女人望眼欲穿的泪眼，但这条盐道终归要出发，在泛黄的龙川江旁，黑井把过去的辉煌刻在岁月的身体上，石墙、石窗、石牌坊、石堤、石桥、石街，阳光下斑驳暗红的砂岩显得大气厚实，盐业财富铸就的石城让你至今还感受到古老历史的分量和行走江湖的味道。

　　盐源旅游业具有广阔的前景和巨大的潜力。清代文人曹永贤诗歌："时清燕燕，气艳熊熊，莺迁出谷、虎踞腾空。"盐源地域辽阔，在 8 000 多平方千米的土地上。民族众多，建制历史悠久，自然景观和人文景观独特。盐源润盐古道，系由元置润盐州（县）而得名，最早见于明代朱篆在今凉山州盐源县平川镇骡马堡村的"金生丽水，润盐古道"摩崖石刻。润盐古道是川盐入滇的西线古盐道，最主要的路线是从西昌经盐源、宁蒗到丽江。这条古道以盐源县为中心，支线密布，遍及于川滇边金沙江、雅砻江之间的大片区域，涉及的范围包括今四川西昌、冕宁、德昌、攀枝花、盐源、木里及云南宁蒗、永胜、华坪、丽江等地。润盐古道与古代南方丝绸之路及茶马古道有互相交织的密切关系，食盐运销是南方丝绸之路及茶马古道上起源较早和极为重要的贸易活动。润盐古道上流通的物资，主要是食盐、茶叶和丝绸等。润盐古道的形成，与盐源自古盛产盐、铁、金有着密切的关系。由于盐铁之利，奠定了润盐古道在西南交通史上重要的地位。早在秦汉以前，润盐古道就已初步形成，成为古代南方丝绸之路的组成部分，是南方古丝路的一条重要干线，即牦牛道之西干线。并且，润盐古道与茶马古道的部分线路也是高度重合的。盐源县金河古镇、盐源县平川镇骡马堡润盐古道题刻、盐源县盐井镇及白盐井遗址、盐源县卫城镇、盐源县盐塘乡黑盐井遗址、盐源县泸沽湖镇、永胜县三川镇、永胜县大安乡梓里村、丽江大研古镇及束河古镇。

盐源盐旅游资源具有三位一体的格局。

1. 盐源盐井制盐遗址

盐源县境内的食盐产地——白盐井和黑盐井制盐遗址可以在该盐井制盐遗址打造反映历史盐文化的"盐屋""盐桥""盐博物馆"等。再现盐井食盐生产的工艺、工具、习俗、社会历史及文化变迁等。润盐古道：川盐古道中海拔最高的古盐道。润盐古道是川盐古道中海拔最高的古盐道，穿行于横断山脉及金沙江、雅砻江河谷之间，行销路线高山、峡谷及平坝相间，需翻越横断山脉、金沙江、雅砻江等山岳和河流，道路十分曲折、艰险。这条古道上，陆路方面，以骡、马、驴为畜力的运输及依靠人力的肩挑背驮，主要采取马帮为组织的运输方式；水路方面，藤桥、木桥、石桥等古桥众多，主要以皮囊、皮船、木船为运输工具。古盐道上，两个典故：一是伯乐与千里马，二是百里奚贩盐。在河东盐池到黄河渡口茅津渡的虞阪盐道上，骐骥见伯乐而长鸣，伯乐下车泣之，伯乐在盐道上发现了千里马，而百里奚的运盐也体现出治国的才能，秦穆公赞叹他在"任重道远以险"的盐道上，还能把牛养得膘肥体壮，后成为秦国一代贤相，盐道上的良驹，良师，良相演绎出中国文化千百年来精彩的盐行，同时，盐道在默默地延伸中，以一种简单的滋味串联起不同地域的人文风情，尤其在四川云南的井盐产区，更体现出自然和人文的多元。翻开久远的历史地图，你会发现，川滇南方丝绸之路上的重要城镇几乎由盐产地串联，川黔之间的交通则是以"盐都"自贡为中心的行盐大道，云南茶马古道上也深深打上了盐的印记。在肩挑马驮的时代，这些盐道和一般商道没有明显的区别，青石路，马蹄印或者崖壁上的栈道断续相连，但是，连接这些盐道的盐井、盐仓、盐神庙、盐商会馆、盐镇等景观，叙述着一种不一样的盐情。

2. 润盐古道驿站、险关

可以在该盐润古道驿站沿途遗址打造反映历史盐文化的三位一体"盐马帮""南方丝绸之路""茶马古道"的旅游经济路径，建设多个能够反映古代历史文化的差异化驿站，配合其中的"盐屋""盐桥""盐博物馆"，提供吃住行等，全方位满足现代人的好奇心和渴望旅游的激情。登相营古驿站是润盐古道上具有代表性的驿站，是西昌通往成都古道的重要驿站和关隘。该驿站始建于明代初期，当时是仅有几户人家经营骡马的客栈。明成化二年，宁番卫（今冕宁）建成"三关、二营、七堡"屯兵护路，登相营驿站正式屯兵，至此历经明、清、民国直到喜德解放，此地均为屯兵之地。登相营驿站是零关古道上的重要关卡，是过往商旅的必经之处。古时房屋遍布，供过往商旅餐饮住宿。在民国时曾经繁荣一时，分为上、下北街，房屋沿街而建。至今该驿站仍保存了南方丝绸之路上最为完整的城墙，驿站四周用条石嵌砌的城墙，总长度约 700 米，墙高约 4 米，墙厚约 1~2 米不等。孙水关，又名泸沽峡，是润盐古道上的一大险关，是喜德县到西昌的古道路的必经之地，为古南方丝绸之路的通关要津，位于喜德县孙水河畔形势雄壮险要，上有绝壁，下临深谷。现遗址地的石壁上还有明代摩崖石刻"西南形胜""山水奇观"八个大字，孙水河对面的古道路还清晰可见。

3. 古镇

润盐古道上的古镇众多，因南方丝绸之路、茶马古道及润盐古道而兴盛的便有礼州镇、佑君镇、卫城镇、金河镇、泸沽湖镇、大研古镇、束河古镇等。佑君镇历来是西昌、盐源两县间商贸重镇，食盐的主要集散地，是安宁河两岸众多乡村群众的交易集市，也是安宁河西岸南下德昌、米易，北上礼州、冕宁的要道，自然也就成了众多商贾、马帮的结聚、食宿驿站。经过明、清两代的发展，在保城河以南逐渐形成街市，清同治年间成为河西的商贸中心。金河古镇曾是润盐古道上雅砻江边的重要渡口，盐源的食盐经过此渡口到西昌。大研古镇、束河古镇是润盐古道、茶马古道上非常璀璨的高原明珠，其兴盛与历史时期的"盐、茶、马"有非常紧密的关系。

据《凉山日报》2016年4月25佳音报道："盐源：注资23亿打造具有文化底蕴的旅游特色集镇"：近日，记者从盐源县政府获悉，近年来该县倾力打造特色集镇，围绕打造润盐底蕴、民俗文化、休闲风情等特色，加快启动干海、双河、白乌等6个乡镇总体规划编制，构建以国道348为轴线，以盐井镇为中心，金河、泸沽湖特色集镇为支撑的"一线三镇"城乡发展格局。据了解，该县在打造特色集镇的步伐中，投入资金23亿元，统筹推进泸沽湖大道、润盐大道、县城"两园一街"等县城改造建设项目。投入资金3 588万元，推进泸沽湖旅游景区公共服务设施建设。同时，以润盐工业集中区为载体，打造一批工业性集镇。以摩梭家园建设保护工程为统揽，打造具有文化底蕴的旅游特色集镇。从宏观角度而言，该重大举措将给盐源丰富的地域文化资源整合注入强大的、新的生命力，盐源的发展也必将迈上新的台阶，实现经济和文化上位。

二、极富特色的盐源地域文化

（一）盐铁文化

盐源盐铁文化亘古千年，而且影响着面向未来的可持续发展。精准而言，应该说盐源有丰富的地域文化资源，如盐源地名的由来——积淀了千年的宝贵的盐文化资源。从二十世纪六十年代起，盐源就先后出土了大批令人惊讶的文物，有旧石器时代的石斧；有新石器时期的石刀、陶片；有战国至西汉的青铜器。距盐源城东北七千米的毛家坝西汉古筰人墓，早在1988年就曾出土过国家一级战国文物青铜鼓。其后，通过省州文物部门以及南方丝绸之路考古队的考古、挖掘和发现，大量青铜器等器物和武士遗骸、殉葬马骨等墓葬文物相继出土。通过考古专家考古分析，盐源古代处在南来北往各民族交往的要道上，文化面貌相当复杂，对古墓的研究对了解盐源古代民族文化的演变极有帮助。有专家认为，笮文化似乎与古代两河流域文明有着联系。像三星堆一样，盐源古笮人文化遗存的多样性特征让人扑朔迷离。无声的文物向世人证实，早在五千年前，盐源先民就在这里生活繁衍，战国时期这里已成为重要的民族走廊，是南北文化长期融合的区域。盐源距今已有2 000多年的建县历史。千百年来，盐源承袭了灿烂、丰富的文化遗产，积淀了厚重的本土历史文化。摩崖石刻"润盐古道"在西昌至泸沽湖公路金河与骡马堡间的路旁山崖上（距公路几十米），崖下有一条荆棘丛生的羊肠小道依山通向远方，这便是南丝绸之路上的运盐通道。据《汉书》记载："定笮县出盐，步北泽在其南。"在西汉以前盐源就已产盐。因为盐的缘故，盐源在元朝时叫过润盐州，在明朝时叫过盐井卫，至清朝雍正六年以盐名县定为盐源。盐源境内产卤，且分布较广。但产量最高的只有两处：分别是县城所在地的白盐井（今盐源盐厂，经过公母山可参观）和位于盐塘乡政府所在地的黑盐塘（盐源至泸沽湖公路旁）。可以说盐源盐文化蕴藏着厚重的历史。还有，盐源盐的储藏量巨大：通过钻探，盐源盐矿宽1千米、长1.7千米，埋深0.7~1.2千米，储量达30多亿吨，"盐源"之名确实名副其实。现在盐源盐厂年设计生产能力达到80 000吨。食用盐除供应全州外，还销往附近邻省、县。但是为什么今年却出现衰退状态呢？虽然原因多样，但是与自贡相比，在盐文化知名度（燊海井）、盐文化与盐创新（美容、日常生活用品）、盐文化与盐帮菜、盐文化与恐龙文化整合等方面还存在明显差距。现代贸易理念不仅仅只是销售食用盐的单纯思路，还必须树立生态旅游的无烟工业发展观念，换言之，丰富的地域文化资源整合应合理利用现代创新技术、现代"Internet+"经销模态。如浙江绍兴把鲁迅纪念馆、兰亭序原址、陶公山、绍兴雕花酒，特别是书法作品、刺绣等文化整合销售，大大提高文化和经济效益附加值。

（二）古城文化

盐源是一座有悠久历史古城文化城镇，如古城墙、城门洞、钟鼓楼、琉璃瓦、画栋雕梁——的盐源古城卫城镇。原城墙高一丈五，厚一丈二，长四华里多，历经四十年修筑而成。城正中有钟鼓楼，高约三十公尺。古城内建有58座大庙，城外也建有寺庙。城周东西南北有四门，分别为崇仁门、正义门、广礼门和顺智门。如今，古城大部分古建筑仍保存完好，南华宫、宝华店、戏台、天主教堂等宫堂尚存；但城墙已是断壁残垣，钟鼓楼已只剩下底座的圆洞门在风雨中残立。城内卫城小学，乃建于元朝的柏香书院，建校史之长为全县之最。

（三）红色之旅

红色之旅景点——由"中国改革开放总设计师"邓小平同志题词的卫城烈士陵园可以作为缅怀革命先烈的红色之旅景点。10 000多平方米的卫城烈士陵园建于1951年，园里安息着为解放盐源在卫城剿匪牺牲的屡建战功、赫赫有名的原中国人民解放军551

团团长周培成烈士和无数官兵，还有为盐源民改而牺牲的彝族女干部曲木阿嘎，以及在自卫还击战中牺牲的盐源籍烈士们。

（四）神秘的母系文化

盐源泸沽湖摩梭人的"走婚"习俗已经是盐源影响力的一道品牌。独特迷人的民俗风情和风景如画的山湖早已令人向往。盐源的先民为"笮"人。汉晋后期，许多民族经过起源县北来南往，部分定居盐源，便形成了民族大融合的局面，目前有汉、彝、藏、蒙、回等15种常住民族，以彝族为主的少数民族占52%。2012年盐源县约35.6万人。有汉族、彝族、藏族、羌族、苗族、回族、蒙古族、土家族、傈僳族、满族、瑶族、侗族、纳西族、布依族、白族、壮族、傣族等民族分布，形成了多元文化共存，和而不同的多彩景象。变单一模式为多元模式，能够大幅度提高文化与经济高附加值，建议有关单位和部门开发地方色彩浓郁的民俗风情体验旅游，如彝族火把节篝火体验、"杆杆酒"体验、"达体舞"体验、彝族美食体验、山歌体验、摩挲民俗欣赏、体验，"甲搓舞"体验；生态观光旅游有得天独厚的、广袤的盐源苹果基地、神奇的公母山等等，整合资源底蕴深厚的盐源盐文化版块、民俗风情版块和生态观光版块，通过这三大版块的有机统一，形成有更大影响力、竞争力的盐文化旅游品牌。

旅游与富民路径：盐源大打"民族牌""特色牌"和"生态牌"，取得明显成效。据统计，"十一五"期间，盐源县共接待游客380.5万人次，实现旅游总收入10.71亿元。其中2010年全县共接待游客80.5万人次，较"十五"期末的2005年增长了1.43倍；实现旅游收入2.77亿元，较"十五"期末的2005年增长了3.2倍。2011年，全县共接待游客93.6万人次，同比增长16%，旅游总收入为3.21亿元，同比增长16%。但是如果增添盐文化旅游，那将有力地促进盐源旅游与富民迈上新的台阶。

旅游业是综合性、关联性强的产业，具有特殊的产业功能，在经济发展中所发挥的带动效应十分明显。发展旅游，对于扩大就业、促进群众增收、改善群众生产生活条件，推动地方经济发展等都具有积极的作用。旅游业在当地扶贫开发中扮演了重要的角色，发挥出综合拉动性强、扶助功能大、投入成本低、受益面宽等优势，成为致富一方的重要抓手。旅游就是真正的富民产业。旅游为游客提供了吃、住、行、游、娱、购等方面的良好服务。旅游对全县经济的贡献具有递增的效果。盐源围绕"润盐古都·摩梭家园"旅游品牌发展理念，泸沽湖旅游开发完成"泸沽湖景区创4A"、"两路一馆"（草海路、鸟觉路，四星级泸沽湖假日酒店）、"两府一馆一中心"（泸沽湖景区土司府、王妃府、摩梭博物馆、游客接待中心）等重点旅游项目建设，启动了保护与开发并重的泸沽湖旅游开发"五个一"工程（一部泸沽湖旅游详规、一部泸沽湖风光宣传片、一台大型摩梭精品风情节目、一部有影响的电影或电视剧、一台大型泸沽湖宣传推介活动）并已经取得明显效果，但是润盐古都的发展与之相比却显得迟缓，有必要向自贡学习。彝家新寨建设应该植入润盐古都元素和民族风情特色，扩大经济附加值。润盐古道沿线民族文化丰富、自然景观众多，改革开放以来旅游开发的力度非常大，许多盐运相关的古镇、民族村落已被拆迁重建，并且随着交通运输方式的极大改变，原来的运盐古道及相关的文化遗产亦加速消失，润盐古道及盐运文化遗产的保护显得尤为迫切。润盐古道上的古镇、古街、古村落、古桥、古道、古渡口、驿站、庙宇、盐商宅邸、碑刻、摩崖石刻等物质文化遗产及盐业开采的民间故事、赠盐习俗、食盐运销过程中的习俗等民俗民间文化具有巨大开发潜力和无可估量的价值。

三、整合思路

所谓文化整合，是指不同文化相互吸收、融化、调和而趋于一体化的过程。特别是当有不同文化的族群杂居在一起时，他们的文化必然相互吸收、融合、涵化，发生内容和形式上的变化，逐渐整合为一种新的文化体系[①]。

（一）盐源自然资源情况

土地资源截至 2012 年，盐源县面积为 8 398.6 平方千米，其中盆地面积 1 049 平方千米，拥有耕地 82 万亩，已利用耕地仅 52 万亩，尚有 30 万亩荒地可待开发。盐源县幅员辽阔，资源丰富，是攀西资源综合开发的主要组成部分，享有"金盆宝地"盛誉。地貌：盐源县境内地形以四周高山峡谷，中部丘陵盆地为总特征。一般海拔在 2 300 米至 800 米，最高海拔 4 393 米，最低海拔 1 200 米。气质：盐源属于亚热带季风气候区，年温差小，日温差大，全年无霜期 201 天，年均气温 12.1 ℃，最高温度 30.7 ℃，最低温度零下 11.3 ℃。县境冬春干旱，夏秋雨量集中，雨热同季，日照充足，具有"一山分四季，十里不同天"的典型立体气候特征，年均降水量 855.2 毫米，具有得天独厚的环境：一是有丰富的农业资源。盐源可开发利用为耕地的土地达 110 多万亩，且大多地势平缓，土层比较深厚，土质较好。受青藏高原强辐射的影响和孟加拉湾暖流对四川盆地湿润气流的交汇作用，呈现出以南亚热带为基带的小气候，具有日照充足、降雨充沛、年温差小、日温差大的显著特点，是各类动植物的"基因库"。海拔 2 000 米以下的沿江河谷地区主产水稻、玉米、小麦、红苕、土豆等，粮食单产高，质量优。主要经济作物有烤烟、甘蔗等，同时出产板栗、柑橘、桐子、核桃、香蕉等。海拔 2 000 至 2 700 米的平坝主产水稻、玉米、洋芋、大豆、小麦等。苹果种植面积已达 15 万，总产量已达 1 亿公斤。盐源苹果的主要特点是比内地苹果早熟一个月，且果大、色艳、味醇、汁多，可溶性固形物高，是省苹果商品基地县。海拔 2 700 至 3 300 米的二半山和高寒山区以洋芋、玉米、燕麦、青稞为主。现有 340 多万亩草场，是发展畜牧业的主要区域。二是有得天独厚的地下矿产资源，盐源地处地槽与地台之间的过渡地带，

---

① 司马云杰：《文化社会学》，山西教育出版社，2001：238-239。

跨两个地层区和三个地层分区，地质构造极其复杂和特殊，是攀西南裂谷型成矿带的重要组成部分。现已探明的矿藏达 41 种，煤储量占全凉山州总储量的 87%，达 4.8 亿吨；铁矿石储量达 6 000 万吨，平川铁矿由于杂质少，品位在 50.43%以上，被称为"高炉味精"、钢铁工业的"巧克力"。岩盐 31.8 亿吨，被称为"白珍珠"，是全省第二大盐业基地。一位女诗人在《盐源颂》写道："盐之源，在盐源，石头草木都姓盐，盐源的盐全都开出来，能把地球都泡咸。"盐源砖坯矿储量达 4.4 亿吨，居全国第二位；沙金、岩金有较为悠久的开采历史，重达成 14 斤的巨型自然金块就出在盐源。还有铜、花岗石、黏土、蓝石棉等分布较广的矿产资源。三是丰富的水能资源。由于水系发展，河流纵横，雅砻江环县而过，水能资源非常丰富。国家在"三江"上规划的 14 座大型水电站中，有三座在盐源境内，锦屏电站一、二级 600 万千瓦，官地电站 160 万千瓦。二滩电站的主要库区也在盐源境内。除邪念砻江外，盐源河、平川河、五道河、树瓦河、冷水河、黑水河、马丝螺沟、小金河等河流落差大，水质好，水能资源理论储藏量 151 万千瓦。四是云贵高原上的"绿色长廊"。盐源位于横断山系，优越的自然、地理环境给多种植被生长创造了条件。全县现有林地 715 余万亩，森林覆盖率达 31%；有云杉、冷杉、落叶松、柏木、云南松、高山松、桦木、栎树、杨树等树种。茂密的森林中有小熊猫等珍贵野生动物 10 余种，有雷公藤、五味子、千里光、丹皮等 40 余种珍贵药材，可入药的绿色植物达 140 多种，有较大的开发价值。盐源县所产珍贵药材种类丰富，有贝母、大黄、五味子、当归、南星、丹皮、丹参、山楂、乌梅等上百科名贵药材，可入药的植物 1 400 多种；有动物药材熊胆、麝香、水獭、羌活鱼等 13 种。五是绚丽多彩的旅游资源。由于地域辽阔，民族众多，建制历史悠久，自然景观和人文景观独特，旅游业的发展具有广阔的前景和巨大的潜力。在 8 000 多平方千米的土地上，正像清代文人曹永贤所说的那样"时清燕燕，气艳熊熊，莺迁出谷、虎踞腾空"。为了全面振兴盐源经济，加快发展步伐，将继续培育五大支柱产业，即培育苹果、采矿、畜牧、烤烟、旅游，振兴工业经济，增加财政收入，富民兴县。重点是把旅游业作为第三产业的重点项目来抓，以泸沽湖开发带动二滩库区、公母山、白乌溶洞等景点的开发，扩大对外开放，培育新的经济增长点。由于二滩的截流，使雅砻江的水位上升，目前已可从二滩库区直接乘船抵达盐源县，需时约 4 小时。盐源境内旅游资源丰富、开发潜力大。泸沽湖是长江流域第五大高原深水湖泊，系四川省著名风景名胜区。19 世纪 30 年代，美国学者洛克在《中国古纳西王国》一书中说："无法想象比这更美的一个布景。"泸沽湖丰富而独特的自然景观与当地古老的社会形态，古朴自然而又神奇的原始风情（母系社会遗风犹存），神秘的宗教文化，如痴如醉的歌舞等，构成一幅绚丽多姿的风情画。

　　文化整合的概念起初由文化人类学、文化社会学界提出并关注，后渐为地理学者重视并开始研究，也是文化地理学研究的一个重要方面。宏观上，文化整合是通过融合、继承其他优秀文化以实现进步的一种社会现象。文化整合一般会给社会带来新鲜的血液，环境因素自然环境是文化形成的物质基础。相同、相近的自然环境促使不同文化的融合。先进文化是指各种文化中优秀、合理、符合时代要求的部分。文化整合是一个漫长的过程，需要长期的对比选择和体验吸收，逐渐实现融合。通过文化整合，提高内部凝聚力，实现民族团结，促进各民族文化和地方文化的交流融合，推动各民族文化和国家乃至世界整体文化的繁荣和发展。

地域文化：人类文化是代表一定民族和地域特点的，反映其思维水平的精神风貌、心理状态、思维方式和价值取向等精神成果的总和，而地域文化是构成全人类文化的基石。不同的国家和民族都有自己独特的文化；同一个国家，不同的自然地理环境、人文因素及历史发展进程形成互为区别的地域文化。中国文化有源有流、深厚深远、仪态万千，地域文化的特征也是非常明显的。

经济影响：经济是整个社会的基础构成，区域经济决定地域文化的形成和发展。但是，文化并不是随经济亦步亦趋地发展。文化有自己的独立性，一旦形成，就有其相对稳定性。文化除受经济的根本作用外，还受历史积淀、传统演化等多种因素的影响。一个地区过去经济发达，后因多种因素落后了，其文化影响力仍可能因惯性持续很长时间。政治等社会环境对人的精神世界的影响也是至关重要的因素。地理环境在某种程度上决定着一地的经济和社会发展，进而影响当地文化进程。一方水土育一方人，风萧萧兮易水寒，燕赵多慷慨悲歌之士，地理环境也在某种程度上决定着一地人们的性格和心理。

区域经济的发展状况对地域文化的形成与发展起支撑作用，不同的区域经济孕育出不同的地域文化；而地域文化环境又对区域经济的发展产生巨大的反作用，各具特色的地域经济总是体现出受不同类型地域文化影响的深刻印记。作为非上层建筑层面的文化，属于非正式规则的文化，它经历了数百年，甚至数千年，经历了一代又一代人的公共选择后，最终积淀在这个地区、这个民族的血液里，然后，又由一代一代人承袭下去，构成了这个地区的文化底色、社群特色和民族特质。人们往往把这种文化称之为传统文化。传统文化具有非常持久的稳定性，它是一个地区、一个社群、一个民族的文化符号和文化的根。没有传统文化，现代文化就没有存在的土壤。因此，传统文化在一个地区的经济、社会发展过程中，具有地域文化环境是经济全面发展的不可或缺的前提。在经济运行中，每一个活动主体都无可避免地感受到文化背景的深沉力量。文化背景的差异，总是通过经济活动的方式、规模、层次曲折地反映出来。在当代，文化力量对于经济效益的作用日益显著，一方面，人们享受着文化背景所赐予的灵感和力量；另一方面，他们也日益感受到消极文化所带来的惰性与锁定效应。

地域文化本身具有一种强大的精神力量。现代市场经济绝不是没有主体的单纯经济运作过程，而其主体就是具有健全的经济理性和道德约束的人。经济发展离不开人的文化素质的提高，一定的经济土壤必然生长出与之相适应的文化。当地域文化经过挖掘、整合、归纳、成型，被群众所认可进而深入人心之后，它就会成为一种黏合剂，使广大干部群众团结起来，树立起共同的理想追求、价值观念，从而对本地区的社会经济发展提供强大的精神动力，时时刻刻发生影响和作用。不同的地域文化也塑造不同品位的人，不同品位的人创造出有着质的差异的生产力的其他要素，进而影响到经济发展、社会兴衰。地域文化一种生产力。因为经济成果并非一种单纯的物质加机械、资源加资金，而是包括文化教育、思想精神、科技智慧等因素的综合凝结。社会历史的发展实践表明，经济需求有着明显的文化导向，这种导向逐步由原来以经济价值、经济消费为中心转变到以心理、道德、社会及审美等精神价值为中心。用美国未来学家托夫勒的话说，就是由原来只能满足少量基本物质需求的经济，转变为力求满足永无止境的各种精神需求的经济，这在知识经济的时代表现尤为突出，成为社会的发展趋势。经济与文化的关系：当今信息社会使得处于不同地域的居民面对着共同的生活境遇，不在自己身边发生的事情再也不是像过去那样与自己完全不相关了。对更遥远的地域出现的文化现象发生兴趣。在全球化的背景下，世界各地的文化正逐渐脱离产生它的特定社会语境，转而成为一种"浮动的符号"，直接进入其他不同地域的文化语境，并融入一个巨大的全球文化网络之中。在许多连生活必需品还仍然匮乏的乡村和城市，人们却可以收看到卫星电视、音乐电视、有线电视或收听到世界来自各个角落的无线广播，可以通过网络连接整个世界。当地域文化被商业化的文化生产机制加以大众化的制作、改造之后，它原有的地域局限性和特殊性等特征就会被无情地、彻底地削平，从而具有了平均性、同质性、大众性、普适性的特征。市场化和网络化要求我们建立兼容创新的地域文化形态。这是一种科学文化的整合与文化的生命接续方式，促使地域文化形态不断地对我国优秀的文化传统和世界的先进文化进行优化选择、整合吸收，在吸收中创新，在创新中发展。

（二）博大精深的盐文化再现

要以科学发展观推动盐文化创新，倡导理论研究和应用研究相结合，特别针对党的十八大以来涉及盐业体制改革、盐文化传播和盐文化产业发展的现实热点问题、重大理论问题开展具有原创性的课题研究。该研究可有效地推动行业及地方经济社会和文化建设的发展，在指导性和应用性方面接地气，为政府决策、资源利用、环境保护以及促进和谐社会的建设起着理论指导和参考的作用。同时，本课题研究充分反映了该研究领域及相关研究领域的新进展，具有前沿性和原创性，提倡大胆探索，勇于创新，而避免低水平的重复性研究。本课题针对盐文化传播、盐业遗迹保护、盐文化资源保护及综合开发利用等展开，以推动大凉山盐文化研究向纵深发展。本课题组借鉴了目前省内外研究现状中具有代表性的成果，如沈成宏《盐文化与盐城精神》[《中华文化》2009（6）]、刘彦群《盐文化与旅游开发》[《盐业史研究》2005（2）]等参考文献以当地关于大凉山盐源盐文化的研究现状，如四川省凉山州盐源盐厂《盐源盐厂志》(1988)、《盐源县志》(四川民族出版社，2000年)、四川成都考古研究所和四川凉山州博物馆《四川盐源县古代盐业与文化的考古调查》[《南方文物》，2011（1）]。在研究阶段，为了获得现地资料，本课题组将在适当的时间到自贡和盐源开展现地调研工作。在"盐文化与盐城精神"中，课题组经过学习和研讨，形成这几点共识：第一、中国具有悠久灿烂的两千多年的盐文化历史；第二、盐文化的精神蕴涵丰富；第三、应当培养与现代化相适应的盐城文化精神。该课题的研究地域是江苏盐城，这与我们四川大凉山，古代"南方丝绸之路"盐源既有类似之处，也有明显的不同，不能不说这是种遗憾。"盐文化与旅游开发"（刘彦群）中提出："盐文化、盐文化旅游及其发展潜力。"盐源县有厚重的盐文化历史具有盐文化开发的基础，盐源盐文化旅游资源与民俗风情体验旅游和生态观光旅游捆绑模式总体评价早已名闻遐迩。打造盐业古建筑、古街、古镇 井盐生产的现场和遗址，打造精品体验型盐文化旅游项目，如盐温泉及一系列附带项目，盐博物馆（附青铜文化展览馆）、盐开采和加工体验、盐文化广场、盐文化主题公园等项目，古镇深处还保留有"四街、四栈、五庙、三牌坊、九碑、十土地"的完整格局，会馆是古镇的核心，昔日盐商们比邻而居自然免不了斗富显摆，每当节日堂会，各大戏台同时开戏，五庙风铃，热闹非凡。盐是一种景观。过去以为盐是一种稀缺的物质，造成这种印象的原因可能与盐一直为官方专卖有关。人与其他动物都离不开盐，盐不仅是调味品，更是生命的必需品，就像水、空气、粮食一样，盐在维持人体的酸碱平衡、调节细胞的渗透压、传递神经信号等方面有着不可替代的作用。这似乎证明了所有生物都是起源于海洋这种说法。我们曾经生活在大海中，当我们走出大海后，还保留着当盐随着我们的体液排出后，需要补充这样一种生理过程。就像我们坐飞机离开地表，需要在机舱里加压加氧一样。可以说，吃盐是生物从海洋里带出来的一种习惯。干旱区的冰川融水是沙漠绿洲的生命线，盐湖对文明的产生和发展更有着深刻的意义。

四、结　语

盐源盐旅游资源与地域文化的整合思路，从盐源古盐道、产生的地域环境、盐文化背景等方面展开，注重价值性、实效性和科学性。建议：① 希望当地政府和有关部门将三位一体的盐源盐文化、南方丝绸之路、茶马古盐道和巴拿马博览会盐源巨金金矿遗址（1907年从该矿采得一天然巨金重15.7千克，现珍藏于巴拿马万国博览会）及丰富多彩独特民俗的民族文化与地域文化的整合拟订成可长期持续的发展规划；② 筹集资金、人力、物力，引进以自贡中国盐文化博物馆、燊海井、恐龙博物馆等为代表的既前沿又崭新的具有震撼效果的整合思路，特别是在技术上可以与四川理工大学中国盐文化研究中心展开建设性合作；③ 以上述整合为核心，构建"绿色长廊"原始生态珍稀植物动物园、"三江"水能资源观光游、平川铁矿游、盐源苹果观光游、高原牦牛观光游等卫星配套整合。

盐源盐文化盐旅游资源可以归纳成：第一、盐源盐文化不可低估的潜在影响力；第二、盐源有丰富多彩且独特风情的民俗文化；第三、盐对文明的催生作用，在社会文明发展上得到了有力的证明。换言之，盐类世界的奇妙与神秘远超过人们的想象，盐展现了一个审美的世界。"盐源从润盐古道踏上工业强县之路"就是盐源润盐古道与地方 GDP 升位的有力佐证。

◇ **参考文献** ◇

[1] 沈成宏. 盐文化与盐城精神[J].《中华文化》，2009（6）.

[2] 曾凡英. 盐文化的内涵与特征[J]. 四川理工学院学报（社会科学版），2006（01）.

[3] 四川成都考古研究所，四川凉山州博物馆. 四川盐源县古代盐业与文化的考古调查[J]. 南方文物，2011（1）.

[4] 四川省凉山州盐源盐厂. 盐源盐厂志[M]. 1988.

[5] 盐源县志[M]. 成都：四川民族出版社，2000.

[6] 练红宇，夏敬标. 自贡盐文化旅游资源评价及旅游开发策略研究[J]. 四川旅游学院学报，2011（06）.

[7] 杨丽娟. 盐文化旅游的根隐喻：古代科技文明之现代朝圣[J]. 社会科学家，2008（3）.

[8] 李学琴. 开发盐文化资源促进自贡旅游经济发展[J]. 江苏商论，2012（30）.

[9] 石军，康珺. 浅谈盐文化促自贡灯会旅游发展[J]. 江苏商论，2009（35）.

[10] 邓清南，许虹. 川盐旅游资源"深度游"的整合思路[J]. 成都工业学院学报，2013（3）.

[11] 谢天慧，刘彦群. 川黔渝生态区古盐道旅游资源深度开发的 SWOT 分析[J]. 四川理工学院学报：社会科学版，2010（6）.

[12] 张俊洋，殷英梅. 潍坊海盐文化遗产旅游开发研究[J]. 盐业史研究，2011（3）.

[13] 张弘. 四川盐文化资源保护评析与旅游产业开发[J]. 成都大学学报（社会科学版），2011（4）.

[14] 杨红. 自贡盐文化旅游营销环境综合分析[J]. 攀枝花学院学报，2010（2）.

[15] 谭政，江昀. 大众传媒对自贡盐文化旅游资源的开发和保护[J]. 科技传播，2012（1）.

[16] 刘彦群. 盐文化与旅游开发[J]. 盐业史研究，2005（2）.

[17] 刘彦群. 川滇黔古盐道与旅游开发研究[J]. 盐业史研究，2005（4）.

[18] 刘彦群. 我国西南古盐镇旅游开发刍议[J]. 四川理工学院学报（社会科学版），2006（2）.

[19] 刘彦群. 四川福宝镇古盐道旅游开发与新农村建设研究[J]. 四川理工学院学报：社会科学版，2007（5）.

[20] 谢天慧，刘彦群. 四川盐运古镇仙市旅游开发与新农村建设研究[J]. 魅力中国，2010（29）.

基于网络点评的自贡工业遗产旅游形象感知研究

——以"老盐场1957"为例[①]

黄斯靖　蔡　军[②]

摘　要：工业遗产旅游开发是自贡市实施盐文化与旅游产业融合，推进老工业城市和资源型城市产业转型升级的重要举措，"老盐场1957"正是近年开发和运营的最具代表性的工业遗产旅游项目。采用软件爬取与人工采集结合的方法，获取"老盐场1957"的网络点评数据，研究其旅游形象感知情况，得知：它的遗产价值感知最为突出，服务配套感知、功能空间感知、旅游地竞争感知逐渐减弱。差异化的形象定位使自贡旅游业产生形象叠加效应，宜对其旅游资源进行整合；盐文化特色未能凸显使得园区受到形象遮蔽效应，需强化空间与盐文化的联系及展示途径的体验性；服务配套的地域性及其与功能空间的配套性对形象感知有着显著积极影响，后续运行管理时应充分考虑。

关键词：网络点评；工业遗产；旅游形象感知；老盐场1957

一、引　言

自贡是四川省唯一入选首批老工业城市和资源型城市产业转型升级示范区[③]的城市，为切实贯彻党的十九大精神并积极响应全域旅游发展号召[④]以推动产业转型升级，

[①] 基金项目："四川省哲学社会科学重点研究基地""四川省高校人文社会科学重点研究基地"——中国盐文化研究中心资助项目"自贡与扬州盐商园林比较研究（编号：YWHX19-04）"之阶段性成果。
[②] 黄斯靖（1995—），女，四川自贡人，四川农业大学风景园林学院在读硕士研究生，研究方向为风景园林历史与理论、风景园林规划与设计，主要从事盐业文化遗产及地域文化保护与传承研究等。
　　蔡军（1975—），男，四川大竹人，四川农业大学风景园林学院教授、硕士，系主任，研究方向为风景园林历史与理论、风景园林规划与设计，主要从事西蜀园林及川西林盘传承与更新等。
[③] 国家发展改革委，科技部，工业和信息化部，国土资源部，国家开发银行. 发展改革委关于支持首批老工业城市和资源型城市产业转型升级示范区建设的通知[Z]. 2017-4-13。
[④] 国务院办公厅. 国务院办公厅关于促进全域旅游发展的指导意见[Z]. 2018-3-9。

自贡大力推进盐业与文化事业、文化产业的融合发展，形成了一批展现盐文化特色的旅游项目。工业遗产旅游作为以废弃工业旧址为场地，通过工业遗产保护与利用，吸引人们了解地域文化与工业文明，并具有观光、休闲和旅游等功能的旅游方式，在自贡产业结构调整与转型、城区企业"退城入园"的背景下具有较高的适用性（邵琪伟，2012）。其中，"老盐场1957"既是四川省首批省级工业遗产——自贡古盐场系列工业遗产[①]以及在规划建设中的工业文明遗址公园[②]的重要组成部分，也是自贡国家文化出口基地[③]总部落户地，在自贡工业遗产旅游发展中享有标杆地位。

立足于自贡工业遗产旅游代表——"老盐场1957"的旅游形象感知[④]，从市场主体评价出发探析"老盐场1957"的旅游开发情况，以检验此产业转型升级路径的可行性。同时在旅游产业依托互联网平台提供大量信息咨询和旅游产品的时代，网络点评[⑤]的表达与交流方式得到众多网络用户的推崇，其自发性、少约束的特点使得基于此的旅游形象感知研究的可靠性有所保障。

二、研究设计

（一）"老盐场1957"概况

"老盐场1957"规划以大安盐厂[⑥]为基础，营造为集文化展示、文创博览体验、文创配套等为一体的文创综合体，规划总占地 0.14 km²，共包含三期。本文所指"老盐场1957"为项目已落成的一期部分，占地0.03 km²，于2018年2月正式对外开放。它以大安盐厂真空制盐遗址更新改造为主要内容，涵盖工业记忆、艺术展示、文化休闲、创意孵化、音乐美食、旅游观光等多种功能（陈莉媛，2018）。

（二）网络点评数据获取

1. 数据选择

在具有较强代表性的在线旅游、本地生活信息及交易平台中搜索"老盐场1957"

[①] 自贡市投资促进委员会：《首批省级工业遗产项目名单公布 自贡古盐场系列工业遗产入选》，2018-12-04。
[②] 自贡市文化广播电视和旅游局：《我市启动自贡工业文明遗址公园项目规划设计论证》，2019-04-08。
[③] 自贡市政府国有资产监督管理委员会：《自贡国家文化出口基地总部将落户老盐场1957》，2019-05-21。
[④] 旅游形象感知是指游客在特定环境中结合个人旅游经历及评判标准，对作用于感官的旅游客观刺激物的个别属性和整体属性所形成的一种独特的认知、印象和评价。程金龙：《城市旅游形象感知研究》，中国环境科学出版社，2014。
[⑤] 网络点评是用户以互联网为媒介生产和发布具有网络文化特质的原创性内容。郭江铃：《基于网络文本分析的厦门旅游目的地形象感知研究》，厦门大学2017年硕士学位论文。
[⑥] 大安盐厂是自贡历史上最大的制盐工厂，在2012年由于经济调整和环境改善需要停产。

并记录其网络点评数量（图1）[①]。由于"老盐场1957"正式开放距今时间较短，各平台点评数量有限。综合考虑网络点评数量以及质量，选择美团网与大众点评网作为数据来源，获取点评数据共75条。

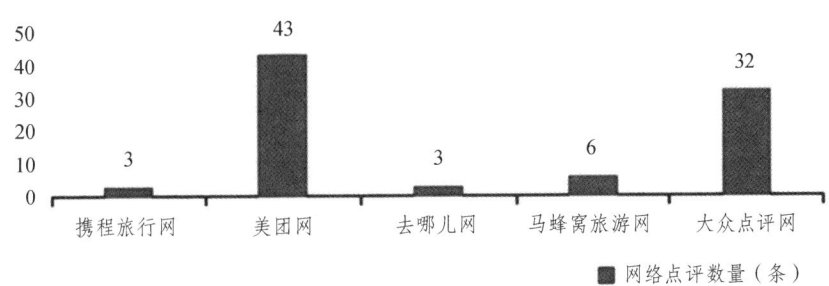

图1 各网站"老盐场1957"网络点评数量

2. 数据采集

分别在美团网和大众点评网中搜索"老盐场1957"，运用八爪鱼采集器以便捷、高效获取点评文本。采集过程中发现大众点评网的反爬技术常造成爬取失败，于是采集大众点评网数据时运用人工采集的方法。

（三）数据处理

1. 数据预处理

数据采集后通过人工方式对样本进行预处理，处理内容如下：① 合并替换同义词，如将"老盐场1957""老盐厂""盐厂"统一替换成"老盐场"等。② 在使用ROSTCM6软件分析前，建立自定义词典，包含与"老盐场1957"相关的专业名词，如"文化艺术长廊""成都东郊记忆"等。

2. 高频词条筛选

由于部分词条出现频率较低，在运用ROSTCM6软件分词时，保留至200词。再经过EXCEL手工筛选，去掉与"老盐场1957"旅游形象感知关联性不强的词条，如"朋友""春节"等名词、"适合""结合"等动词、"完全""不多"等形容词，以及"几乎""相当"等副词，经筛选后保留有效词条64词。

（四）内容分析类目构建

建立类目，对高频词条进行分类，便于抓住问题核心。考虑到工业遗产旅游的特殊性，综合传统旅游与工业遗产旅游形象感知研究成果，在已有成熟类目体系的基础上，结合"老盐场1957"工业遗产旅游的实际情况做出适当调整，最终将旅游形象感

---

① 网络点评包含打分、文字、图片等多种形式，本文所选取网络点评包含文字形式，并只对其中的文本内容进行分析。网络点评时间截至2019年6月30日。

知归类为旅游地竞争感知、遗产价值感知、功能空间感知和服务配套感知4个类目[①]。

三、数据分析

根据以上4个类目对高频词汇进行分类，罗列出各类目排名前10位词条（表1）[②]。各类目频次由高到低依次为遗产价值感知（133次）、服务配套感知（94次）、功能空间感知（62次）、旅游地竞争感知（33次），其占比分别约为41.3%、29.2%、19.3%、10.2%。

表1　各类目排名前10位词条及词频
Table 1 Top 10 high frequency entries of all the categories

排序	旅游地竞争感知 词条	词频	遗产价值感知 词条	词频	功能空间感知 词条	词频	服务配套感知 词条	词频
1	成都东郊记忆	16	老盐场	47	文创	13	门票	32
2	北京798艺术区	7	历史	19	拍照	12	展览	14
3	彩灯公园	5	改造	15	厂房	9	表演	9
4	恐龙博物馆	4	盐文化	13	文化艺术长廊	6	抽奖	8
5	盐业历史博物馆	1	开发	12	参观	6	答题	8
6	—	—	情怀	11	体验	6	免费	7
7	—	—	盐业	5	散步	4	小贵	6
8	—	—	保留	4	不大	2	网上	4
9	—	—	主题公园	4	咖啡馆	2	态度	3
10	—	—	痕迹	3	酒吧	2	印章	3

（一）旅游地竞争感知

旅游地竞争感知包含对于自贡市域内外景点的感知（表2）。这一类目总体词频较低，但其中仅"北京798艺术区""成都东郊记忆"两词的词频就接近该类目总体词频的69.7%，且点评内容常将"老盐场1957"与两者进行比较。北京798艺术区为第一批国家工业遗产、国家AAAA级旅游景区，其雏形形成于20世纪90年代；成都东郊记忆为第二批国家工业遗产，亦是国家AAAA级旅游景区，于2011年正式开园运营：

---

① 田瑶在《基于网络游记的主题乐园游客感知差异及对策研究》中将主题乐园游客感知归类为整体感知和交通、游乐项目、配套基础设施与服务、主题氛围或巡游表演、餐饮与旅游商品服务五个层面的感知。刘雪美在《游客感知下的传统旅游城市工业遗产旅游研究》中考虑到工业遗产旅游的特殊性，建立传统旅游城市工业遗产旅游游客感知因子模型，将游客感知归类为遗产价值感知、遗产功能感知、空间分布感知和节庆活动感知。
② 旅游地竞争感知类目词条不足10条。

两者均是我国工业遗产旅游开发的典型代表，具有悠久的工业遗产旅游开发历史与良好的区位条件。由于"老盐场1957"的旅游开发在形象定位、营销、管理及战略等方面所采取的措施未能强化其独特性，在旅游市场竞争中，北京798艺术区和成都东郊记忆对园区形成了明显的时间优势效应与形象遮蔽效应（程金龙，2014）。此外，旅游地竞争感知类目中其余词条"彩灯公园""恐龙博物馆""盐业历史博物馆"均为自贡市域内的旅游景点。点评内容常表达出游客先后游览了上述部分景点与"老盐场1957"，此说明自贡"灯之城""龙之乡""盐之都"的差异化形象定位使城市整体旅游形象叠加，对旅游发展起积极作用。

表2 旅游地竞争感知次级类目词条及词频
Table 2 The entries and word frequency of tourism market perception subcategory

旅游地竞争感知	词条（词频）	词频合计（占比）
市外景点	成都东郊记忆（16）、北京798艺术区（7）	23（69.7%）
市内景点	彩灯公园（5）、恐龙博物馆（4）、盐业历史博物馆（1）	10（30.3%）

（二）遗产价值感知

对工业遗产自身价值的感知，是工业遗产旅游形象感知的重要一环。参考其他学者所建立的工业遗产旅游游客感知因子模型，将遗产价值感知类目中排名前10位的词条按照历史文化价值、技术工艺价值、建筑美术价值和游憩价值进一步分类（刘雪美，2012）（表3）。其中历史文化价值感知词频占比过半，点评内容主要是对于老盐场历史、文化的阐述，可见"老盐场1957"工业遗产氛围营造较为突出。其次是对建筑美术价值的感知，点评内容中主要是对废弃厂房、设施等改造利用的描述。园区内除老旧厂房、设施改造体现了浓厚的工业遗产氛围，还有多类构筑小品运用锈钢板、混凝土等体现工业感的材质，如景墙、导识牌、种植池、井盖等。相比之下，技术工艺价值感知较为薄弱，其词频占该类目总词频的3.8%。园区中仅真空制盐车间涉及技术工艺展示并保留了部分大型设备，但游客仅限在一楼参观，车间内缺少图片、文字配合讲解制盐的工艺流程。这使得游客与景观互动性差，导致感知程度较低。虽游憩价值词频仅占该类目总词频的3.0%，但从其只含"主题公园"一词可知，游客对园区游憩价值感知明确。

表3 遗产价值感知次级类目词条及词频
Table 3 The entries and word frequency of heritage value perception subcategory

遗产价值感知	词条（词频）	词频合计（占比）
历史文化价值	老盐场（47）、历史（19）、盐文化（13）、情怀（11）、痕迹（3）	93（69.9%）
技术工艺价值	盐业（5）	5（3.8%）
建筑美术价值	改造（15）、开发（12）、保留（4）	31（23.3%）
游憩价值	主题公园（4）	4（3.0%）

（三）功能空间感知

功能空间感知包含空间类型、空间使用以及空间感受三个方面（表4）。在对各空间类型的描述中，"厂房""文化艺术长廊"词频最高且多为积极评价，"咖啡馆""酒吧"则主要为消极评价。空间使用次级类目中，"体验"表达出人与场地在物质和精神层面的互动，但占比仅为21.4%；"参观""拍照"两词词频占据该次级类目总词频的64.3%，但其反映出的互动性稍弱，"散步"则缺少了精神层面的感知，占比14.3%。空间感受次级类目包括"文创""不大"两词，"文创"是对于功能空间的总体感知，这符合场地文创综合体的总体定位，而"不大"则是游客对于场地总体尺度的感受。由此可见，"老盐场1957"中与盐文化联系紧密的功能空间让游客印象深刻，咖啡馆、酒吧等功能空间则使得游客在游览中对于"盐"的体会不足，园区功能空间的互动性有待提升。综合"老盐场1957"的定位可知，场地的工业记忆、艺术展示、旅游观光和文化休闲已成一定气候。但音乐美食和创意孵化部分由于与场所的核心精神——盐文化关联度低，使得游客的参与度不高，导致游客对于场地功能空间的感知程度不够全面。

表4 功能空间感知次级类目词条及词频
Table 4 The entries and word frequency of function space perception subcategory

功能空间感知	词条（词频）	词频合计（占比）
空间类型	厂房（9）、文化艺术长廊（6）、咖啡馆（2）、酒吧（2）	19（30.6%）
空间使用	拍照（12）、参观（6）、体验（6）、散步（4）	28（45.2%）
空间感受	文创（13）、不大（2）	15（24.2%）

（四）服务配套感知

服务配套感知主要涉及票务与活动两个方面（表5）。与票务相关的词条有"门票""免费""网上""小贵"，其词频约占服务配套感知总词频的50%。据了解，"老盐场1957"于2018年2月10日至3月2日举行了首届世界盐都嘉年华活动，其间门票价格为40元/张，其中2月16日至22日（春节初一至初七）园内舞台票为50元/张。市民可以通过现场、"老盐场1957"官方微信、线上（美团等）三种渠道购票。嘉年华结束后，若无重大活动，"老盐场1957"可免票参观（张才，2018）。从点评数据来看，免票与否对游人的游览感受好坏有较为直接的关联。购票游览的旅游者多为消极评价，如"不值""没意思"等，而免票游览的游客则多为积极评价。活动包含日常性活动和节庆特有活动，其所涉及的高频词条"抽奖""答题""态度""印章"均是对嘉年华活动中"一带一路"文化展①的感知。文化展虽在点评中出现少量消极评价，但从其词频占服务配套感知总词频高达25%来看，此类主题突出、特色鲜明的活动对游客的旅游感知有较大影响。

---

① "一带一路"文化展包含中国、日本、奥地利、法国、巴基斯坦、伊朗6个特色展区，通过各国盐品与盐文化特展展示世界盐文化的变迁与发展。

表 5 服务配套感知次级类目词条及词频
Table 5 The entries and word frequency of service package perception subcategory

服务配套感知	词条（词频）	词频合计（占比）
票务	门票（32）、免费（7）、小贵（6）、网上（4）	49（52.1%）
活动	展览（14）、表演（9）、抽奖（8）、答题（8）、态度（3）、印章（3）	45（47.9%）

四、结论与讨论

（一）差异化的形象定位使自贡旅游业产生形象叠加效应

自贡市域范围内各旅游目的地差异化的形象定位及细分形象，使其各自具有形象影响力，从而产生叠加的旅游吸引合力，实现旅游资源整合。可从以下两个方面优化旅游形象定位与旅游产品设计。

其一，通过旅游线路串联"盐""龙""灯"三大文化品牌。"老盐场1957"以及工业遗产旅游是自贡盐文化的核心呈现方式，从游客一并游览"老盐场1957"与其他"盐""龙""灯"文化品牌的代表性旅游目的地可知，三者差异化的形象定位产生了叠加效应。可基于游客的游览时间等条件，综合考虑交通通达性，为其规划出高效便捷、覆盖代表性旅游目的地的旅游线路。通过串联各旅游目的，丰富游客游览体验。

其二，明确、整合自贡工业遗产旅游的细分形象。"老盐场1957"竞争地感知中"盐业历史博物馆"的出现，一定程度反映了自贡工业遗产旅游资源的丰富性。盐业历史博物馆[①]与"老盐场1957"有着不同的建立时间及背景，承载了不同的历史记忆，现有不同的功能定位，是盐文化品牌的细分形象。将其推向不同的旅游市场，亦能产生叠加效应。目前，它们以及其他因盐业生产、生活而存在的工业遗产多为独立的旅游产品，整合度不高。需在明确自贡工业遗产种类、分布情况的基础上，予以整合，采用整体式开发以突出自贡的工业遗产旅游气氛。

（二）盐文化特色未能凸显使得园区受到形象遮蔽效应

功能空间混杂、主题呈现方式参与感弱等因素使得"老盐场1957"的地域特色——盐文化缺乏空间与景观支撑，是园区在工业遗产旅游市场竞争中受到形象遮蔽效应的重要原因。园区可从以下两个方面做出一定调整。

其一，梳理、强化各功能空间与盐文化的关系。以园区内的创意孵化空间为例，功夫动漫空间与"MINI盐博物馆"是其重要组成部分，但目前动漫产业和盐文化联系薄弱、文创产品缺乏新意，游客感知不明显。对此，可尝试通过卡通形象设计物化盐

---

① 盐业历史博物馆依托清代陕籍盐商集资修筑的同乡会馆建立，是我国博物馆发展历史上最早建立的专业博物馆之一。

文化及其文创产品,将空间与文化、产业结合。"老盐场1957"为传达自贡城市文化的"文创 IP",但盐文化多元与抽象的特点使其主要表现为外在的标志性符号,卡通形象的设计有利于文化的人格化,有助于游客感知。有如北京故宫博物院"故宫文创"品牌推出的"宫廷娃娃""故宫猫"系列;抑或是西安于不同景区推出的"唐妞""兵兵有礼""贵妃倚汤"等系列文创产品:它们均是对历史文化资源的总结、提炼与再创造,并以人们喜闻乐见的方式呈现。此方式既能明晰、强化"MINI盐博物馆"与动漫产业的关联性,又能在一定程度上提升文创产品的趣味性。

其二,多元化展示制盐技术工艺,提升空间的互动体验性。真空制盐车间为园区盐业技术工艺以及盐文化的集中体现,目前仅运用钢架、玻璃材料加以改造,缺少工艺流程的呈现,使得空间功能缺失,游客与之缺乏互动,技术工艺感知匮乏。园区可采用文字、图片和影像等形式配合呈现制盐的工艺流程,但具体形式不局限于图文展示牌设置、历史影片播放,可通过VR装置运用等装置小品的引入促使游客体验空间、感知盐文化。

(三)服务配套的地域性及其与功能空间的配套性对形象感知有着显著积极影响

服务配套对游客的体验感受与情绪影响较为直观,其是否结合地域特色以及与功能空间完善度是否匹配对旅游形象感知有着显著影响,主要体现在活动与票务两个方面。基于此,可对下述两个方面做出调整以对形象感知起到积极引导作用。

其一,丰富具有地域特色的园区活动。2018年春节期间所举办的"一带一路"文化展和平日举办的书画、摄影展,因其对盐文化与盐都生活的深入挖掘,体现出了浓厚的自贡地域特色,给游客留下较深的印象。特色活动作为能够突出场地个性、带动游客积极性的重要服务配套组成,值得更多的投入与探索。可从不同人群差异化的需求入手丰富活动种类,如适宜儿童的"园区小讲解员"评选,针对情侣、夫妻的"最美盐都记忆婚纱照"拍摄与评选,面向广大艺术爱好者的"老盐场1957"文创产品设计竞赛及成果展示周,以及川剧表演等多元活动。

其二,门票价格需与功能空间完整度相匹配。目前"老盐场1957"仅开放一期建成部分,其功能空间不完整且与门票价格不匹配是游客对购票游览产生消极评价的重要原因,管理者在后续运行管理时应充分考虑。据了解,园区二期将延续盐文化主题,并结合工业文化与传统文化,园区三期规划作为功能配套区域以形成完整产业链(陈莉媛,2018)。随着"老盐场1957"后续建设对功能空间以及产业链的补充完善,此类矛盾将逐渐弱化。

◇ 参考文献 ◇

[1] 陈莉媛. 两会关注:复刻自贡记忆,让工业遗存完成"文旅转身"[EB/OL].(2018-01-07)

[2019-7-13].http://www.zgm.cn/html/a/2018/0107/152937.html.

[2] 程金龙. 城市旅游形象感知研究[M]. 北京：中国环境科学出版社，2014.

[3] 刘雪美. 游客感知下的传统旅游城市工业遗产旅游研究[D]. 杭州：浙江工商大学，2012.

[4] 邵琪伟. 中国旅游大辞典[M]. 上海：上海辞书出版社，2012.

[5] 张才. 老盐场 1957 周六开园[EB/OL].（2018-02-07）[2019-7-13]. http://www.zgm.cn/html/a/2018/0207/154605.html.

河东盐的发展与运城筑城

张 欣[①]

摘　要：运城，一座"因盐而兴，因盐而成名"的城市，其兴衰与河东盐的历史发展息息相关，而运城的筑城与发展是河东盐发展的必然产物。纵览河东盐成盐自然条件及历朝历代对河东盐的管理政策演变，盐利成为各个朝代重视河东盐的关键因素，而河东盐对国家重要性的一个重要体现，就为运城因盐筑城。因此，盐与运城发展呈现休戚与共的关系。

关键词：河东盐；运城；城市发展

食盐是维持人们日常生产生活的必备物质之一，中国食盐种类分为海盐、井盐、池盐等几大种类。池盐是中国古代重要的盐类，曾经极盛一时。随着池盐作用日益凸显，围绕盐产地而出现的控制盐业资源的活动陆续出现，围绕盐产地而勃兴的聚落城镇逐渐增多。而运城的出现正是池盐在历史发展中作用日益凸显的产物，运城因盐而兴。运城的兴建与发展与池盐的历史发展有着密切关系。

一、叨天之幸——盐

河东盐在中国历史上处于非常重要的位置，可以说它是北方历史上一个重要的食盐供给基地，同样也是历代王朝财税收入来源的一个重要保障。郭正忠说道："没有哪一座盐池，像晋南解池那样，为华夏族的发祥做出长久而大量的奉献；也没有哪一座盐池，像晋南解池那样誉贯千古，并不断招来各方的瞩目与利害纠葛。"[②]河东盐能够在这一地区形成，并质量上乘，与河东地区得天独厚的自然条件分不开。

对于盐池的形成，历来有各种不同的说法：最早出现河东盐池记载的是《山海经·北山经》："又南三百里，曰景山，南望盐贩之泽。"[③]唐代崔敖说道："浸淫中条，岳渎宣

[①] 张欣（1993—），男，陕西渭南人，云南大学历史与档案学院中国古代史博士研究生，研究方向：中国古代经济史。
[②] 郭正忠：《古代的解池与池盐生产》，《盐业史研究》，1988（2）。
[③] 〔汉〕刘歆著，方韬译注：《山海经》卷三《北山经》，中华书局，2009：76。

精，融为巨浸。"①他主要是说河水侵蚀中条山导致山体空洞，从而为盐池的形成提供了条件。明朝吕泾野认为盐池形成主要为中条山阻挡黄河水，形成"水积潭"，久而久之由于积淀作用，盐池逐渐形成。柴继光在《晋盐文化述要》中将盐池的形成归纳为"神牛造池说、麒麟造池说和蚩尤血成说"②的传说。

上述关于盐池形成之说无非站在地形和传说的角度进行阐述，如果我们以宏观的视角将盐池放在立体式的环境中考虑，就会发现盐池的形成并不是单一因素促成。盐池东西长35千米，南北宽5千米，总面积约130平方千米，池面海拔320米，水深0.2～2.0米，为三百万年前喜马拉雅造山运动的地质遗迹。③解州（今山西运城一带）二池，在中条山以北，处于小盆地中间，"盖河势屈曲回抱，而中有盐泉。水性至曲而折，盐性至曲而聚。《洪范》曰'润下作咸'，积千里之润，去海既远，是以伏脉地中，聚而作咸，此盐水之所自由也"④。足以说明运城盐池蕴含有丰富的矿物资源，而盐池形成与整个地形板块运动有关：由于板块运动造成中条山附近发生垂直运动，从而形成盐池的底部和阻挡水汽的山峦，每当遇到雨水，大量矿物元素等就会随雨水流进盆地底部，随着时间推移，盐分积累越来越多，从而出现盐池雏形。⑤同时要想成盐，对于每天日光的照射时间有严格要求，而盐池所处位置正好满足这一要求：河东盐池位于晋南地区，属于暖温带大陆性气候，分明的旱季和雨季为盐的形成提供适宜的自然环境，到风季则利用风力资源，大面积地进行晒盐。

二、河东盐业的萌芽与发展

据《山海经·北山经》记载："又南三百里，曰景山，南望盐贩之泽。"⑥这里所说的"盐贩之泽"指的就是古运城盐池。另据《史记·秦本纪》记载："秦昭襄王十一年（前296）齐、韩、魏、赵、宋、中山五国共攻秦，至盐氏而还。"⑦这里所说的"盐氏"指的就是古运城，因为盐而命名其为"盐氏"。

汉代，河东盐业的发展经历了两个不同的阶段：文景之时，民间对于山泽之源采取民间自由开采的政策，政府对盐业开发亦采取相同的政策，因此，该时期因盐致富的大商人日渐增多。根据《张家山汉简》记载："诸私为卤盐，煮济、汉，及有私盐井

---

① 〔清〕蒋兆奎：《河东盐法备览》卷一二《艺文》，清乾隆五十五年刻本，第270页。
② 柴继光、李希堂、李竹林：《晋盐文化述要》，山西人民出版社，1993：5-7。
③ 运城地区地方志编纂委员会：《运城地区志》，海潮出版社，1999：437。
④ 〔宋〕赵彦卫撰，傅根清点校：《云麓漫抄》卷二，中华书局，1996：29。
⑤ 杨强：《资源与城市——以元明清盐池与运城发展的互动为例》，陕西师范大学2017年硕士论文，第10页。
⑥ 〔汉〕刘歆著，方韬译注：《山海经》卷三《北山经》，中华书局，2009：76。
⑦ 〔汉〕司马迁：《史记》卷五《秦本纪》，中华书局，1982：210。

煮者，税之，县官取一，主取五。"①也就是说，这一时期盐允许私人经营，官方只是采取征收盐税的方式来进行管理，民间富商大贾"冶铸煮盐，财或累万金，而不佐国家之急，黎民重困"②。到汉武帝时期，国家开始实行"盐铁专营"，在全国实行盐的专卖制度，于全国28个郡设置盐官。据记载，公元前100年，黄霸"簿书正，以廉称，察补河东均输长"③，驻扎安邑，目的是加强对河东盐池的管理，而安邑也被叫做"司盐城"。

东汉时期，尤其汉明帝时期，由于民族政策的变化，汉匈之间爆发战争，迫于军费开支的压力，不得不再次加强"盐铁专营"的力度。汉章帝时期，据记载，"昔孝武皇帝致诛胡、越，故权收盐铁之利，以奉师旅之费。自中兴以来，匈奴未宾，永平末年，复修征伐。先帝即位，务休力役，然犹深思远虑，安不忘危，探观旧典，复收盐铁，欲以防备不虞，宁安边境。而吏多不良，动失其便，以违上意。先帝恨之，故遗戒郡国罢盐铁之禁，纵民煮铸，入税县官如故事"④。但由于官员以及民间势力反抗，国家无法将盐税集中到中央府库。因此，皇帝与大臣商议如何强力推行"盐铁专营"，进而保证国计民生。但据《后汉书·朱晖传》记载，中央政府推行"盐铁专营"遭到各方势力的强烈反对。"章帝元和中，是时谷贵，县官经用不足，朝廷忧之。尚书张林上言：'谷所以贵，由钱贱故也。可尽封钱，一取布帛为租，以通天下之用。又盐，食之急者，虽贵，人不得不须，官可自鬻。'于是诏诸尚书通议。晖奏据林言不可施行，事遂寝。后陈事者复重述林前议，以为于国诚便，帝然之，有诏施行。"⑤随后，皇帝"行游介山，回安邑，顾龙门，览盐池，登历观，陟西岳以望八荒，迹殷周之虚，眇然以思唐虞之风"⑥，皇帝亲自巡幸盐池，目的可能与想要推行"盐铁专营"而遭到反对有关。通过对河东盐管理政策不断争论的分析，背后折射出中央与地方对盐税收入归属权的博弈，侧面证明该时期河东盐对国家安全及社会稳定的重要性，说明从先秦到东汉，河东盐发展经历萌芽到发展的发展期。

三、河东盐业的日益成熟

唐代时期，河东盐的生产技术出现重大革新，"垦畦浇晒"法使用日渐成熟，使河东盐产量进一步提升，"其为盐如耕种，疏为畦陇，围埒其外，以水灌其中，必俟南风起，此盐燧熟。风一夜起，水一夜结成盐，如南风不起，则深利遂失"⑦。吴丽娱认为

---

① 张家山二四七号汉墓竹简整理小组：《张家山汉墓竹简〔二四七号墓〕》（释文修订本），物出版社，2006：68。
② 〔西汉〕司马迁：《史记》卷三〇《平准书》，中华书局，1982：1425。
③ 〔东汉〕班固：《汉书》卷八九《黄霸传》，中华书局，1962：3628。
④ 〔南朝宋〕范晔：《后汉书》卷四《和帝纪》，中华书局，1965：167。
⑤ 〔南朝宋〕范晔：《后汉书》卷四三《朱晖传》，中华书局，1965：1460。
⑥ 〔东汉〕班固：《汉书》卷八七上《扬雄传上》，中华书局，1962：3535。
⑦ 〔宋〕章如愚：《山堂考索·后集》卷五七《财富门》，台湾商务印书馆（影印本），1986：1367。

"大历末，两池盐产量约为47万石，元和中即使保守估算也在50~80万石之间，至大和、大中，也不低于33~55万石"①。李青森对"贞观十三年（639）、元和年间（806—820）、大和三年（829）、大中六年（852）"的虚实估问题进行分析，认为两池盐"从大历到大中年间产量应在41~54万石之间，大致保持先升后降的趋势，元和末至大和年间达到高峰"②。而该时期河东盐产量能够大幅度提升，与"垦畦浇晒"法的成熟使用息息相关。

河东盐产量的剧增，导致河东盐利出现大幅度增长，据《新唐书》记载，德宗贞元四年（788）"淮西节度使陈少游奏加民赋，自此江淮盐每斗亦增二百，为钱三百一十。其后复增六十，河中两池盐每斗为钱三百七十"。③另据《册府元龟》记载，宪宗永贞元年（805）九月"江淮盐每斗减钱一百二十，榷二百五十，其河中两池盐，请斗减钱二十六，榷三百"④；文宗大和三年（829）四月"敕安邑、解县两池榷课，以实钱一百万贯为定额"⑤；宣宗大中二年（848）正月"敕安邑、解县两池榷课，先以实钱一百万贯为定额。今但取匹段，精好不必计旧额钱数"⑥，六月"度支收纳安邑、解县池榷利一百二十一万五千余贯"⑦。由此可见唐代河东盐盐利大概在100万贯左右。

河东盐的质量与盐利如此之高，使唐中央政府必须重新思考河东地区的战略地位，"武德元年（618），改为解县，属虞州。蒲州别置虞乡县。贞观十七年（643），省解县并入虞乡。二十二年（647），复析置解县，属蒲州"⑧。自此，唐中央政府通过改变河东盐池行政隶属关系、调整河东地域行政官员，来加强对河东盐的控制。

唐代初期对河东盐的管理主要实行官府直接管理，据《唐律疏议》记载"假有人蒲州盗盐，侮州事发，盐已费用，依令悬平，即取蒲州中估之盐，准蒲州上绢之价，于巂州断决之"⑨。开元六年（718），以蒲州为河中府，师度为河中尹，"令其缮缉府寺。先是，安邑盐池渐涸。师度发卒开拓，疏决水道，置为盐屯，公私大收其利"⑩。由此可知，该时期河东盐管理实行"官民共利"的模式。

开元二十五年（737），根据《仓部格》曰："蒲州盐池，令川司监当租分与有力之家营种之，课收盐。每年上中下畦通融收一万石，仍差官人检校。若陂渠穿穴，所须

---

① 吴丽娱：《中国盐业史》（古代编·隋唐五代盐业），人民出版社，1997：88。
② 李青森、韩茂莉：《从唐代盐利看唐代中后期各地之盐产量》，《首都经济贸易大学学报》，2012（4）。
③〔宋〕欧阳修、宋祁撰：《新唐书》卷五四《食货志四》，中华书局，1975年，第1378页。
④〔宋〕王钦若等编：《册府元龟》卷四九三《邦计部·山泽》，中华书局（影印版），1970：5950。
⑤〔宋〕王钦若等编：《册府元龟》卷四九三《邦计部·山泽第二》，中华书局（影印版），1970：5955。
⑥〔宋〕王钦若等编：《册府元龟》卷四九三《邦计部·山泽第二》，中华书局（影印版），1970：5959。
⑦〔宋〕王钦若等编：《册府元龟》卷四九三《邦计部·山泽第二》，中华书局（影印版），1970：5960。
⑧〔后晋〕刘昫等撰：《旧唐书》卷九三《河东道》，中华书局，1975：1470。
⑨〔唐〕长孙无忌等撰：《唐律疏议》卷四《何烦更牒本属》，中华书局，1985：47。
⑩〔后晋〕刘昫等撰：《旧唐书》卷一八五下《姜师度传》，中华书局，1975：4816。

功力，先以营种之家人丁充。若陂坏过多量力不济者，听役随近人夫。"①这一时期的盐池管理由原先"官民互利"的模式彻底变为畦户承租盐池、官府抽取税收，放任民间的管理模式。

肃宗乾元元年（759），唐政府再次改变河东盐的管理模式，由原先的征税改为官卖，实行榷盐。据记载："乾元元年（758），盐铁、铸钱使第五琦初变盐法，就山海井近利之地置监院，游民业盐者为亭户，免杂徭。"②盐池所有收入归国家所有，畦户成为专门负责为国家生产食盐的雇工，而且不能随便脱籍。

"安史之乱"后，由于中央权威衰退，地方藩镇逐渐强大，河东盐成为中央政府与地方藩镇争夺的重点，"自黄巢离乱，河中节度使王重荣兼领榷务，岁出课盐三千车以献朝廷。至令孜以亲军阙供，计无从出，乃举广明前旧事，请以两池榷务归盐铁使，收利以赡禁军。诏下，重荣上章论诉，言河中地窘，悉籍盐课供军"③。双方因河东盐利矛盾重重。

对于唐政府对河东盐的管理政策的演变，学界一般认为，唐开元九年（721）没有正式的盐税征收机构。到开元十年（722）唐政府才开始明令各地区的盐业生产必须按时纳税，"诸州所造盐铁，每年合有官课。比令使人勾当，除此更无别求。在外不细委知，如闻稍有侵魁。宜令本州刺史上佐一人检校，依令式收税。如有落账欺没，仍委按察纠觉奏闻。其姜师度除蒲州盐池以外，自余处更不须巡检"④。就是说这一时期蒲州盐池才开始由中央亲自派官员管理。由此可知，开元十年（722）唐中央政府才针对河东盐实行专卖，河东盐池成为唐中央政府重要的盐产地及财政来源，为此唐中央政府设立了专门的管理机构。

"安史之乱"爆发后，由于唐王朝的财政陷入困境。第五琦开始整顿盐法，实行民产、官收、官运、官销的榷盐法，在全国设立盐铁使。先后有裴谞、于颀担任河东道盐铁使，但他们只是负责盐的运输与收税，并不参与盐的经营。到刘晏改革后，针对河东盐的管理，逐步设立"院、监、场"的管理模式。贞元二年（786），河东盐场开始由盐铁使过渡到巡院制度。⑤巡院一般分为留后和一般的巡院，而留后一般设置在盐业重要的地段。元和三年（808）"复以安邑、解县两池留后为榷盐使"⑥。与此同时，"榷盐使"制度逐渐发展，"安邑解县两池，置榷盐使一员，推官一员，巡官六员，安邑院官一员，解县院官一员，胥吏若干人，防池官健及池户若干人"⑦。"榷盐使"属于中央派遣官员，主要负责盐利的足额收购，保证国家盐税的足额缴纳。

---

① 〔唐〕杜佑著：《通典》卷十《食货十》，中华书局：1988：23。
② 〔宋〕欧阳修、宋祁撰：《新唐书》卷五四《食货志四》，中华书局，1975：1378。
③ 〔后晋〕刘昫等撰：《旧唐书》卷一九下《僖宗》，中华书局，1975：721。
④ 〔后晋〕刘昫等撰：《旧唐书》卷四八《食货志上》，中华书局，1975：2107。
⑤ 李锦绣：《唐代财政史稿》（下卷），社会科学文献出版社，2007：310。
⑥ 〔后晋〕刘昫等撰：《旧唐书》卷四八《食货志上》，中华书局，1975：2109。
⑦ 〔宋〕王溥撰：《唐会要》卷八八《盐铁使》，中华书局，1955：1610。

根据解县政治地位的升降程度及对河东盐池管理政策的变化、官员设置机构的变迁考察，看出这一时期唐政府对于河东盐的管理经历了"宽松—官民共利—国家垄断"的几个阶段；对河东盐利的管理也经历了"盐铁使—巡院—榷盐使"几个阶段。由此，国家对河东盐的重视程度越来越高，对河东盐业的管理愈来愈严格，而这对河东地区的发展间接起到促进作用。

宋代时期，河东盐池继续发展，至道三年（997）盐池"鬻钱七十二万八千余贯"①，同时修筑拦马短墙防止少数民族入侵。关于宋代河东盐产量，郭正忠在《宋代盐业经济史》中引用陈公博的数据："景祐三年（1036）、庆历八年（1048）、元丰元年（1078）、崇宁元年（1102）、大观二年（1108）、大观三年（1109）、政和元年（1111）这七年的河东盐产量非常丰厚，（除四个有误，其余都有很高参考价值）。"②与此同时，北宋政府在河东盐生产时采用给予畦户"岁给户钱四万，人给米，日二升"③的制盐模式，采取"民制官销"的管理模式。

随着河东盐生产成本不断压缩，河东盐利润不断提升。据《宋史》记载：宋初官府售卖河东盐"每斤自四十四至三十四钱，有三等"④，到大中祥符年间（1008—1016）"两池储盐三亿八千八百八十二万八千九百二十八斤，计值二千一百七十六万一千八百缗"⑤。丰厚的盐利与巨大的食盐储备量，使河东盐在该时期成为北宋政府财政收入的重要支柱。

北宋对河东盐除官产官卖外，还积极引入商人来进行食盐贩卖，即实行"入中"政策，进而减少政府因军需运输造成的财政压力。当时北宋西北三路驻扎大量军队，粮草供应是北宋政府防边的最大问题，而河东盐巨大的利润正好可以弥补粮草供应带来的财政压力。因此，北宋政府就将河东盐的售卖政策由原来的官卖官销转变为交引制度，吸引商人来入中。尤其北宋对西夏的防御与进攻中，河东盐发挥了不可替代的作用。其中以范祥对河东盐的钞法改革最具代表性，改革否定原先的榷盐制度，积极引入商人，利用现钱购买河东盐的交引，把现钱输入前线来购买军粮。在与西夏青盐接壤的地方，鼓励商人把河东盐运到这里，防止西夏盐对于河东盐的冲击。范祥推行改革几年后，据史料记载"行之十年，岁减榷货务缗钱四百万，其劳可禄也"⑥。

据宋人记载"计天下每岁所收盐利，当租赋二分之一"⑦。盐利在宋代财政收入中占据重要地位。而河东盐成为北宋财政收入的重要支柱，以至于吕祖谦说"惟是海盐与解池之盐，最资国"⑧。因此，河东盐利对北宋政府的国防建设、官员俸禄等起到非

---

① 〔元〕脱脱：《宋史》卷一八一《食货下三》，中华书局，1985：4414。
② 郭正忠：《宋代盐业经济史》，人民出版社，1990：630。
③ 〔元〕脱脱：《宋史》卷一八一《食货下三》，中华书局，1985：4415。
④ 〔元〕脱脱：《宋史》卷一八一《食货下三》，中华书局，1985：4414。
⑤ 〔宋〕李焘：《续资治通鉴长编》卷八六"大中祥符九年四月丁亥"，上海古籍出版社，1985：1982。
⑥ 〔宋〕李焘：《续资治通鉴长编》卷一九二"嘉祐五年十一月戊子"，上海古籍出版社，1985：4648。
⑦ 〔宋〕乐史：《太平寰宇记》卷一三〇《淮南道八》，中华书局，2007：2565。
⑧ 〔宋〕章如愚：《山堂考索·后集》卷五七《财富门》，台湾商务印书馆（影印本），1986：1367。

常重要的作用。

综上所述，河东盐在宋朝（尤其北宋时期），发挥非常重要的作用，它的生产、销售都成为朝廷与民间的利益博弈焦点，甚至成为北宋国家安全战略的重要博弈点，它为北宋国防安全以及财政收入做出巨大贡献。

四、因盐筑城——运城

蒙元时期，河东盐依然发挥重要作用。太宗庚寅年（1229）便立平阳府征收课税所，始办盐课，癸巳年（1233），太宗命姚行简等修理破损的盐池，并拨新降户一千办纳课程。①姚行简被任命为盐运使，专管盐赋，河东盐重新被国家掌控。同时河东盐成为蒙古军队统一全国的军费来源之一，据记载"宪宗壬子年，又增发一千八十五户，岁捞盐引一万五千引，办课银三千锭"②。宪宗令忽必烈"奉命帅师征云南"，癸丑年，令其"受京兆分地，又奏割河东解州盐池以供军食。立从宜府于京兆，屯田凤翔，募民受盐入粟，转漕嘉陵"③。

元统一全国后，河东盐逐渐放弃唐宋时期的"垦畦浇晒"，开始采用"每岁五月，场官伺池盐生结，令夫搬摝盐花"④的制盐法。至元十年（1273）"命捞盐户九百八十余，每丁捞盐一石，给工价钞五钱"。这一时期河东盐逐渐采用采捞技术。

采捞技术对河东盐产量的提升产生非常大的影响，宪宗壬子年（1252）"岁捞盐引一万五千引，办课银三千锭"⑤；中统时期（1260—1263）"听太原民食小盐，岁输银七千五百两"⑥；"至元十年（1273）'岁办盐六万四千引，计中统钞一万一千五百二十锭'；大德十一年（1307）'增岁额为八万二千引'；至大元年（1308）'又增煎余盐为二万引，通为十一万二千引'；延祐三年（1316）'以盐池为雨所坏，止办课钞八万二千余锭'；延祐六年（1319）'捞盐一十八万四千五百引'；天历二年（1329）'办课钞三十九万五千三百九十五锭'"⑦。该时期河东盐税逐年增加，对国家财政发挥重要作用。因此，元政府开始对河东地区进行相应的行政建设。

元政府于该地区先是设置运司，后来筑城。世祖中统二年（1261），"初立陕西转运司，仍置河东盐司于路（潞）村"⑧，元太宗时期，盐运使姚行简"绘图献于上，上可之。乃芟莽夷榛，立运司于池之北浒，曰潞村"⑨。提议把运司设到潞村（圣惠镇），

---

① 〔明〕宋濂等撰：《元史》卷九四《食货二》，中华书局，1976：2388。
② 〔明〕宋濂等撰：《元史》卷九四《食货二》，中华书局，1976：2389。
③ 〔明〕宋濂等撰：《元史》卷九四《世祖一》，中华书局，1976：58-59。
④ 〔明〕宋濂等撰：《元史》卷九四《食货二》，中华书局，1976：2388。
⑤ 〔明〕宋濂等撰：《元史》卷九四《食货二》，中华书局，1976：2389。
⑥ 〔明〕宋濂等撰：《元史》卷九四《世祖二》，中华书局，1976：87。
⑦ 〔明〕宋濂等撰：《元史》卷九四《食货二》，中华书局，1976：2389。
⑧ 〔明〕宋濂等撰：《元史》卷九四《食货二》，中华书局，1976：2389。
⑨ 〔清〕蒋兆奎：《河东盐法备览》卷一二《艺文》，清乾隆五十五年刻本，第282页。

因"主盐之官与州有隙,遂置司于潞村"①。从唐开始,解州一直作为河东盐的治所所在,但这一时期由于盐务运作的需要,必须将运司治所迁移到潞村。

事实上,该时期河东盐运治所并不固定,经常反复迁移。"解州恃盐嵯之利,世为名郡。故日丰宝军,亦日兴宝军。曩主盐之官与州有隙,遂置司于路村,以致闾井萧条,居民鲜少,于今五纪矣。日居月诸,盐法亦弛,良田所置司,村居野处,公私通弊,课矢岁额,词讼日滋。朝省遣使考会,积年不已。行中书省病之,思选廉干吏委以大计,乃辟前经略司经历吴从仕,以监榷焉。莅任之初,究弊源,立新政,首以复迁解州为便。"②比较而言,解州因长期作为河东盐治所所在地,其城防、盐务管理等机构相对潞村来说比较完善。因此有关人员强烈建议将运司回迁解州。但是由于该时期解州盐池逐渐衰落,盐运治所迁回解州这一愿望不可能再实现。

元朝末年,盐运使"那海德俊再迁圣惠镇,筑凤凰城以资保障,而运治始立,名曰运城"③。运城"城周九里一十三步,广袤各四之一,高二十四尺。旧制为门者五,与今稍异"④。"运城"正式因河东盐而出现在史册,因河东盐盐务的发展,致使运城逐渐走向繁荣局面。而运城之所以能在元代筑城,主要是因河东盐利巨大的吸引力,运城便在行政性命令下产生与发展。

明、清两代,在元代筑城基础上,运城的盐务部门更加完善,设置的盐务机构有:巡盐察院、盐运使署、运同(判)署、经历司署、知事署、库大使署、三场大使署、解州州判署、都司署、把总署、运学教授署等。⑤同时运城城内的商业、教育、仓储等基础设施日益完善。从而出现"运治之在河东,初不过弹丸一乡耳,自城设而裕赋通商,遂为河东名区"⑥的繁荣景象。自运城筑城后,它就依靠河东盐而逐渐成为河东地区的经济、文化、商业中心,尤其以河东盐为主要商品,成为陕、晋、豫的商业交流中心。

中华人民共和国成立后,河东盐依然在国家盐化工业中占有重要的地位,但在市场冲击下,运城作为"盐务专城"的光辉正在逐渐褪去。运城的繁荣与衰落与政府对河东盐务管理息息相关,二者呈现休戚与共的关系,运城——因盐而兴,同时因盐而衰。

五、结　语

叨天之幸,自然给予运城发展的先天优势——河东盐,盐作为一种特殊商品,对于自然条件要求以及生产技术要求非常独特,同时因人类生存需要,其重要性就显得尤

---

① 〔清〕蒋兆奎:《河东盐法备览》卷一二《艺文》,清乾隆五十五年刻本,第282页。
② 〔清〕蒋兆奎:《河东盐法备览》卷一二《艺文》,清乾隆五十五年刻本,第282页。
③ 〔清〕蒋兆奎:《河东盐法备览》卷二《运治门》,清乾隆五十五年刻本,第14页。
④ 〔清〕蒋兆奎:《河东盐法备览》卷二《运治门》,清乾隆五十五年刻本,第14页。
⑤ 王芳:《千年解池孕育的盐务专城》,《盐业史研究》,2003(9)。
⑥ 〔清〕蒋兆奎:《河东盐法备览》卷二《运治门》,清乾隆五十五年刻本,第14页。

为突出。从远古时代开始，这一带就出现人类活动踪迹；到春秋战国时期的五国攻秦至盐氏而还；到汉代黄霸驻节河东；唐宋时期，河东地区战略地位的大幅提升，解州行政区划发生调整；到元代时期，运城的正式筑城；到明清时期，运城逐渐繁荣并一度成为河东地区重要的商业、文化中心。纵览历朝历代河东地区的发展，背后的重要因素为河东盐的历史作用，河东盐成为河东地区发展的助推器，而河东地区不同程度的发展反衬河东盐的不同时期的历史发展特点，二者为互为表里的关系。而这种关系发展的顶峰就为——运城"因盐筑城"的出现。

运城，曾经以盐为荣、因盐而盛，作为曾经的"盐务专城"，在今天多元化社会发展时期，利用河东盐曾经的辉煌历史寻求盐文化，重走"盐文化"道路，让古老的运城重新焕发活力，不失为重振"古运城"之雄风的一种选择。

空间生产及地方性隐喻：以清代"永岸"为例

张 瑞①

摘 要："永岸"是清代中央王朝为便于川盐入黔而开设的四大口岸之一，它是以位于云南、贵州、四川三省结合部的叙永为中心而形成的川盐转运口岸体系。对清代"永岸"的个案分析表明，伴随"永岸"的出现，与盐运相关的空间也以不同的形式嵌入到地方区域之中，主要表现在盐运界域空间的排他性、通道空间的连接性、会馆空间的凝合性以及商贸空间的流动性等方面，而"永岸"空间的形成也是边疆巩固、跨区域交流以及地方文化复合的表征和体现。

关键词：空间；隐喻；"永岸"

一、引 言

一直以来，"空间"被视作是僵死刻板的、理所当然的、静止的东西，而非社会的整体事实。直到20世纪70年代起，空间才被作为非抽象的实体而存在，它是"行为的场所，也是行为的基础"②。空间生产理论的代表人物是列斐伏尔，其理论核心是"（社会）空间是（社会的）生产"[(Social) Space is a (Social) Product]，认为空间是人们从事社会生产和生活的基本条件，是各种历史的、经济的、政治的、文化的元素构筑的社会产物。因此，"空间既是客观的又是主观的，是实在的又是隐喻的，是社会生活的媒质又是它的产物，是活跃在当下环境又是创造性的先决条件，是经验的又是理论化的，是工具性的、策略性的又是本质性的。"③在其影响下，人们开始关注"空间为什么产生、在什么背景（情境）下产生、谁在使用这一空间、谁被排斥使用、空间使用过程中的权力关系等话题"④。基于上述认识，探究空间生产的机制，及与社会生产之间的关系，成为研究地方社会文化的一个新视角。本文选取清代"永岸"的空间生产

---

① 张瑞（1990—），女，汉族，西南民族大学在读博士研究生，主要研究方向为民族地区社会发展与文化遗产保护。
② 麦克·J·迪尔：《后现代都市状况》，上海教育出版社，2004：70。
③ Edward W.Soja, *Thirdspace: Journeys to Los Angeles and other Real-and-Imagined Places*, Blacewell, 1996.
④ 姚华松、许学强、薛德升：《人文地理学研究中对空间的再认识》，《人文地理》，2010（2）：12。

为研究对象，它是清政府为了便于川盐入黔而设置的食盐运销转运口岸之一。当前对"永岸"空间的研究主要是从建筑学和地理学的角度，多将其置放在川盐运销的大背景中，爬梳川盐行销的线性通道及沿线与盐相关的建筑分布①，这些研究虽然也触及空间生产问题，但是空间生产与地方区域社会构拟之间是否存在一种必然关系，值得深入研究。因此，本文拟以空间生产为理论指导，在前人诸多的研究成果基础上，以清代"永岸"盐运空间为研究对象，从社会生产的角度去剖析空间生成机制及地方嵌入的策略性表述。

二、清代"永岸"及空间生产

空间是日常生活的起点，也是社会的产物。空间是社会生产的过程，不仅仅是一个产品，也是社会生产力或再生产者，是一个社会关系的重组与社会秩序实践性建构的过程。②"永岸"的出现得益于清代川盐行销贵州的历史背景。

1. 清代"永岸"营造

贵州行销川盐最早可追溯至元代，据《四川盐法志》记载："贵州向无盐……《元史·本纪》：至顺元年十一月壬申朔，云南行省言亦奚不薛之地，所牧国马，岁给盐，以每月上寅日唊之，则马健无病，比因伯忽叛乱，盐不可到，马多病死，诏令四川省以盐给之。考至元二年，置亦奚不薛总管府（今贵阳市），是为贵州食川盐之始。至明一代，亦无专食之盐"③。由元至明，入黔的川盐未纳入专卖制度之内，仅是以盐健马，预防马病死。及至清初，由于川盐"地近且便民"，故始食川盐，在数量和规模上以"零食"居多，"皆系黔地小民，到彼零星接买，马载人挑，分途运售"④。清雍正九年（1731），四川巡抚宪德实施计口授盐之法，认为"黔省……每岁需盐若干，究未深悉，请令黔省照川省，按口之法，每口食盐一斤，酌议每年实可销盐若干"，计口授盐规定引额，并由各县招商承办，但因"黔省途遥路远，商人不能前进，系彼处商人转运该州县"，⑤故川盐入黔之转运由此始也。为了防止徇私舞弊和私售贩盐，清政府在招商贩盐的同时，划定了川盐行销的区域和范围，清乾隆元年（1736），《清史稿·食货志》记载："初

---

① 赵奎：《川盐古道上的传统民居》，《中国三峡》，2014（5）。《川盐古道上的盐业会馆》，《中国三峡》，2014（5）。《川盐古道上的传统聚落与建筑研究》，华中科技大学 2007 年博士学位论文。黄健：《试析川盐运道上西秦会馆（陕西庙）的分布及规模》，《盐业史研究》，2014（4）。李晓强、谭维婷：《川盐古道历史城镇空间分布及盐文化特色评价》，载《中国盐文化（第十辑）》，2018。李双成：《盐运古道与盐文化传播》，载《中国盐文化传播学术研讨会——传承与创新论文提要》，2014（5）。
② 赫曦莹：《历史的解构与城市的想象》，社会科学文献出版社，2015：121。
③ 丁宝桢：《四川盐法志·转运五》，第 1 页。
④ 丁宝桢：《四川盐法志·转运五》，第 13 页。
⑤ 丁宝桢：《四川盐法志·转运五》，第 20 页。

川盐以滇、黔为边岸。而黔岸又分四路，由永宁往曰永岸．由合江往抵黔之仁怀曰仁岸，由涪州往曰涪岸，由綦江往曰綦岸。"其中，"岸"是指销盐区域，清代施行"引岸制"，即以产区为场，销区为岸，以各场之盐，分配各销岸。"永岸"即以叙永为中心，是川盐古黔道上的重要节点之一。运销"永岸"川盐自五通桥或自贡自流井盐场运出，沿沱江至纳溪后卸载，转经永宁河，改用小船运载，逆水行舟至永宁，再转陆运分七条路进入贵州毕节、水城、普安，①经"永岸"运盐路线又有永宁道之称。

2. 清代"永岸"空间生产逻辑及类型特征

"每个社会都出于既定的生产模式架构里，内含于这个架构的特殊性质则形塑了空间。空间性的实践界定了空间，它在辩证性的互动里指定了空间，又以空间为其前提条件。"②清代"永岸"受川盐行销的影响，在其空间形塑过程中刻写了一系列盐运符号，而盐运空间的实践又成为地方社会记忆的源泉。

（1）"永岸"界域空间的排他性。

"永岸"是清政府施行专商引岸制的产物。引岸制是指盐商凭借引票（即取得贩运销售盐专利的凭证）掌握食盐专卖权，并各自拥有固定的销售区域，称为"引岸"。清政府对引岸制度的执行极为重视，宣称："从来整顿鹾务，首重引岸，引以岸定，销市不容混淆。"③清政府划界销盐其目的是为防止盐商兼并，在保证国家盐业税收稳定的同时，通过该制度调解盐产地及无盐淡食之地之间的矛盾。清光绪六年（1880），丁宝桢督川，整顿四川盐政，于各口岸设立"销盐分局"，以核定盐斤售价，官、商之盐依照规定盐价售卖，不得任意高下。"永岸"的官盐分局设于叙永东城之东街，以便管理。"永岸"的划定不仅保障了食盐运销的顺利进行，而且也使界域空间成为定制，并形成了官盐与私盐之分。虽然私盐在表现形式上有多重样态，但是越岸侵销便是其中的一种，据《四川盐法志》记载："雍正二年，议准贩私盐枭，由他处入境，巡役缉拿。"④此外，为了确保食盐界域的合法性和有效性，还将一些条规纳入《刑律》，上升为国家法律的层面："一应行盐地方，各有疆界，以杜越贩，凡客商将有引官盐不照原定地面发卖，违例于别境犯界之处货卖者，杖一百。"⑤这种划界分售与越界为私的盐政体系，使得清代"永岸"具有排他性。

---

① 第一条路由叙永经普市、赤水河、金银山、毕节、兔场、南岯、水城、鸡冠营、代马到达普安；第二条路由叙永经毕节、七星关、七家湾至威宁州；第三条路由叙永经七星关、挪呼、水城厅、八家寨、高石坎、立碑、地瓜坡至新城；第四条路由叙永经七星关、黑童至马姑河；第五条路由叙永经普尼、瓢儿井、大定府、兔场、鸡场、郎岱厅至贞丰州；第六条路由叙永经瓢儿井、茶店、平远州、三岔河、安顺府至归化厅；第七条路由叙永经三岔河、镇惟州至永宁州。
② 汪源：《生产·意识形态与城市空间——亨利·勒斐伏尔城市思想述评》，《城市规划》，2006（6）：81-83。
③ 《清盐法志》卷一七四，第98页。
④ 《四川盐法志·禁令一》，第8页。
⑤ 蒋兆奎：《河东盐法备览》卷九，第36页。

（2）"永岸"通道空间的连接性。

清代"永岸"作为川盐入黔的重要口岸之一，不仅形成了固定的区域，而且开辟了水陆通道。"清雍正年间，规定计口授食之法，每县销引若干，配运何厂之盐，即有一定范围，于是引分水陆。陆引完全由旱道运销，水引则遇水行水，行到尽处，又可分陆分运。""运道不通者疏浚之，如富、荣之井河，黔边岸之永宁、綦江、涪州等，小河皆设法使畅。"① "永岸"的水陆分运以叙永为中心，之所以至叙永境内转运陆路，是因为永宁河河道狭窄且水浅滩高，往来船只常会触滩遇险，早在明代时任景川侯曹震多次率川黔数万军民疏通漕运航道，"皇明洪武中，命景川侯曹公震往平治之……江门险滩，伐石穿漕，功尤钜且艰"②。水运分大船和小船两种不同载运。通常，每只大船可载盐二至三引，约一百三十至一百四十包，小船可载几十到一百包不等。每船有船工 10~15 人，船到江门滩时，采用人力拉纤的方式将船拉至深水处。除了大小船只上随行的船工外，水路沿岸还设有永宁驿和永安驿两水站，每驿各设船三只，水手各六名，扛夫各十八名以备不时之需。③清代中叶，为改善川盐入黔水路的运输条件，由官方组织盐商对叙永境内的永宁河进行多次设闸、筑堰。为了便于盐船停靠，在叙永境内的永宁河沿路航道上设有两河、天池、江门码头及普市驿、永宁驿和永安驿，这些码头水站的出现为叙永地区物资通过水路的输送提供可能。由"永岸"经永宁河卸载后转陆运入贵州则依靠人背马驮，其行经路线以叙永东大街、坪上街为起点，经震东、普市、摩尼，翻越雪山关后进入贵州毕节。清康熙年间，在叙永设有永宁驿，养马之所，当时共有马四匹，马夫两名，扛夫六名。④当时，每天约有近千名农民工、约一二百马匹从事盐运。据不完全统计，每人可负重盐约 80~100 斤，个别有负百多斤者；每匹马驮盐百斤。人与马结合形成的"帮"也是陆路销商的重要组成部分，每帮由领帮一人负责，每帮约十到三十人。

清代"永岸"虽因盐而兴，却也承载着铸造货币所需材料铅与铜的转运，而贵州和云南作为铅、铜的重要出产基地，在地理分布上与四川相接，又"查运京铜、铅与川盐往来相资，然后两得其便"⑤。黔铅多产自威宁府与大定府，为了便于运送此外，威宁至永宁共五百余里，"自威宁至永宁设十一站，设卡书一名、巡役二名，负责督催巡查"⑥。其中，由威宁"顿子坎到普市六站，间有坦坡，一日可行五六十里为一站"⑦。光绪年间，住叙永的分巡道赵藩在《永宁杂咏》中有言："负盐人去负铅回，筋力唯供一饱材。汗雨频挥揩挂立，道旁看尔为心衷。"该诗在描绘背盐人往来辛苦的同时，也反映出清代叙永川盐、黔铅同道互易的转运方式。而滇铜经叙永入京走"寻甸路"，根

---

① 《四川盐政史》《运销》，第 2-3 页。
② 邓元鏸等修：《续修叙永永宁厅县合志》，清光绪三十四年铅印本，第 16 页。
③ 《康熙叙永厅志》卷二，第 32 页。
④ 《康熙叙永厅志》卷二，第 32 页。
⑤ 丁宝桢：《四川盐法志·转运五》，第 27 页。
⑥ 《贵州陆运京铅》，详见《钦定户部则例》卷三六，同治十二年校刊本。
⑦ 《户部议覆贵州总督兼管巡抚事务张广泗疏称》，详见《大清高宗皇帝实录》卷二二五。

据乾隆三年（1738）《云南运铜条例》所规定的路线，寻甸在云南省东北，由此运铜到贵州威宁，再由威宁雇佣脚夫转运到四川永宁，到永宁后，转水陆顺流至泸州。另一路是从云南省北方的东川，由此经过鲁甸、昭通、镇雄，到达永宁，由永宁进入永宁河，转入长江，经过泸州、合江、江津、重庆、汉口，一直到达江苏转入运河至京。而根据《续修叙永厅县合志》中记载，清代在叙永界域已有督办和管理川盐、滇铜、黔铅的机构，其中"官盐局，在东大街。光绪三年（1877）开办官运，五年六月建永岸分局，内有盐仓二十四间。铅局，在西城盐店街。康熙初年创立，转运贵州京铅，设局驻永。铜局，在西城盐店街，光绪九年（1883）奉文京运，该归故道前，云南布政使唐札饬开办永转运铜店。"①这种同道互易的方式，不仅催生"永岸"及其通道的形成，而且川盐、滇铜、黔铅的运送往来，使川、滇、黔三省的联系更加紧密。

（3）"永岸"会馆空间的凝合性。

"永岸"街道空间主要是以盐商聚集为表现形式。"叙永接壤滇黔，民生要义务农而外厥，惟商业本邑，土著饶于资财者，恒漠视商务，市厘讬足多外省外县人所习……迨民国十九年，战兵多饷，绌苛暴之，征有加无已，外省外县人之商于此者，或捆载而去，或相率辍业。邑人感于生活之艰，乃锐意商业。"②由此可以看出，叙永地区从事商业的群体多以外省外县人为主。清代川盐经叙永进入贵州，形成了从犍、富盐厂运川盐到叙永的运商和从叙永销送至贵州的销商，其中西帮多为陕西、山西、江西籍商人，黔帮多为贵州籍商人。除此之外，江西、黄州、两湖、福建和广东人也成为叙永地区较为活跃的商人群体。这些商人群体均有各自独立的集会场所，清代西帮、黔帮分别在叙永东城购置房产成立"秦晋公所"和"黔帮公所"，黔帮公所是在原清乾隆十三年建忠烈宫的基础上筹建的，后更名为贵州会馆。清代除上述因盐运发展而成的会馆之外，叙永地区其他"外省外县"商人也比照黔帮公所，集资在叙永东西城创建会馆，包括清雍正五年在县城西大街万寿宫由江西籍人胡以成等人创建的江西会馆；清雍正十年，在县城东大街帝王宫由黄州籍人筹建的黄州会馆；清雍正十二年，在县城永和桥东侧禹王宫由湖广籍人筹建的湖广会馆；清乾隆二十六年，在西城小街子天上宫由福建籍烟商林耀庸等人筹建的福建会馆；清乾隆四十八年，在西城陕西街南华宫由广东籍陈仕俸等人创建的广东会馆；清道光九年，在东关外由永宁道周霭连同知、沈学时郡绅金汉倡捐，买娄姓房建的江浙直隶公所。这些会馆在满足商业需求的同时，也成为叙永地区文化空间的重要组成部分。

（4）"永岸"商贸空间的流动性。

"永岸"的水路、陆路的开辟，为川盐的进口与叙永境内物产进出的双向集散提供了便利，并在此基础上形成了一些商品交易中心——集市。集市的出现，"一方面，是为了接受输入商品并将其分散到它的下属区域去；另一方面，为了收集地方产品并将

---

① 邓元鏸等修：《续修叙永永宁厅县合志》卷五。详见四川省地方志编纂委员会《四川历代方志集成》第一辑，国家图书馆出版社，2016：280-281。
② 赖佐唐、宋曙：《叙永县志》，民国 22-24 年（铅印本），第 33 页。

其输往其他中心市场或更高一级的都市中心。至于中间市场，只要说一句话就够了，它在商品和劳务向上下两方的垂直流动中都处于中间地位"[5]。清代川盐入黔的主要经营形式为"官督商办商销"，且川盐运销数额、承运地点与区域均受到官方的指派，就其经济效应而言，形成了众多外贸市场，也催生了地方市场的繁荣，从两者的功能来看，"对外贸易是一种贩运；关键在于该地缺少某些种类的货物……地方贸易则局限于当地的一些货物"①，无论是对外贸易还是地方贸易，均形成一种互补型商品交换类型。而叙永作为川盐入黔的重要通道，一方面由水路接受输入川盐并转陆路将其分散到贵州毕节、瓢儿井等地，另一方面也为叙永地方物产向其他市场的流散搭建了平台。叙永除了川盐作为进口货物之外，还通过永岸通道将重庆的洋纱、火柴，嘉定的绸缎，夹江的纸张，泸县的砂糖，郫县的烟草，遂宁的土布，江西的瓷器等作为杂货随同川盐一同流入叙永境内。②与此同时，叙永县两河镇的麻苎，天池镇的土碗瓷器，马岩镇的食谷，水尾场的大竹笋等本地产品也与进口商品形成流通，出口至泸县、纳溪、重庆、荣昌等地。叙永地区以川盐入黔的通道口岸为依托，通过盐及其他物品的流动将不同区域的群体连起来，然而"交换和交易是这样一种经济行为的原则，它的有效性有赖于市场模式的存在"[8]。据《直隶叙永厅志》记载，清代"每年行计口授盐陆引六百五十张……系江安县南井厂盐斤运赴永城堆住，发往三岔河、江门、天池、大坝、两河口等处发卖"。这些盐运的站点成为叙永地区集镇市场繁荣发展的主要契机，除上述市场外，清代依托各种商品贸易的行销，新兴的集镇市场还包括麦地坝（今又称麦地场）、天堂坝（今又称双莲场）、水尾镇、凤凰场、敦梓场、鄢家关（今又称太关场）、象鼻子（今又称向林场）、分水场、海坝场、后山场、观兴场、石坝场、摩尼场、赤水镇、营山场等，其中水尾镇因联通贵州赤水和古蔺县成为叙永北部边境贸易场镇，凤凰镇紧邻合江和贵州赤水县境是叙永对外贸易口岸之一，摩尼场为入黔东大道必经之地，赤水镇因与贵州省界隔赤水河为界成为川南门户。从上述集镇市场的分布来看，通常是"在贩运者不得不略作逗留的地方，譬如浅滩、海港、河源，或者两条陆地运输路线的交会处，市场都会非常自然地产生出来"。

三、清代"永岸"空间的地方性隐喻

清代"永岸"空间生产的内在机制在于以川盐入黔事件为始末，划界而治的食盐专卖制度使得与盐运相关的文化表征杂糅到地方社会之中，在建构空间的同时也重塑了地方社会文化。因此，空间对于区域地方的隐喻是深层次的。

---

① 卡尔·波兰尼著，冯刚等译：《大转型：我们时代的政治与经济起源》，浙江人民出版社，2007：37。
② 赖佐唐、宋曙：《叙永县志》，民国22-24年（铅印本），第24页。

1. "永岸"空间是清王朝边疆巩固的区域性表达

盐作为重要物品,一日不可或缺,但由于盐产资源分布不均,在生产、运输设备相对简陋的时代无法大量获取,因此,使盐具有一定的稀缺性。自古以来,国家对于盐的管控都施行的是垄断。对于王朝政府而言,盐是聚敛财富、确保国家财政收入的重要工具,垄断了食盐产销便意味着控制了一个区域的经济命脉,所以,才会有国家对以叙永为中心划界设置"永岸"的行动。而引岸制则是在充分给予和保障商人利益的情况下,鼓励商人行引贸易,借助商人之手达到垄断市场,管控区域贸易的目的。此外,从"永岸"所营造的盐运陆路通道来看,这一通道在明代实为由云南进入四川的军事通道。明洪武十四年(1381),云南梁王把匝剌瓦尔密恃滇地险路远,屡杀诏谕使臣,朱元璋命颍川侯傅友德、昌侯蓝雨、西平侯沐英等人,领十万大军进讨云南,并告诫曰:"云南僻在遐荒,行师之际,当知其山川形势,以规进取……自永宁选遣别率一军以自乌撒,大军自辰、沅入普定,分据要害,乃进兵曲靖。"①在进取云南平叛队伍的挑选上,从永宁"遣选骁将",突出了永宁作为入滇前沿阵地的重要地理优势。平定云南后,朱元璋下令在由永宁到乌撒的路上增设卫所,据《敕谕颍川侯傅友德、永昌侯蓝雨、西平侯沐英》记载:"得蛮子畏服了,然后将东川卫于七星关南一日半,乌撒往北一日半,立为一卫,令川东人民供给。其乌撒,令乌撒人民供给,务要岁足军食。……自永宁迤南至七星关,分中扎一卫,令六诏、羿子等蛮人等供给,务要岁足军食。若如此,道路易行。军士势排在路上,有事,会各卫官军剿捕。若分守各处,深入万山,蛮人生变顷刻,道路不通,好生不便。"②同时,朱元璋又下诏强调:"一自永宁至乌撒卫,由可渡河,亦系使客径行大道,本处土人毋得阻滞人行。如有阻滞径行,照依地方剿捕。"③正是由于叙永所具有的川边要冲的独特区位优势,使明清两代"永岸"的陆路通道具有一定的耦合关系,军事支持和盐运输出才最终奠定了川边疆域的稳定地位。

2. "永岸"空间是本地人与外地人的接触地带

叙永县,"元以上无闻焉,盖厅与县在昔,均为土司分守"④。在所属族群上以多彝人,"叙永永宁,旧为宣抚司地,如崖梯、水潦以及内里各地有夷民,旧隶土目,皆奢酋遗种也。自康熙二年奉行清丈后,与齐民一律输赋当差,虽习俗不同,皆归化矣"⑤。元时置永宁路,明洪武四年(1371)"洪武四年,平蜀,永宁内附,置永宁卫"⑥。由

---

① 夏燮:《明通》卷七,中华书局,1959:388。
② 刘文征撰,古永继校:《滇志》卷十八,云南教育出版社,1991:590。
③ 张纮:《云南机务钞黄》,详见李正清《昭通史编年》,晨光出版社,2009:103。
④ 邓元鏸、万慎撰:《续修叙永永宁厅县合志》卷首,详见四川省地方志编纂委员会《四川历代方志集成》第一辑,国家图书馆出版社,2016:243。
⑤ 邓元鏸、万慎撰:《续修叙永永宁厅县合志》卷首,详见四川省地方志编纂委员会《四川历代方志集成》第一辑,国家图书馆出版社,2016:368。
⑥ 张廷玉:《明史》,中华书局,1996:4598。

元到明，叙永以土司分守为主，明代永宁卫的出现及屯军的驻扎始有"汉彝杂处"的局面。经过清代"永岸"的开设，水陆通道的连接以及商贸往来频繁，"舟楫可通，百货颇聚，行商坐贾雾集云屯，近年铜、铅设局，盐务改归官运，市廛济济，较前为尤盛焉。开盐号者，则由陕帮、黔帮，贩布线、土药者则有黄帮，贸建兰棉条者则有福建帮，至于海错、有糖、绸缎、布匹、洋广、杂货、粮食、药材则本地人，与他省人及别州县人，皆列阛连阓，并行不悖，内通成渝各地，外达滇黔两省，转输利便，诚下南之繁镇矣"①。在商贸的带动下"永岸"成为本地人与外地人的接触地带。另外，根据县志记载："改土归流增设同知知县，于是汉人徙居者愈盛，如楚、粤、滇、黔、闽、月、皖、赣、秦、吴诸省为尤多。近则城、乡、市、镇皆属汉人，而鳎、僰、芒、蒙之区皆化犷榛，而进文明矣。"②通过"永岸"的转销，中央王朝在以叙永为中心的盐运界域内构建了一个四通八达的贸易网络，它不仅满足了核心区域居民的需求，而且把本地人与域外人群聚拢在一起，在某种程度上说，"永岸"空间是维持国家整体性并与其他地区保持联系的持久的推动力之一。

3. "永岸"空间是地方复合式文化的典范

"永岸"盐运空间的嵌入使区域内外族群和物产的流动达到顶点，而"他省人及别州县人"在进行商贸往来的同时，也将其自身文化移植到"永岸"，表现较为突出的是外地商人聚居空间的嵌入。就街道而言，叙永县当今仍保留一些与盐运相关的街道名称，如马号街、仓坝街、江西街、陕西街、草市街，根据实地访谈得知，马号街原为马市交易场所，仓坝街为食盐存储仓库，而江西街和陕西街分别是两省商人聚居之地。从这些街道名称可以看出，就"永岸"的大范围而言，整合了不同地区人群，但从各族群内部来看，在地方社会中形成了严格的分区和认同边界，认同的边界表现在两个维度上：一是对"永岸"地方文化的认同，体现了一种"他乡变故乡"的文化情结；二是故乡文化的异域复制和叠合，尤以会馆为重。"永岸"空间为贩运商业提供了广阔的平台，而"一方水土养一方人"，不同地域文化所拥有不同语言和文化习俗的商人们又成为商业发展的障碍，同籍商人形成的会馆则成为解决障碍的巨大推手，会馆不仅使商人之间产生内聚力，而且在意识形态方面更容易结成共同的集体象征和精神纽带。由此，形成了"永岸"多元复合的文化整体。

四、余论：空间视角下的西南经验

中国西南的区域研究有着深厚的历史积淀，这里是民族大迁徙、文化大融合以及

---

① 邓元鏸、万慎：《续修叙永永宁厅县合志》卷首，详见四川省地方志编纂委员会《四川历代方志集成》第一辑，国家图书馆出版社，2016：361。
② 邓元鏸、万慎：《续修叙永永宁厅县合志》卷首，详见四川省地方志编纂委员会《四川历代方志集成》第一辑，国家图书馆出版社，2016：368。

多民族交互共生的复杂地带,"对传统'分类学'式的民族研究和现代'马赛克'式的地区认识构成了巨大的挑战,也促使西南研究呈现出一种更加注重跨越与整合的区域模式(regional model)"[①]。面对复杂多样的社会事实,当前的"通道"和"走廊"研究成为解读西南区域的密码,"与'走廊'学说更关注与'人'的迁徙流动与文化间的交互接触不同,'通道'研究则更关注于'物'的贸易流动和文明间的传播打通"[②]。而如何将人与物的流动涵盖一起,则需要借助空间的统合。通过上述梳理,不难发现,"永岸"这一区域既包含有盐运通道的拓展,也嵌入了盐的流动以及商人的移民属性,同时"永岸"在划区行销上使行政界线得以消解,因此,如果仅从"物"或"人"流动的单一维度来看,并不能完整地认识"永岸"的全部面貌,应将"通道""物""人"置放在空间这一范围内,成为窥探西南区域的新视角。

◇ 参考文献 ◇

[1] 麦克·J·迪尔. 后现代都市状况[M]. 上海:上海教育出版社,2004:70.

[2] Edward W. Soja Third space: Journeys to Los Angeles and other Real and Imagined Places, Blacewell, 1996.

[3] 姚华松,许学强,薛德升. 人文地理学研究中对空间的再认识[J]. 人文地理,2010(2):12.

[4] 赵奎. 川盐古道上的传统民居[J]. 中国三峡,2014(5).

[5] 川盐古道上的盐业会馆[J]. 中国三峡,2014(5).

[6] 川盐古道上的传统聚落与建筑研究[D]. 华中科技大学,2007. 黄健. 试析川盐运道上西秦会馆(陕西庙)的分布及规模[J]. 盐业史研究,2014(4).

[7] 李晓强,谭维婷. 川盐古道历史城镇空间分布及盐文化特色评价[C]. 中国盐文化(第十辑),2018.

[8] 李双成. 盐运古道与盐文化传播[C]. 中国盐文化传播学术研讨会——传承与创新论文提要,2014.

[9] 赫曦滢. 历史的解构与城市的想象[M]. 社会科学文献出版社,2015:121.

[10] 丁宝桢. 四川盐法志[M]. 卷十:转运五:1.

[11] 汪源. 生产·意识形态与城市空间——亨利·勒斐伏尔城市思想述评[J]. 城市规划,2006(6):81-83.

[12] 清盐法志[M]. 卷一七四:98.

[13] 蒋兆奎. 河东盐法备览[M]. 卷九:36.

[14] 四川盐政史[M]. 卷五:第三篇:运销:2-3.

[15] 邓元鏸等修. 续修叙永永宁厅县合志[M]. 清光绪三十四年铅印本:16.

---

① 张原:《"走廊"与"通道":中国西南区域研究的人类学再构思》,《民族学刊》,2014(4):1.
② 张原:《"走廊"与"通道":中国西南区域研究的人类学再构思》,《民族学刊》,2014(4):4.

[16] 康熙叙永厅志[M]. 卷二: 32.
[17] 贵州陆运京铅, 详见钦定户部则例[M]. 卷三六, 同治十二年校刊本.
[18] 户部议覆贵州总督兼管巡抚事务张广泗疏称. 详见大清高宗皇帝实录[M]. 卷二二五.
[19] 邓元鏸等修. 续修叙永永宁厅县合志·卷五. 详见四川省地方志编纂委员会. 四川历代方志集成: 第一辑[M]. 北京: 国家图书馆出版社, 2016: 280-281.
[20] 赖佐唐, 宋曙. 叙永县志[M]. 民国22-24年(铅印本): 33.
[21] 卡尔·波兰尼著, 冯刚等译. 大转型: 我们时代的政治与经济起源[M]. 江苏: 浙江人民出版社, 2007: 37.
[22] 夏燮. 明通鉴: 卷七[M]. 北京: 中华书局, 1959: 388.
[23] 刘文征撰, 古永继校. 滇志: 卷十八[M]. 昆明: 云南教育出版社, 1991: 590.
[24] 张纮. 云南机务钞黄[M]. 详见李正清. 昭通史编年. 昆明: 晨光出版社, 2009: 103.
[25] 张廷玉. 明史[M], 北京: 中华书局, 1996: 4598.
[26] 张原. "走廊"与"通道": 中国西南区域研究的人类学再构思[J]. 民族学刊, 2014(4): 1.

盐业人物

从档案史料看
清末民初江西盐商刘居吾的商业沉浮[①]

吴海波[②]

摘　要：清末民初，江西吉安籍盐商刘居吾从一个学徒工起步，一路转展湘潭、长沙、扬州三地，从普通员工直至做到了盐号经理，并兼任扬州江西会馆主事、江右帮驻扬州盐务专卖市场总经理。在淮盐日渐颓废的清末民初，刘居吾之所以能在短短数年内发展成为撑起扬州盐业半边天的赣籍盐商代表，并成为第三代吉安籍盐商在扬州经营盐务的中坚力量，靠的是自身的勤奋好学、吃苦耐劳和聪明才智。不过遗憾的是，由于受抗日战争的影响，刘居民苦心经营二十多年而积累起来的巨额财富因为长沙的一场大火而化为乌有。后来刘居吾又辗转柳州、衡阳、重庆、贵阳等地，企图东山再起，但身处时局动态、战火纷飞的年代，其夙愿终究未能实现，一代盐商巨子就此退出了历史舞台。

关键词：档案史料；江西盐商；刘居吾；盐业

研究清代或是民国年间的盐商问题，过去人们关注更多的是如何从《清实录》《清史稿》《两淮盐法志》《清盐法志》等实录、官书中爬梳史料。毋庸置疑，实录、官书中确实有不少有关盐商的记载，但能被上述官史收录的盐商，通常不是一般的盐商，而是或多或少的带有一定的官商身份，如总商。对于一般盐商的记载则相对较少，即便有所提及，也多半是语焉不详。

除上述官史外，事实上散见于全国各地的档案史料也有不少有关盐商的记载。近几年，因为编纂《江西省志·盐业志》的需要，本人先后多次深入中国第一历史档案馆、湖南省档案馆、江西省档案馆、吉安市档案馆、江西省盐业集团档案馆及江西各地市盐业公司档案室等处，查阅了大量盐业史相关材料，从中发现了不少有价值的史料。这些史料对于研究江西乃至全国盐业历史的发展与兴衰，均具有十分重要的意义。

[①] 基金项目：四川省哲学社会科学重点研究基地、四川省高校人文社会科学重点研究基地——中国盐文化研究中心资助项目（"清末民初江西盐商研究"，编号：YWHZ17-05）之阶段性成果。
[②] 吴海波（1972—），男，江西高安人，江西中医药大学经济与管理学院教授，博士，主要从事区域社会经济史研究。

在上述档案史料中，盐商史料尤为值得关注。然而遗憾的是，有关盐商的档案史料，过去并没有引起学界足够的重视。事实上，中国第一历史档案馆、湖南省档案馆、江西省档案馆、江西省盐业集团档案馆等处，都保存有大量与盐商相关的史料，有关江西吉安籍盐商刘居吾的记载就是其中之一。这些史料为我们今天研究刘居吾的商业沉浮，提供了重要的依据与参考。

一、刘居吾的身世

收藏于吉安市档案馆和江西省盐业集团公司档案馆的资料显示，清末民初著名的盐商刘居吾，名衍垣，字美玉，一字定一，号居吾；生于1897年，1963年9月病逝于长沙都正街清香留四号。刘居吾祖籍江西吉安市，系吉安庐陵县陂头沙湾村人，出生于没落的士大夫家族。在其刚出生时，其父在长沙一家钱庄当店员，母亲在家织布，家里还有几亩田地，因此家境尚可，一家三口小日子还算过得比较滋润。但不幸的是，在其三岁时，其父亲却英年早逝，家里留下孤儿寡母两人，家庭条件因此大不如前，母子二人从此过着颇为清苦的生活。不过值得庆幸的是，刘居吾的童年生活并没有因此而陷入绝境。刘居吾出生在一个大家族，当其父亲去世后，其大伯承担起来了抚养其成长的责任。在其大伯刘福容的帮助和接济下，刘居吾得以安稳地度过了无拘无束的童年时代。其大伯早年曾作为清廷外派廪生留学日本，回来后在朝廷谋得一官半职，家境尚可。作为族中老大，他把侄儿刘居吾当亲生儿子一样看待，不仅承担了他日常用度所需一切费用，还供其读了五年的私塾，这为刘居吾后来的经商生涯打下了良好的文化基础。十三岁那年，其母因不愿再麻烦亲友，于是托人为刘居吾在陂头圩找了一份在店铺当学徒工的事。

据沙湾村刘氏族谱中记载：二十一世，隆森兴瑶之子，字秀采。清诰封奉直大夫，清道光二十八年（1848）戊甲十二月二十日晨时生，清光绪四年（1878）戊寅正月二十七日巳时殁。生子三：福容、福炘、福煦。

二十二世，福炘，隆森公次子，字亮文，诰封直大夫。清光绪四年（1878）戊寅二月初三卯时生，清光绪二十六年（1900）庚子九月二十六日巳时殁。葬本部大贤头河边祖母胡氏同排。配泰和永守村邑武生萧鼎之女，诰封宜人，清光绪三年（1877）丁丑九月十三日巳时生，生子一，衍垣（居吾）。

二十三世，衍垣，福炘之子。字美玉，号居吾。诰授直大夫，诰封二代。清光绪二十三年（1897）丁酉八月十六日子时生，民国元年（1912）壬子充当江西宪兵营学兵，民国二年（1913）癸丑国民党失败，宪兵营解散，往湘学盐业。

上述情况表明，刘居吾并没有显赫的家世，他出身普通，虽谈不上贫寒，但与大富大贵也毫不沾边。他后来在盐业经营方面之所以能取得成功，很大程度上靠的是自身的勤奋好学、吃苦耐劳、诚实守信和机灵聪慧。

二、业盐湘潭

民国二年（1913）年初，年仅 16 岁怀揣参军报国梦的刘居吾被人介绍加入江西宪兵总队新兵营，参与倒袁的二次革命。后因革命失败，宪兵总队解散，刘居吾因此不得不回乡待业。民国三年（1914）末，由其母萧氏之哥的长子萧涤之介绍前往湖南湘潭市，加入以经营淮盐为主的萧怡丰盐号（此时的萧怡丰盐号实际上已歇业）当学徒。民国五年（1916），萧怡丰盐号老板萧筱泉在萧怡丰原址上创设笃庆祥盐号，该盐号继续以运销淮盐为主，刘居吾就在此店当店员。受老板之托，他有时也随船前往扬州押运淮盐。由于刘居吾过去在老家当过几年学徒，懂得一些基本的经营之道；再加上又在江西宪兵总队新兵营当过兵，见过世面，积累了一定的社会经验。因此其为人处世得心应手，办起事来也总是干净利索，很快就得到了东家萧筱泉及盐号经理们的赏识。

民国八年（1919），笃庆祥盐号东家萧筱泉病逝。民国九年（1920），萧家六个儿子决定对笃庆祥盐号进行重组。重组后的笃庆祥盐号更名为同丰庆盐号，并将盐号由湘潭迁至湖南的首府长沙，还在长沙设立了同丰庆盐号总号；总号之下创设了湘潭（兼钱店）、汉口、扬州三处分号。总号聘请刘居吾的表兄萧涤之担任总号经理，萧涤之利用职务之便，给予了刘居吾诸多指导和帮助，使其很快由一位普通的店员，成长为一名精通盐业经营之道的熟练员工。

民国十年（1921），长沙同丰庆盐号接到扬州同丰庆盐号的信函。信函说随着业务量的不断发展，扬州同丰庆盐号熟手紧缺，希望长沙同丰庆盐号能派几名熟手支持扬州同丰庆盐号的发展。长沙同丰庆盐号的东家，即萧筱泉的第四子萧寄尊一向很欣赏刘居吾的为人和工作能力，于是推荐刘居吾前往扬州帮忙。

三、发迹扬州

民国十年（1921），刘居吾从湖南长沙调往淮盐集散地扬州工作，辅助萧家打理扬州同丰庆盐号的盐业经营工作。这一工作调动看似只是工作场所的变更，工作性质并无多大改变，实则不然。作为当时中国南方的经济中心的扬州不仅是两淮食盐集散地，同时也是两淮盐政驻地所在。小小扬州聚集了无数手握权柄的盐务官僚和为数众多且个个家财万贯的盐商群体，其经济（盐业）地位和政治影响是长沙远远无法企及和媲美的。因此，扬州的工作调动，为刘居吾提供了一个更大的施展才华的舞台。经济、文化和贸易均无比繁荣的扬州大大开阔了刘居吾的眼界；与各路盐官、盐商和文人墨客的交往，更是为其后来盐业经营的成功提供了难得的机遇。

初到扬州时，刘居吾还只是个普通店员。后因聪明能干，又能吃苦耐劳，工作非常出色，因此半年后就被提拔至账房管账。这是一个责任无比重要的核心岗位，干好了自然前途无量。刘居吾的工作业绩显然没有让盐号东家失望,因此,过了不到一年,既年轻有为、又能干肯干的刘居吾又被老板提拔担任扬州同丰庆盐号经理。就这样,年方仅二十六七的刘居吾就被委以盐号经理的重任,并日渐成为第三代吉安人在扬州经营盐务的中坚力量,与清末民初扬州著名盐商萧芸浦后人一道撑起了扬州盐业的半边天。经理的身份不仅为其带来了数量可观的物质财富,更为重要的是还助其步入了盐业经营的上层之道,使其有更多的机会与机遇游走于商会、商帮和董事之间,为其后来的盐业经营提供了极大的便利。

担任经理后,由于刘居吾诚实守信、经营有法,同丰庆盐号的经营范围日益扩大,民国十年(1921)末,同丰庆盐号逐步在湘、鄂、皖三省新增淮盐盐号十处,使淮盐销量进一步扩大。这十处盐号中,其中有一处还是刘居吾在湖南益阳单独开设。自此,刘居吾也由一位单纯的"打工仔",演变成了拥有自身产业的盐业老板。

民国十四年(1925),刘居吾经过扬州著名盐商萧芸浦的长子萧雨甸举荐,经扬州江西商会大佬们同意后,就任江西会馆主事一职,并搬至会馆居住办公。在会馆中担任主事,接触的人、处理的事都特别多,商业信息自然更为灵通。民国十五年(1926),刘居吾又在萧雨甸和同族盐商萧筱畬的举荐下,开始担任江右帮驻扬州盐务专卖市场总经理。

盐号经理、会馆主事、盐务专卖市场总经理的身份,为刘居吾的盐业经营带来了无与伦比的便利性,使其能轻松自如地游走于扬州盐业商场。万事俱备,只欠东风,对经营环境日益改善的刘居吾而言,要想单干,唯独缺乏的是资金。民国十四年(1925),同丰庆盐号分红,刘居吾分得红利七千大洋。作为盐业经营的第一桶金,这七千大洋为其后来的发迹奠定了坚实的经济基础。

由于在长沙当学徒时熟谙盐业经营的门道,因此,当刘居吾身处扬州从事淮盐买卖时,依靠其过去积累的经验很快使淮盐生意做到了顺风顺水且日益兴隆的局面。他首先在江苏沿海批量购进食盐,然后溯长江而上,经武汉汉中,将食盐运入洞庭湖再转运至长沙、湘潭、衡阳、邵阳等集散地批发销售。在鼎盛时期,刘居吾有盐船十七条,同时供应江苏、安徽、江西、湖南、湖北五省的食盐所需。短短几年,刘居吾就积累了巨额的物质财富。依托雄厚的资金和万贯家财,刘居吾被人号称为"刘百万",与清末扬州著名盐商"萧百万"——萧芸浦齐名。

四、长沙破产

由于受当时动荡不安的时局和反复变革的盐业政策的影响,民国十六年(1927)后,扬州盐业经营环境大不如前,盐商经营举步维艰。民国十八年(1929)初,同丰庆盐号总号盘点号事,发现湘潭、长沙、扬州三地商号共亏空十一万六七千元,萧家股东们商议以变卖田产和房产的办法维持营业,并限定各房股东每月的花销只能限用三百大洋。尽管如此，同丰庆盐号依然难以扭亏为盈。于是，民国二十年（1931），萧氏兄弟商议进行号事停歇清理。清理过程中，由于萧氏兄弟与刘居吾产生了一些纠纷，直至民国二十一年（1932）底，同丰庆盐号才勉强停业。盐号虽然停业了，但账目并未完全清理。于是，东家萧氏兄弟们又委托刘居吾清理账目。五年间，经过刘居吾无数次在扬州、汉口、长沙和长江沿线的老客户之间来回奔波，直到民国二十六年（1937）底，几十万元的来往账目才总算清理完毕。刘居吾清理完同丰庆盐号关歇号事诸事之后，彻底将本人在扬州等地的资产转移到了长沙，在长沙丰瀛里洋房内继续经营盐务。后又于民国二十七年（1938）五月在长沙盘下了两处物业，即八角亭"地基房屋"和坡子街"绸庄"商铺。

原本希望在长沙大展拳脚的刘居吾却因为抗日战争的全面爆发而陷入了破产的困境。民国二十七年（1938）十月底，南方重镇武汉沦陷，近在咫尺的长沙危在旦夕。十一月十三日，为了不蹈武汉之覆辙，不把完整的城市交给日本人，蒋介石密电湖南省主席张治忠："长沙如失陷，务将全城焚毁，望事前妥密准备，勿误"，决定在长沙实施惨无人道的焦土政策。十一月十三日凌晨，由于误传消息，长沙城内顿时火光冲天，短短数天内90%的城池被烧毁。这场不该有的大火给包括商人在内的长沙百姓们造成了不可估量的巨额损失。

大火后，刚刚才把所有家产转移到长沙的刘居吾因此陷入基本破产的绝境。此后，刘居民和全城难民一样，过起了漫长的逃难生活。

五、抗战逃难

长沙财产被焚毁后，刘居吾被迫携家眷从长沙迁至衡阳，并在衡阳市中山北路开设了"建业布匹棉纱商行"，自己亲自担任经理；后又与同乡、友人合股开建了"合群糖店""群力庄"等商行。民国三十二年（1943），衡阳市常遭日本飞机轰炸，市民成群结队纷纷出逃城郊。衡阳由国民党第十军军长方先觉率领全国两万多人围守，坚守四十七天，因失去援军，孤军作战，衡阳失守。之后，刘居吾及家人进入真正的逃难生涯。不久，冷水滩、东安、全州、桂林、柳州的国民党溃军兵败如山倒。刘居吾及家人从柳州乘闷罐车一路逃到了金城江（现为河池），沿途走走停停，火车运行了近三个月。此时，刘居吾所带的钱已所剩无几，又无亲友可投，只得在稻田里自建草棚，挡风避寒。后来，刘居吾又携家眷从金城江逃难到独山，再从独山逃难到了贵州贵阳市，不得已靠在街上摆地摊变卖衣服维持生计。为了生存，后又不得不从贵阳逃亡重庆。到重庆后住在陕西街179号永利大楼刘震武家中。

抗战胜利后，民国三十五年（1946），刘居吾携家眷从重庆经贵阳、湘西回到了衡阳市，后又乘汽车回到了老家江西吉安沙湾村。结束了终生难忘的逃难生涯。中华人民共和国成立前后，刘居吾再次回到衡阳。1950年元月，刘居吾与其同乡合股在衡阳解放路开设了私营复茂兴钱庄，办理存放汇业务。1950年8月，刘居吾离开衡阳市，居住在长沙市都正街清香留四号。此后，刘居吾再无经商，直至1963年病逝于长沙。

六、刘居吾商业沉浮的启示

自民国三年（1914）开始涉足盐业，直至民国二十七年（1938）因为一场大火而归零，刘居吾经营盐业长达24年之久，可以说，其前半生基本献给了盐业。24年中，出身普通的刘居吾能从一名普普通通的学徒工一直升任到了手握重权的盐号经理，并同时兼任扬州江西会馆主事和江右帮驻扬州盐务专卖市场总经理。从其个人职业生涯而言，无疑，刘居吾是成功的。刘居吾的成功，至少给我们四点启示。

第一，家族的帮扶是刘居吾取得成功的基础。

刘居吾之所以能取得成功，得益于两位族人的鼎力相助。一位是其大伯刘福容。刘居吾虽然早年丧父，但在伯父刘福容的帮助下，得以接受五年的私塾教育。五年私塾教育虽然时间不长，但在总体文化水平普遍偏低的传统社会却足以改变一个人一生的命运。事实证明，五年的私塾教育为刘居吾后来的待人接物及其盐业经营提供了不可或缺的帮助。另一个对其帮助较大的是其表兄萧涤之。年长其十岁的笃庆祥盐号副经理萧涤之不仅带其入行、传授其做人做事的经验，而且在盐业经营过程中也给了他诸多难得的帮助，使其能够在较短时间内熟谙盐业经营之道。由此可见，一个人要想成功，除自身努力外，有时贵人相助也是必不可少的条件。

第二，自身的努力是刘居吾取得成功的关键。

刘居吾是一个勤奋好学、办事干练、聪明能干的人。早在当学徒工期间，就表现出了积极上进、吃苦耐劳、勤奋好学的诸多优良品质。因此，很快就深得盐号东家及盐号经理们的赏识，成为盐号重点培育的后备人才。刘居吾的事例再一次印证了"机会总是留给有准备的人"这句至理名言的深刻含义。事实表明，一个人要想在竞争激烈的商海中有所作为和成就，没有勤奋好学、吃苦耐劳、能干又肯干的优良品质是不可能实现的。

第三，良好的为人处世之道是刘居吾取得成功的保障。

刘居吾不仅办事干练、吃苦耐劳、能干肯干，而且还懂得为人处世之道，懂得如何较好地处理好与同事及亲朋好友之间的关系，并取得他们的信任和帮助。刘居吾之所以能抓住前往淮盐集散地扬州经营盐业的机会，正是出于东家萧寄尊的信任；刘居吾后来能担任同丰庆盐号经理，同样也是得益于盐号东家的信任和帮助。后来又进一步兼任江西会馆主事和江右帮驻扬州盐务专卖市场总经理，更是因为受萧雨甸力荐的结果。这充分说明，一个人要想成功，懂得做人有时比会做事更为重要。

上述情况表明，清末民初两淮盐商刘居吾之所以能取得成功，绝非偶然。是其勤奋好学、吃苦耐劳、办事干练、懂得为人处世等众多优良品质共同作用的结果。但遗憾的是，在时局动荡、军阀混战、战火纷飞的年代，就算刘居吾再有三头六臂，也注定难以成就百年企业。面对动荡的社会现实，纵使刘居吾有再大的能耐也无计可施，而只能眼睁睁地看着自己一手打拼出来的商业王国化为乌有，直至一切归零。这正所谓"时势造英雄，时局灭英雄"也。

说明：本文资料均来源于湖南省档案馆、江西省吉安市档案馆和江西省盐业集团公司档案馆馆藏史料。同时还参阅了刘宗彬、王琼、刘大卫、周湧编著的《吉安盐商旧闻》（江西人民出版社，2017年）一书。在此深表感谢！